本书系广州市哲学社科"十三五"规划课题"多元文化交汇中的广州核心价值观：现状、问题与对策"（2017GZMZYB10）阶段性成果

基于对
广州高校大学生
思想现状的
调查

杨超　何嘉欢／著

新时代青年价值观的
冲突与整合

暨南大学出版社
JINAN UNIVERSITY PRESS

中国·广州

图书在版编目（CIP）数据

新时代青年价值观的冲突与整合：基于对广州高校大学生思想现状的调查/杨超，何嘉欢著．—广州：暨南大学出版社，2022.8
ISBN 978 - 7 - 5668 - 3568 - 0

Ⅰ.①新…　Ⅱ.①杨…②何…　Ⅲ.①大学生—社会主义核心价值观—研究—中国　Ⅳ.①G641

中国版本图书馆 CIP 数据核字（2022）第 240473 号

新时代青年价值观的冲突与整合——基于对广州高校大学生思想现状的调查
XINSHIDAI QINGNIAN JIAZHIGUAN DE CHONGTU YU ZHENGHE——JIYU DUI GUANGZHOU GAOXIAO DAXUESHENG SIXIANG XIANZHUANG DE DIAOCHA

著　者：杨　超　何嘉欢
··

出 版 人：张晋升
策划编辑：杜小陆
责任编辑：曾小利
责任校对：苏　洁
责任印制：周一丹　郑玉婷

出版发行：暨南大学出版社（511443）
电　　话：总编室（8620）37332601
　　　　　营销部（8620）37332680　37332681　37332682　37332683
传　　真：（8620）37332660（办公室）　37332684（营销部）
网　　址：http://www.jnupress.com
排　　版：广州良弓广告有限公司
印　　刷：佛山市浩文彩色印刷有限公司
开　　本：787mm×960mm　1/16
印　　张：16.5
字　　数：300 千
版　　次：2022 年 8 月第 1 版
印　　次：2022 年 8 月第 1 次
定　　价：69.80 元

目　录

导论：青年价值观的冲突与整合——新时代的重要课题

2017 年 10 月，习近平总书记在中国共产党第十九次全国代表大会上宣布：“经过长期努力，中国特色社会主义进入了新时代，这是我国发展新的历史方位。中国特色社会主义进入新时代，意味着进入近代以来久经磨难的中华民族迎来了从站起来、富起来到强起来的伟大飞跃，迎来了实现中华民族伟大复兴的光明前景。”[①] 他指出：“这个新时代，是承前启后、继往开来、在新的历史条件下继续夺取中国特色社会主义伟大胜利的时代，是决胜全面建成小康社会、进而全面建设社会主义现代化强国的时代，是全国各族人民团结奋斗、不断创造美好生活、逐步实现全体人民共同富裕的时代，是全体中华儿女勠力同心、奋力实现中华民族伟大复兴中国梦的时代，是我国日益走近世界舞台中央、不断为人类作出更大贡献的时代。”[②] 同时，他还强调：“实现中华民族伟大复兴是近代以来中华民族最伟大的梦想，今天，我们比历史上任何时期都更接近、更有信心和能力实现中华民族伟大复兴的目标。”[③]

中华民族的伟大复兴成为新时代的主题。在此背景下，党的十九大报告特别指出，“文化是一个国家、一个民族的灵魂”。中国梦的实现离不开文化建设。在现实生活中，作为文化核心的价值观既是人的主心骨又是组织的黏合剂。价值观指导人的行为、判断与选择，在社会、个人的生活中占据着非常重要的地位。任何一个国家和社会都会确立自身特色的价值观，并通过价值观教育引导、实践养成、制度保障等多种渠道，使其转化为个体的价值观，以此形成人们共同的价值追求，从而凝聚人心，促进社会的发展。构建被社会和公民广泛接受的文化认同感和核心价值观，可以

① 习近平. 决胜全面建成小康社会　夺取新时代中国特色社会主义伟大胜利——在中国共产党第十九次全国代表大会上的报告［N］. 人民日报, 2017 – 10 – 28.
② 习近平. 决胜全面建成小康社会　夺取新时代中国特色社会主义伟大胜利——在中国共产党第十九次全国代表大会上的报告［N］. 人民日报, 2017 – 10 – 28.
③ 习近平. 决胜全面建成小康社会　夺取新时代中国特色社会主义伟大胜利——在中国共产党第十九次全国代表大会上的报告［N］. 人民日报, 2017 – 10 – 28.

大大提高国家的治理水平，推动中华民族伟大复兴中国梦的实现。

　　古往今来，任何一个强国往往既在经济总量、军事实力等方面领先于其他国家，同时也在价值观念、思想文化、道德水准等软实力方面有较为广泛的影响。我国当前要实现中华民族伟大复兴的中国梦，既需要夯实雄厚的物质基础，又需要构筑强大的精神力量。作为一个崛起中的大国，我国面对的挑战不仅仅在经济、国防上要追赶西方发达国家，更要实现在价值观上的提升。因此，新时代文化建设的内容不仅仅在于文化设施、载体和活动开展，还必须发挥文化在培育弘扬主流价值、提升国民素质、推动社会发展、提升国家软实力、维护国家文化安全中的重要作用，塑造人的价值和支撑国家治理，最终实现中华民族伟大复兴的宏大愿景。

　　改革开放以来，随着不同文明之间交流的广度与深度的拓展，随着全球化、市场化、信息化的发展，不同民族、国家、地域的文化相互交织、彼此渗透、竞争共存，文化多元化的特点更为明显。人民日益增长的文化生活需要，又进一步强化了新时代的文化多元化。事实上，多元化早已成为新时代的文化常态。文化的多元必然导致社会价值观的多元。从新时代中国社会价值观的现实状况来看，既有民族的，也有地方的；既有本土的，也有西方的；既有先进的，也有腐朽的……传统的主导价值观念体系被破坏，而与现代社会相适应的新的主导价值观念体系尚未完全建立起来。复杂多样的价值观一度并存交织，激烈碰撞。

　　诚然，文化多元化是文化创新和创造的源泉。没有文化的多元化发展，就不可能成就今天多姿多彩的人类文化。毋庸讳言，多元、多变、多样的时代价值趋向和文化思潮也不可避免地引起人们思想价值观领域的困惑、迷乱与冲突，而这无论对于个人还是社会都构成了一种风险：面对多元的价值思潮，人们的价值取向容易陷入迷茫，无所适从，人心涣散；如果没有主导的价值观念体系，社会也就没有共同的规范和准则，中华民族和国家也就缺乏凝聚力和向心力。所以，在多元文化、价值观冲突的新时代，我们必须重视价值观的整合以及核心价值观的引领，即在中华民族伟大复兴成为新时代主题的宏大背景下，在扎实推进社会主义文化强国建设过程中，我们一方面需要促进多元文化的互动，建设文化强国，另一方面也要积极探索凝聚价值共识，激扬主流价值观，实现价值观的引领与整合。

　　文化多元化思潮对社会价值观的影响以及如何对人的价值取向进行核心引领的问题早为国内外专家学者所重视。众所周知，二十世纪六七十年代，在文化多元思潮的背景下，西方一度盛行价值相对主义，学校教育中亦奉行价值中立。不少人由于缺少核心价值观的引领，其价值观出现混乱，继而是非不分、善恶不辨，一定程度上引发了道德下降、社会混乱的现象。有鉴于此，西方在 20 世纪 80 年代就开始思考文化多元化背景下人的价值观的教育与引导问题：通过对人的价值观的实证调查，揭示文化多元思潮对其价值观领域的深刻影响，并在此基础上开始了轰轰烈烈的核心价值观教育与引导运动（Values Education Movement），倡导美德教育（Educating for Virtues）、品格教育（Character Education）。学术研究上，与价值观调查、核心价值观引导相关的理论和实践的研究汗牛充栋。西方达成的共识是：在文化多元思潮的背景下，文化多元、价值多元容易引起人的价值观的冲突、混乱和迷茫，教育中价值中立的立场存在弊端，有必要对人进行核心价值观的引导以及价值观的整合。

而在我国，改革开放以前思想文化领域相对比较单一，文化多元思潮尚未实质性形成，人的核心价值观教育的方向是很明确的。但随着我国社会的转型和国内外形势的深刻变化，文化多元化成为不争的事实，新时代我国思想文化领域日益呈现出多样性、多元化发展趋势。新时代背景下人们的价值观现状究竟如何？如何对人们的价值观进行核心引领，从而使其在文化多元、价值多元的影响下不至于迷失方向，从价值观的冲突走向整合？这成为思想政治教育面临的一个新课题，引起国内诸多专家和学者的广泛关注。

当前我国已经大力进行社会主义核心价值观的引领，希望以此凝聚力量，凝结共识，众志成城，共同实现中华民族伟大复兴的中国梦，在此背景下，尤其要关注人们的价值观现状，及时发现问题。如果不对民众的价值观进行摸底调查并及时发现问题，如果不对人们进行核心价值的有效引领，将不利于我国的经济社会发展以及人民的幸福生活。

习近平总书记指出："青年兴则国家兴，青年强则国家强。青年一代有理想、有本领、有担当，国家就有前途，民族就有希望。中国梦是历史的、现实的，也是未来的；是我们这一代的，更是青年一代的。中华民族伟大复兴的中国梦终将在一代代青年的接力奋斗中变为现实。"[1]

众所周知，青年代表了生机和活力，代表了积极向上的力量，一个国家和社会的发展，最终要寄希望于青年身上。为此，党和国家也提出了

---

① 习近平. 决胜全面建成小康社会　夺取新时代中国特色社会主义伟大胜利——在中国共产党第十九次全国代表大会上的报告［N］. 人民日报，2017 - 10 - 28.

"要培养担当民族复兴大任的时代新人"① 的新任务。当前，中国特色社会主义事业正处于走向社会主义强国的关键历史期，所谓时势造英雄："今天，我们比历史上任何时期都更接近、更有信心和能力实现中华民族伟大复兴的目标。"作为青年一代的中坚和先进力量，新时代的青年大学生更要担负起这一重任，努力做到"坚定理想信念，志存高远，脚踏实地，勇做时代的弄潮儿，在实现中国梦的生动实践中放飞青春梦想，在为人民利益的不懈奋斗中书写人生华章！"②

广州比邻港澳，国际交流活跃，文化、价值的多元化现象更为凸显。我们亟须在准确把握广州青年大学生价值观现状的基础上，对其进行科学有效的核心价值观引导与教育，从而引领社会文化思潮，实现多元文化影响下价值观的整合，进而促进社会以及人自身的发展和完善，避免因为缺乏价值观的凝聚而出现社会割裂现象以及人的单子化现象。

青年大学生是社会群体中最积极、最活跃的组成部分，由于其年龄阶段、心理发展水平及其所处的社会环境等因素，更容易成为对各类社会思潮观念嬗变最为敏感的群体。在文化多元思潮影响下，其价值观更易陷入迷茫和困惑。当代青年大学生价值观现状如何？存在哪些方面的问题？又如何应对？我们以广州地区的大学生为例展开新一轮实证调查，并运用分析软件进行分析，结合社会主义核心价值观的理论、人的发展理论、社会发展理论等理论指导，由点及面，通过把握新时代青年大学生价值观的现状，探索其背后存在的问题及成因，并在此基础上，进而探索价值观的整合之策，具有重要的研究意义。与此同时，青年大学生是国家、民族未来发展的希望，其价值观的冲突与整合问题，是关系到中华民族伟大复兴的中国梦能否实现的重要课题。所以，对新时代青年大学生的价值观现状做新一轮调研具有典型性、必要性和紧迫性。

价值观是关于价值的基本观点，它与人们常说的观念并不同一。观念只是人们的一种思想或者想法，而价值观则是一种对事物有明确取向的评价和判断。人们的行为是在价值观的指向和激励下不断适应和创新的。人们的价值观受到所处时代的社会经济、政治、文化等影响和制约，形成政治价值观、道德价值观、职业价值观等。囿于时间与精力，我们课题组主

---

① 习近平. 决胜全面建成小康社会 夺取新时代中国特色社会主义伟大胜利——在中国共产党第十九次全国代表大会上的报告 ［N］. 人民日报，2017－10－28.

② 习近平. 决胜全面建成小康社会 夺取新时代中国特色社会主义伟大胜利——在中国共产党第十九次全国代表大会上的报告 ［N］. 人民日报，2017－10－28.

要围绕大学生价值观中备受关注的集体主义价值观、政治价值观、道德价值观、职业价值观这四个层面展开调研。

集体主义价值观是一种注重社会的、长远的、集体的利益，并为社会每个个体利益的实现创造有利的条件，最终有助于个体利益充分实现和每个个体的全面而自由发挥的科学价值观。在我国社会主义现代化建设的进程中，当代大学生集体主义价值观的弘扬和培育，对于坚持马克思主义指导地位，发展社会主义意识形态，强化主流价值，对于用马克思主义占领阵地，培养社会主义事业合格建设者和可靠接班人，对于建设社会主义先进文化，增强我国文化竞争力和国际影响力都具有重大而深远的意义。因此正确认识和把握新时代大学生集体主义价值观的现状，发现问题并探索大学生集体主义价值观的有效途径和对策，是迫切需要研究和解答的问题。

政治价值观是政治文化的核心，政治价值观决定着人们对政治角色、政治态度、政治行为的选择。大学生的政治价值观直接影响着大学生的政治思想动向，而大学生的政治思想动向往往是社会政治风云的晴雨表。我们需要在对大学生政治价值观的内涵和特征进行阐述的基础上，通过实证调研，分析新时代大学生政治价值观的主流、存在的问题及其成因，提出加强大学生政治价值观教育的对策措施，期望能在正确认识大学生和理性引导大学生健康成长的过程中发挥一定的借鉴作用。

道德价值观是主体根据自己的道德需要，对各种社会现象是否具有道德价值作出判断时所持有的内在尺度，是个体坚信不疑的各种道德规范所构成的道德信念的总和。道德价值观对个体追求何种道德生活、崇尚何种道德信条、接受何种道德规范、作出何种道德判断和道德评价、欣赏何种道德行为、选择何种道德行为、如何实施其道德行为，以及产生何种道德情感体验等发挥支配、调节和控制的作用。当前社会上出现部分人道德取向以自我为中心、道德判断标准模糊、道德评价相对主义色彩浓厚、道德动机功利性强、道德行为失范等现象，这些往往都与人们道德价值观出现问题有关。改革开放地区新时代青年大学生的道德价值观现状如何，如何引领青年道德价值观从而使其成为有道德的时代新人，也是我们迫切需要解答的问题。

职业价值观是人的价值观体系的重要组成部分，是价值观在职业领域的具体表现。职业价值观就是个体依据自身需要以及已有的价值观或认知结构，对职业的优劣、重要性所作出的判断和总体评价，既包括人们在选择职业时表现出来的价值取向，同时也包括个体从事职业活动的信念、态度等倾向性，是个人内在的动力与引导系统，影响个人的职业选择及从业行为。当前，世俗主义、物质主义、功利主义思潮在一定程度上不可避免地影响了青年大学生的职业价值观。然而我们要实现中国梦，要实现中华民族的伟大复兴，就需要青年大学生能够在一定意义上超越自我、超越世俗，能够仰望星空，而不是沉迷功利和物质。我们需要用社会主义核心价值观引领新时代青年大学生的职业价值观。对青年大学生的职业价值观做实证调研，对于引领大学生选择能够奉献青春、报效祖国的职业，从而成为能够担当民族复兴大任的时代新人，具有重要的意义和价值。

以上四个层面在一定意义上相互包含、相辅相成，但是也具有一定的独立性。通过对这四个层面的价值观的调研，能够在一定程度上把握新时代多元文化交汇中的广州青年大学生的价值观现状，进而在发现问题的基础上寻找相应的对策。对青年大学生价值观的核心引领与价值整合，对于实现广州民众价值观的核心引领具有决定性的意义。广州青年价值观如何更能决定广州的未来。一定意义上，广州青年们如何，广州便会如何。

党和政府高度重视高校思想政治教育工作，相继出台了《中共中央、国务院关于加强和改进新形势下高校思想政治工作的意见》以及《关于培育和践行社会主义核心价值观的意见》等文件，习近平在全国高校思想政治工作会议上的讲话，关注的是高校"立德树人"这一中心环节。本书研究新时代大学生价值观及其核心价值引领问题，顺应了党和政府要求，具有重要的理论价值和现实意义。其理论价值在于本书从学理上探寻了新时代背景下进行核心价值引领的必要性和可行性，其现实意义在于其实证性以及理论性的研究成果可以供广州高校、德育机构以及其他社会机构参考，有利于卓有成效地进行核心价值观教育，进而实现高校教育"立德树人"的根本宗旨。

第一章　新时代青年集体主义价值观的
冲突与整合

　　自 1954 年中央文件《关于改进和发展中学教育的指示》首次提出"注意集体主义精神的培养"以来，集体主义先后被写入《中共中央关于社会主义精神文明建设指导方针的决议》《中共中央关于加强社会主义精神文明建设若干重要问题的决议》等政策文件中。党的历届全国代表大会也多次提及集体主义，党的十四大将集体主义与爱国主义、社会主义并置，党的十五大提出以集体主义为原则。2017 年，党的十九大重申要"加强爱国主义、集体主义、社会主义教育"①，再次显示集体主义以其政治性与道德性双重价值在国家意识形态中占据重要地位。然而新时代意识形态领域斗争愈加复杂，马克思主义主流意识形态受到各种错误思潮和舆论冲击，集体主义有被淡化的倾向。集体主义作为伦理道德原则，贯穿于国家各项制度设计；同时，集体主义作为一种价值观念，关系着人们的价值判断和行为选择。一旦集体主义被轻视弱化，将会动摇马克思主义的根本指导地位，动摇中华民族伟大复兴的实现和自由人联合体的远大理想的根基。因此新时代必须使集体主义成为时代强音，使集体主义从外在规范转化为内在信念，有序地推动集体主义价值观在全社会的生成。

　　"青年的价值取向决定了未来整个社会的价值取向，而青年又处在价值观形成和确立的时期，抓好这一时期的价值观养成十分重要。"② 新时代中华民族伟大复兴的中国梦对大学生的集体主义价值观提出了更高的要求，青年学生"生逢其时，重任在肩"，推动集体主义价值观在全社会生成要从青年学生着手，了解其呈现的新时代特征和学生群体特征。因此，重视大学生的集体主义价值观及其培育至关重要。我们需要了解和把握新时代大学生集体主义价值观的实际情况，结合新时代新要求，丰富培育内

---

　　① 习近平. 决胜全面建成小康社会　夺取新时代中国特色社会主义伟大胜利——在中国共产党第十九次全国代表大会上的报告 [N]. 人民日报，2017 - 10 - 28.

　　② 习近平. 青年要自觉践行社会主义核心价值观——在北京大学师生座谈会上的讲话 [N]. 新华社，2014 - 05 - 04.

容、创新培育对策，引导大学生在复杂的形势下处理好主导性和多样性的关系，在多样选择、多种价值取向中坚持集体主义价值观。

　　国内学界关于集体主义的研究取得了十分丰硕的结果，按时间可以划分为两个阶段，第一阶段是从中华人民共和国成立初期到改革开放前夕，当时国内学者对集体主义普遍表示高度认可，认为集体主义与我国社会制度相适应，研究重点集中于弘扬集体主义和集体主义教育。第二阶段为改革开放以来至今。改革开放以来，集体主义与市场经济的冲突日益加剧，相关研究迎来发展热潮，涉及多学科、多视域，研究成果变化趋势与党和国家的重要会议、重要决策联系密切，并且于 1997 年、2012 年分别达到两个最高峰。1992 年党的十四大召开，明确宣布我国建立社会主义市场经济体制的经济体制改革目标，同年关于集体主义的研究成果开始大量增加并于 1997 年达到峰值。这一时期的研究主要聚焦于市场经济条件下是否继续坚持以及如何坚持集体主义。2012 年党的十八大召开，明确提出社会主义核心价值观，2012 年至 2016 年相关研究主要聚焦于集体主义与社会主义核心价值观的关系问题，研究成果十分丰硕。

　　2017 年，党的十九大报告明确提出中国特色社会主义进入新时代，进一步明确集体主义在国家意识形态中的重要地位。然而新时代背景下，关于集体主义的研究虽然学理性不断增强、研究领域不断扩大，但整体而言研究成果却数量减少，新时代对集体主义提出的新要求没有引起学界的足够重视，集体主义研究走向瓶颈，不断式微。社会层面，在市场经济和多元价值文化的强烈冲击下，个人主义在消解马克思主义的主导地位，集体主义面临意识形态安全层面的危机，亟须唤起社会对集体主义的认同感。

第一节　学界相关研究综述与本研究的理论基础

一、学界相关研究综述

（一）集体主义的概念和内涵

　　学界普遍认为集体主义是社会主义道德的基本原则。《思想政治教育学原理》中把集体主义定义为："集体主义是指一切言论行动以合乎广大人民群众的集体利益为最高标准的思想，它是共产主义道德的基本原则。"① 张耀灿、陈万柏认为"集体主义是社会主义和共产主义道德的基本原则，是调节个人与个人之间、个人与集体之间利益关系的根本准则"②。

学界主要以斯大林对集体主义的论述为出发点探讨集体主义的内涵。目前最具代表性的是罗国杰对集体主义做出的内涵阐释，他认为集体主义包括三个方面："集体利益高于个人利益；在集体利益高于个人利益的原则下，切实保障个人的正当利益，促进个人价值的实现；集体主义强调个人利益与集体利益的辩证统一。"③ 总体上学界对集体主义的内涵界定虽然从不同视角、不同层面出发，但基本围绕罗国杰所提出的三个方面进行界定，可以概括为：集体利益优先性、集体利益和个人利益的辩证统一、重视和保障个人的正当利益。

关于集体主义的基本内容，学界主要以领域和内容这两个不同标准进行划分。一是按领域划分。邵士庆根据政治、经济、道德领域将其划分为"合作共赢""公共价值""无私奉献"④。谢加书、李怡在邵士庆的基础上提出思想文化层面的"主流与多元，尊重多样化的原则"⑤。二是按内容划分，韦冬提出集体层面的"公平正义、尊重个人合法权益"和个人层面的"责任、信任、忠诚、互助"⑥。

学界对集体主义价值观概念、内涵的阐释包括三个角度：一是沿用集体主义概念和内涵，不作具体区分。大部分学者在论述时没有做出明确的概念界定，通常认为它是集体主义理论体系的重点内容，直接沿用集体主义的概念。如袁贵仁将集体主义价值观概括为"国家利益、集体利益和个人利益在社会主义社会中相一致；集体利益、国家利益高于个人利益；尊重个人的价值，保护个人的正当利益，促进个人才能的发展"⑦，这一界定与学界对集体主义的界定基本一致。二是从个体价值角度出发，将集体主

①　教育部社会科学研究与思想政治工作司. 思想政治教育学原理［M］. 北京：高等教育出版社，1999.

②　陈万柏，张耀灿. 思想政治教育学原理［M］. 北京：高等教育出版社，2007.

③　罗国杰. 关于集体主义原则的几个问题［J］. 思想理论教育导刊，2012（6）：36 - 39.

④　邵士庆. 社会主义市场经济条件下的集体主义研究［D］. 北京：中共中央党校，2005.

⑤　谢加书，李怡. 集体主义的新阐释及其社会作用方式［J］. 学术论坛，2009，32（1）：98 - 100.

⑥　韦冬. 比较与争锋：集体主义与个人主义的理论、问题与实践［M］. 北京：中国人民大学出版社，2015.

⑦　袁贵仁. 价值观的理论与实践：价值观若干问题的思考［M］. 北京：北京师范大学出版社，2013：293 - 296.

义价值观定义为人们的具体价值选择。陈章龙认为，集体主义价值观坚持自由与秩序的有机统一、权利与义务的有机统一、个人与社会的有机统一①。三是探讨集体主义价值观与市场经济的结合。王岩、郑易平提出"以个人与集体利益关系为轴心，以互利互惠为前提，以公正或公平为杠杆，以功利原则为动力，以奉献精神为导向，以共同富裕为现实追求，以共产主义为价值旨归的社会主义市场经济条件下的集体主义价值观"②。

关于集体主义价值观的基本内容，学界主要根据层次和内容两种标准进行划分，一是从层次上划分，许珍珍提出集体德性层面的"公共理性"和个体德性层面的"利他精神、奉献精神、公共精神、合作精神"③。二是从内容上划分。葛缨、周宗智提出集体主义价值观的因素顺序是"道德、奉献、自我、竞争、协作、责任、服从、安全和价值目标强于价值手段"④。刘强认为集体主义价值观包括"团体中的合作意识、毫不利己专门利人的奉献精神、个人和集体之间的公私关系"等⑤。

（二）马克思主义经典作家及中国共产党人的集体主义思想

目前学界主要以马克思主义经典作家及中国共产党人的集体主义思想作为集体主义研究的理论基础，主要包括马克思、恩格斯经典著作中关于集体主义的论述，列宁、斯大林关于集体主义的论述，以及中国共产党人关于集体主义的论述。

首先，马克思主义经典作家的集体主义思想研究，学者们大多以《德意志意识形态》《神圣家族》等经典著作为基础，探讨马克思主义集体主义思想，讨论主要集中于"真实的集体"的内涵和性质、共同体中是否存在虚假成分、集体的不同历史形态、集体利益与个人利益等。列宁集体主义思想主要体现在"大家为一人，一人为大家"原则、土地公有制、维护党的团结统一等。学者主要从斯大林与作家威尔斯关于集体主义的谈话出发，论述斯大林集体主义思想。

其次，中国共产党人的集体主义思想。关于毛泽东的集体主义思想，

---

① 陈章龙. 论主导价值观 [M]. 南京：江苏人民出版社，2006.

② 王岩，郑易平. 当代中国市场经济条件下价值观变迁与新型集体主义建构 [J]. 马克思主义与现实，2004（3）：114-118.

③ 许珍珍. 当代大学生集体主义教育研究 [D]. 武汉：华中科技大学，2015.

④ 葛缨，周宗智. 当代大学生集体主义价值观探究 [J]. 教育探索，2011（12）：133-135.

⑤ 刘强. 广西高校研究生集体主义价值观培育研究 [D]. 南宁：广西师范学院，2018.

学者一般概括为："人民群众利益高于一切"①"坚持个人利益服从集体利益，局部利益服从整体利益，眼前利益服从长远利益"②等，学界普遍认同毛泽东在强调利益兼顾的同时，更加注重个人利益的服从性。关于邓小平的集体主义思想，有学者认为邓小平最突出的贡献在于把个人从极"左"的集体主义中解放出来③，肯定追求正当物质利益的合法性、坚持"统筹兼顾"、"先富"带动"后富"④。关于江泽民和胡锦涛集体主义思想的研究成果较少，学者们主要认为"三个代表"重要思想和科学发展观是江泽民、胡锦涛集体主义思想的集中体现。关于习近平系列重要讲话的集体主义思想的研究始于 2017 年，有学者认为关于中国梦、人民利益第一位、"以人民为中心"、党的团结和统一的维护、"老虎""苍蝇"一起打、服务意识和大局意识⑤、促进社会公平正义⑥等论述体现了习近平的集体主义观点。

（三）集体主义与个人主义的关系

学术界对集体主义的研究通常离不开个人主义，将二者作为一对相对的概念进行对比。有的学者认为集体主义和个人主义是可以相容的。龚秀勇认为集体主义和个人主义的对峙已经成为形式上的意识形态符号。在当代中国，对个人主义与极端个人主义进行划界，坚持集体主义既要反对极端个人主义，又要反对虚幻集体主义⑦。有的学者认为集体主义与个人主义相互对立且不可调和。罗国杰认为个人主义与集体主义的对立实质上是个人主义与社会主义的对立，个人主义对我国社会产生非常消极的腐蚀作用，应当旗帜鲜明地抵制⑧。

（四）社会主义市场经济与集体主义的关系

关于集体主义与社会主义市场经济的关系研究主要包括两个方面，一

①　江涌，金人．毛泽东集体主义原则的民族渊源［J］．湖南社会科学，1991（5）：26-28.
②　杜振吉．论毛泽东的集体主义思想［J］．齐鲁学刊，1989（6）：8-11.
③　邝勇军，邝良兼．社会转型中的"集体主义"——兼评邓小平同志在集体主义的现代转型中所做的贡献［J］．中南大学学报（社会科学版），2003，9（1）：16-20.
④　王正平．邓小平对集体主义道德思想的新贡献［J］．道德与文明，1995（4）：2-5.
⑤　冯国芳，陈婧．论习近平系列重要讲话的集体主义思想［J］．邓小平研究，2017（1）：113-119.
⑥　唐凯麟．集体主义和社会公正论纲［J］．道德与文明，2004（4）：4-6.
⑦　龚秀勇．集体主义与个人主义之关系再省思［J］．理论与改革，2012（1）：44-48.
⑧　罗国杰．论个人主义同集体主义的对立［J］．中国高等教育，1990（10）：10-15.

是二者能否相容。少部分学者认为集体主义与市场经济不符，陈美兰、王华明认为市场经济必然导致市场主体追求利益的最大化，集体主义价值观很难实现①。大部分学者主张二者相互适应、相辅相成。陈化、曾天雄认为，坚持集体主义是社会主义基本经济制度和社会主义市场经济发展的客观要求，也是非公有制经济健康发展的前提与基础②。二是社会主义市场经济条件下如何坚持集体主义问题。学界主要有调整集体主义内涵和构建新集体主义两种说法。刘大军认为集体主义价值观体系"要划阶段、分层次、按领域、有重点进行"③。王岩、郑易平认为，新集体主义的构建顺应社会主义市场经济在运作过程中产生的新的价值要求④。

（五）大学生集体主义价值观的具体现状

学界对大学生集体主义价值观现状的研究大致包括以下三个特征：第一，主体性增强。杨向荣、沈文青认为部分大学生在社会竞争中崇尚自我，追求个性、自我和权利，个体本位突出。第二，价值取向多变。王岩、郑易平认为社会价值观的变迁表现为"从整体取向向个体取向的转变""从道义导向向利益导向的转变""从单一化价值取向向多元化价值取向的转化"⑤。第三，价值目标更趋务实。狄奥认为，绝大多数大学生在个人与集体的关系准则问题上，追求一种合理的平衡，但是他们较多从现实功利角度来考虑和处理人际关系⑥。

（六）影响大学生集体主义价值观的因素

学者主要从以下五个方面探讨影响大学生集体主义价值观的因素。

（1）学校因素。学者主要从教学理念、教学方法、教师队伍出发，探讨学校方面的影响。有的学者从教学理念出发，认为部分教师存在教育认

---

① 陈美兰，王华明. 市场经济与集体主义价值观 [J]. 现代管理科学，2010 (7)：63－65.

② 陈化，曾天雄. 集体主义是我国非公有制经济的主导价值观 [J]. 求索，2010 (12)：56－58.

③ 刘大军. 论集体主义价值观体系与社会主义市场经济 [J]. 南京政治学院学报，1999 (4)：60－63.

④ 王岩，郑易平. 当代中国市场经济条件下价值观变迁与新型集体主义建构 [J]. 马克思主义与现实，2004 (3)：114－118.

⑤ 王岩，郑易平. 当代中国市场经济条件下价值观变迁与新型集体主义建构 [J]. 马克思主义与现实，2004 (3)：114－118.

⑥ 狄奥. 当代大学生集体主义价值观现状与教育对策研究 [D]. 武汉：中南民族大学，2007.

识"局限性"、教育任务"形式化"、教育模式"狭隘性"①。有的学者从教学方法角度，提出学校过度使用灌输法，缺乏实践教育②。有的学者从教师队伍出发，提出教师队伍"素质和公德缺失"，没有起到榜样作用，或对"集体主义认识不准确"③。

（2）家庭因素。学界主要从家庭结构、家庭教育出发，探讨家庭方面的影响。家庭结构方面，有学者认为，"独生子女家庭的学生在当代大学生中占比较大"④，导致自我中心意识较强烈。家庭教育方面，一方面，家长缺乏正确的教育理念，对子女的教育重智育轻德育，缺乏集体主义教育，另一方面"随着劳动社会化的不断加深以及就业社会化、市场化，父母往往忙于工作忽视子女教育"⑤。

（3）网络因素。学界主要从网络交往形式、网络环境、网络传播方式出发，探讨网络方面的影响。①网络交往方式的虚拟性消解集体主义价值观。②网络环境复杂化，导致价值取向混乱。③大众媒体的错误倾向。王凯丽认为，"当前大众传媒存在内容恶俗、掩盖真相、以偏概全、散播消极价值观的情况，起到了错误的导向作用"⑥。

（4）经济因素。①多种所有制经济导致多元价值取向的存在。②利益分配格局。有些学者认为利益分配格局下高强度竞争压力，容易使个人对集体主义产生错误认知。③市场经济的缺陷引发道德滑坡。吴文卉指出，市场经济固有的缺陷导致大学生传统的价值观在参与社会竞争的过程中发生变化，在市场经济趋利性的错误引导下产生功利实用主义取向⑦。

（5）自身因素。①对集体主义的错误认知。林丽萍认为，部分大学生由于自身思维方式较单一，对集体主义的理解较为片面，认为只要讲个人利益就是自私自利的表现⑧。②身心发展的特殊阶段。陈冬认为大学生具

---

① 孙双双．大学生集体主义教育问题及对策研究［D］．辽宁：渤海大学，2016．

② 丁绍宏．大学生集体主义教育研究［D］．长春：东北师范大学，2014．

③ 侯鑫．个人主义思潮对大学生价值观的影响及对策研究［D］．临汾：山西师范大学，2017．

④ 胡宇涛．当代大学生集体主义认同及实现路径研究［D］．泉州：华侨大学，2015．

⑤ 李容容．广西高校大学生集体主义价值观教育实证研究［D］．桂林：广西师范大学，2015．

⑥ 王凯丽．个人主义思潮对当代大学生价值观的危害及对策［D］．石家庄：河北师范大学，2016．

⑦ 吴文卉．改革开放以来大学生集体主义价值观发展研究［D］．哈尔滨：东北林业大学，2013．

⑧ 林丽萍．"90后"大学生集体意识培育研究［D］．长沙：湖南师范大学，2014．

有"思想认识的片面性、价值主体的自我性、价值判断的偏颇性、人格塑造的不稳定性"[①] 等问题。

（七）培育大学生集体主义价值观的对策

学者主要从培育的内容、途径、机制三个方面探讨集体主义价值观的培育对策。

（1）培育内容。学界对集体主义价值观培育的具体内容说法不一，尚未形成共识，主要包括社会主义核心价值观教育、中国梦教育、优秀传统文化教育、爱国主义教育、民族精神、大局观念、服务意识、团结协作精神、理想信念教育、公德意识等，此外还有学者提出实施"三心"的教育是消除大学生个人主义价值取向的关键[②]。

（2）培育途径。学界主要从学校、社会、家庭、个人出发阐述培育途径。学校方面，包括课堂教育（思想政治理论课以及其他专业课）、校园文化、组织建设；社会方面，包括社会实践活动、社会风气、大众传媒、法规制度；家庭方面，包括家长的表率作用和家庭教育；个人方面，包括澄清错误认知、加强理论学习、加强实践活动等。

（3）培育机制。包括利益协调、个体接受、道德约束、社会教育、政策调控、群众监督等机制。

二、本研究的理论基础

（一）相关概念的界定

（1）集体

"集体"的研究最早与"共同体"联系在一起，"共同体"概念起源于古希腊时期，亚里士多德指出共同体是为追求某种善而成立的，此后国外学者分别从"利益共同体""价值共同体"等各个角度对其进行研究。马克思主义经典作家多从哲学角度论述"集体"，认为集体是人们从自身利益出发自觉自愿组成的共同体。《马克思主义哲学全书》将"集体"概括为："由某种共同纽带联系起来的人们的集合体，它表现为某种共同性的意志、利益和活动机制"，同时指出，"不同的集体、同一集体的不同层

---

① 陈冬.社会主义市场经济条件下大学生集体主义价值观教育研究 ［D］.福州：福建师范大学，2015.

② 宋洪兴.当代大学生的个人主义价值取向问题研究 ［D］.长春：东北师范大学，2008.

次之间，存在质与量的差别"①。综合学术界观点，笔者认为"集体"是由以共同利益、意志或目标联系起来的人们的集合体，包括个体与个体、集体与个体以及集体与集体的关系。

马克思根据不同阶段集体与个人的相互关系，提出集体的不同形态，包括虚幻的集体和真实的集体。罗国杰认为，集体包括两个层次的含义，既包括作为国家、民族、社会等普遍的集体，也可以表现为各种不同的、局部的集体②。当前社会存在不同层次、不同表现形式的集体，笔者认为集体包括为了实现同一利益结合而成的各种局部的集体、国家、共同体等。

（2）集体主义

集体主义是一个多学科使用的概念，在伦理学、心理学、管理学等学科中都有不同的阐释。本书主要根据伦理学与思想政治教育学的相关研究成果进行概念界定。

当前学术界对具有社会主义意义的"集体主义"的起源尚存争议。有的学者认为"集体主义"最早出现于1877年恩格斯写的一封信，信中提到有关"集体主义思想、集体主义运动"等概念；也有学者提出最早出现于保尔·拉法格《集体主义——共产主义》，文中将集体主义作为共产主义的同义词解释；还有学者认为1934年斯大林与威尔斯谈话中时首次系统地谈论了集体主义。无论"集体主义"起源于哪份文献，学术界的大部分学者都把斯大林对集体主义的论述作为理解集体主义的出发点。其中最具代表性的是罗国杰，他提出集体主义的三个层次"集体利益优先于个人利益，集体利益和个人利益的辩证统一以及集体主义重视和保障个人的正当利益"③。

关于集体主义的概念，《辞海》将其界定为："社会主义和共产主义道德的基本原则。与'个人主义'相对。是个人与集体辩证关系在道德上的反映。也是集体利益和个人利益发生矛盾时的正确的价值取向。"④《中国大百科全书》将其界定为："社会主义和共产主义道德的基本原则，中国公民道德建设的原则。"⑤ 不同的工具书的概念界定不尽相同，但大多以个

---

① 李淮春：马克思主义哲学全书［M］．北京：中国人民大学出版社，1996：915.

② 罗国杰．关于集体主义原则的几个问题［J］．思想理论教育导刊，2012（6）：36-39.

③ 罗国杰．罗国杰文集：第二卷［M］．北京：中国人民大学出版社，2016：1951.

④ 舒新城，等．辞海［M］．上海：上海辞书出版社，1999：5381.

⑤ 《中国大百科全书》总编委会．中国大百科全书［M］．北京：中国大百科全书出版社，2009：24.

人利益与集体利益的关系作为概念界定的着眼点。

中共中央发布的文件对"集体主义"有多种提法。《中共中央关于进一步加强和改进学校德育工作的若干意见》提出"以集体主义为核心的价值观教育"。1996年十四届六中全会通过《中共中央关于加强社会主义精神文明建设若干重要问题的决议》，明确提出集体主义是社会主义国家道德的基本原则。自此决议发布以后，集体主义作为道德原则确立下来，对学界关于集体主义的研究产生了深远的影响，根据中央政策文件的提法，教育部组编的《思想政治教育学原理》将集体主义界定为"共产主义道德的基本原则"①。

基于马克思主义经典作家对集体主义的定位和工具书、中共中央发布的文件以及学界对集体主义的阐释，本书沿用《思想政治教育学原理》的概念界定和罗国杰的内涵阐释，认为集体主义是"一切言论行动以合乎广大人民群众的集体利益为最高标准的思想，它是共产主义道德的基本原则"。集体主义的内涵包括"集体利益优先于个人利益""集体利益和个人利益的辩证统一""重视和保障个人的正当利益"三个方面。

（3）集体主义价值观

集体主义作为社会主义道德原则毋庸置疑，然而在学术研究中，集体主义的阐释在不同学科、不同领域中十分广泛，在政策制定和教育教学中，对集体主义的应用和教学也涵盖各个方面，本身已经远远超出了道德原则的界限。随着研究的不断深入，学者们认识到集体主义是一个复杂的理论体系，由于研究视角的差异和应用领域的差别呈现出不同的形态②。学界除了研究作为社会主义国家道德的基本原则的集体主义之外，对集体主义理论体系各个层次的研究还分化为价值观论、倾向论及导向论，在实际的论述过程中没有严格地进行区别。陈建安、邓海生、陈武提出集体主义的不同研究视角和不同层次方面，纵向来看，不同层面集体主义的内涵在本质上是一脉相承的；而横向来看，团队层面的集体主义包括价值观、氛围两种形态，个体层面的集体主义包括价值观、导向和倾向等形态，团队层面和个体层面的集体主义的稳定性逐渐减弱，灵活性则相应增强③。

价值观是人们关于什么是价值、如何评判价值、如何创造价值的根本

---

① 教育部社会科学研究与思想政治工作司. 思想政治教育学原理［M］. 北京：高等教育出版社，1999.

② 杨明堂，马庆娟. 集体主义价值观新论［J］. 理论学刊，2014（6）：71-75.

③ 陈建安，邓海生，陈武. 工作场所中多层集体主义：回顾、启示与展望［J］. 江苏大学学报（社会科学版），2019（2）：72-85.

观点①。中国家国一体的宗法制度和以儒家思想为主导的传统文化形成了我国封建社会时期以群体为本位的价值观。近代以来，多种思想、观念的碰撞比较之下，马克思主义以集体主义为主导的价值观与我国传统以群体为本位的价值观相结合，对我国人民产生了深刻的影响。中华人民共和国成立以来，集体主义作为我国主流意识形态，是党和国家始终坚持的价值观，在长期弘扬和倡导中逐渐成为"无产阶级和广大劳动人民的世界观和价值观"②。邵士庆认为："社会主义社会把集体主义作为自己的价值观，并自觉地进行集体主义的制度建构。"③。陈江旗认为集体主义既是道德原则，也是我国社会中的主导价值观④。从古至今中国人民都接受并遵循着以国家、社会、集体为本位的思想指导和道德规范，因而本研究倾向于将集体主义作为一种价值观来理解，认为集体主义是在社会主义社会中占据主导地位的价值观念，贯穿于社会主义政治、经济、文化、道德等各个领域，引导人们的行为举止。

工具书中关于"集体主义价值观"的概念界定较少，其中《马克思主义哲学全书》将其概括为"无产阶级的价值观，即认为集体价值优于和高于个人价值的价值观点、价值观念"⑤。而《伦理百科辞典》在阐释"价值观"一词时提到，"在我国当前现实生活中，价值观的分歧集中表现为集体主义与个人主义的分歧。集体主义价值观要求从个人利益与集体利益、社会利益的辩证统一中，正确理解人生价值和价值关系，正确地选择人生的价值目标"⑥。

学者对集体主义价值观的概念也从不同视角作了深刻的阐释，主要包括个体价值选择、市场经济融合等视角。尽管界定和阐释不尽相同，但本质具有一致性，大多认为集体主义价值观就是以集体利益为最高标准、兼顾集体利益与个人利益。总体看来，由于集体主义价值观与集体主义的概念和内涵基本一致，不存在较大的偏离，因此在本书论述中不做严格的区别。本书在沿用"集体主义"概念界定的基础上认为：集体主义价值观是

① 《思想道德修养与法律基础》编写组.思想道德修养与法律基础［M］.北京：高等教育出版社，2017.

② 王岩.整合·超越：市场经济视域中的集体主义［M］.北京：中国人民大学出版社，2003.

③ 邵士庆.集体主义的终极生成［J］.理论与改革，2010（1）：12－14.

④ 陈江旗.关于道德建设的若干思考［J］.高校理论战线，2011（12）：52－56.

⑤ 李淮春.马克思主义哲学全书［M］.北京：中国人民大学出版社，1996：915.

⑥ 徐少锦，温克勤.伦理百科辞典［M］.北京：中国广播电视出版社，1998：1270.

指一切言论行动以合乎广大人民群众的集体利益为最高标准的根本观点。集体主义价值观博大精深，既包括集体主义道德原则所要求的三个方面内容，还包括热爱祖国、捍卫祖国利益的家国情怀，维护民族团结统一的民族精神，承担集体责任、维护集体利益的担当精神，坚定共产主义的理想信念，爱国爱民、为人民服务，等等。

（4）新时代集体主义价值观

集体主义价值观随着社会的发展，经过极端强调集体利益和片面强调个人利益的否定之否定，向马克思主义集体主义理性回归。中国特色社会主义进入了新时代，集体主义价值观也呈现出新时代特色，蕴含着新时代内涵。

新时代集体主义价值观是民族性和世界性的统一。新时代集体主义价值观的民族性体现在立足于中华民族的集体利益，维护国家利益和民族尊严，自觉将个人的奋斗目标与国家前途命运相联系。同时，在新时代，人类作为一个整体，命运比任何时期都更加紧密相连，2020 年新冠肺炎疫情在全世界大流行，全球共同抗疫更加凸显构建人类命运共同体的重要性。人类命运共同体是以人类共同利益、共同追求为基础形成的命运与共的集合体，在全球性危机和灾难面前，集体主义的价值追求不仅仅局限于某个有着共同利益关系的局部的集体、民族和国家，而是超越文化差异与意识形态界限，推动全球问题共同治理，实现人类共同进步、共赢共享。

新时代集体主义价值观是历史性与时代性的统一。集体主义价值观的历史性体现在对宗法集体主义和传统集体主义的扬弃。宗法集体主义通过"家—国—天下"的架构构建人我关系、处理公私关系，强调个体对整体，尤其是对君王的服从，在皇权的威压下个人丧失主体意志。传统集体主义通过"国家—单位—个人"的结构将个体固定在集体中，强调个人利益对集体利益的绝对服从。新时代集体主义价值观继承和发展了集体利益、国家利益优先的原则。同时每个时代都有每个时代的价值观念，新时代集体主义价值观在继承以往的集体主义价值观的基础上，立足于新时代的时代特征，呈现出鲜明的时代性，在强调集体的权威性、个人的服从性的基础上，也重视个体的主体性，给予个人追求个人正当利益的自由和保障。新时代集体发展的要求空前迫切、个体实现自我价值的诉求空前强烈，只有尊重集体的主体性和个体的主体性，认可个人的主体地位，满足个体的正当需要，个体才能成为价值的创造者，为他人和社会奉献价值。因此，新时代集体主义价值观在尊重集体权威、维护集体利益的基础上更注重以人民为中心、尊重个人的主体性和独立性，发挥个体的主观能动性。

（5）新时代集体主义价值观的内容

当前学界对新时代集体主义价值观的具体内容尚未达成共识，但大多以人们面对集体与个人的利益冲突时所采取的选择为出发点，认为集体主义价值观就是以集体利益为最高标准、兼顾集体利益与个人利益。邵士庆根据政治、经济、道德领域将其划分为"合作共赢""公共价值""无私奉献"，其中公共精神就是对公共价值的维护和遵循。本书参照邵士庆以及其他学者对集体主义和集体主义价值观的相关论述中的内容及要素划分，认为集体主义价值观包括：处理利益冲突时"利他"的价值取向，即"奉献"；处理个人与其他集体成员的关系时的"合作"；对集体的尊崇和维护的"公共精神"。

①奉献

奉献是恭敬地交给，呈献之意，是不求回报地给予和付出[①]。罗国杰指出："集体主义的最高要求是发扬无私奉献，一心为公的精神，……提倡奉献精神就是集体主义题中应有之义。"[②]"利他"是集体主义价值观的本质属性，是个人处理利益冲突时让渡自身利益的奉献精神。奉献精神的内涵在不同时期具有差异，区别于传统文化中的"重义轻利""大公无私"和革命战争年代的"毫不利己专门利人"，新时代所提倡的奉献和牺牲应该是有限度的，在集体利益与个人利益发生不可调节的冲突时，鼓励个人在不超出承受能力范围之外适当地做出局部的暂时的让渡，集体也要为做出牺牲和奉献的个人提供相应的补偿和认可，这样才能使奉献精神获得社会肯定，使奉献行为在社会上长盛不衰。习近平在纪念五四运动 100 周年大会上鼓励青年学生勇做走在时代前列的奋进者、开拓者、奉献者，不断奉献祖国、奉献人民[③]。新时代大学生坚定集体主义价值观，就要在集体中追逐青春理想，在奉献中焕发光彩，积极为他人、为集体、为国家、为人类做奉献。

②合作

合作主要是为了共同目的而两人或多人、两集体或多集体共同进行某一行为，是个体、集体之间相互作用的形式[④]。马克思指出，合作生产是

---

① 朱芳红. 大学生的奉献精神现状与教育探析［J］. 中国校外教育，2013（30）.

② 罗国杰. 罗国杰文集：第二卷［M］. 北京：中国人民大学出版社，2016：1979.

③ 习近平. 习近平在纪念五四运动 100 周年大会上的讲话［EB/OL］.（2019 - 04 - 30）. http：//www.xinhuanet.com.

④ 中国百科大辞典编委会. 中国百科大辞典［M］. 北京：华夏出版社，1990：1471.

向共产主义社会过渡的重要手段①。合作贯穿社会历史发展的始终，合作水平的高低与集体的发展程度密切相关，集体发展程度越高，人类合作水平越高；相应地，人类合作能力越强，越能够在社会关系中取长补短实现自身的发展，也越能齐心协力推动集体的发展。不同时期的合作具有不同的表现形式，区别于原始社会的本能合作和工业社会的分工协作，现代社会中的合作不仅仅局限于物质生活的需要，更是追求自我发展和集体发展的需要。新时代大学生应坚持集体主义价值观，要对个体之间、集体与个体之间以及集体之间的合作形成正确的认知，在合作中提升集体力，共同促进集体发展。

③公共精神

公共精神是个体在公共生活领域所表现出的对于公共利益和公共价值关心的思想态度与行为方式②。罗国杰提出集体主义的三个层次，一是全心全意为人民服务、无私奉献、一心为公，是共产党员、先进分子所力求做到的；二是先公后私，先人后己，是具有较高社会主义道德觉悟的人们能够达到的；三是公私兼顾，不损公肥私是对我国公民最基本的道德要求。集体主义价值观以共产主义为目标，反映公有制的要求，既要集体保证个体能够享受公平公正，也要求每个成员尊重和捍卫集体。人既是独立的个体，同时也在集体中作为"公共人"存在，随着集体发展和公共领域扩大，人们在公共领域中难免产生碰撞和摩擦，因而需要不同立场的人们形成公共精神，才能明确自身在社会生活中的主体地位，自觉维护公共利益、规范自身行为。新时代大学生应谨记习近平总书记的勉励，以四海一家、天下为公的精神，为实现民族复兴而奋斗和国家富强而努力③。

（二）加强集体主义价值观培育的理论依据

（1）马克思、恩格斯关于集体主义的论述

马克思主义经典著作中尽管没有明确提出"集体主义"一词，但是在《德意志意识形态》《神圣家族》等著作中蕴含着丰富的集体主义思想，马克思、恩格斯集体主义思想作为一种构建自由人联合体、实现真实的集体的伟大构想，为新时代集体主义价值观的培育提供了理论指导。

---

① 马克思，恩格斯. 马克思恩格斯选集：第3卷［M］. 北京：人民出版社，2012：175.

② 陈富国，黄晓妹. 公共精神的中国生成：现代国家治理视界的论证［J］. 理论与改革，2016（4）：52－57.

③ 习近平. 习近平在纪念五四运动100周年大会上的讲话［EB/OL］.（2019－04－30）. http://www.xinhuanet.com.

①个人与社会的关系

集体按其现实性可以划分为国家、社会、生产单位等不同形态、不同层次的集体，集体主义源于人的社会性本质，集体主义对个人与社会关系的阐释是：个人与社会的和谐统一、个人利益与社会利益的和谐统一。

社会性是人的本质属性，人在其现实性上是"一切社会关系的总和"①，人与社会互为对方存在的依据，个人的生存与发展依赖于社会在一定历史发展阶段所提供的物质基础，只有在社会中才能全面发挥、发展自己真正的天性，脱离了社会的个体将不复存在；同时个人也受到一定时期内社会条件的制约，任何超越特定的社会条件、脱离社会所提供的力量的个人发展都是不可能的。社会和集体是个人发展才能和获得自由的手段，因而个人需要联合起来，形成一个能够保障绝大多数人的利益的集体，以促进个人的自由发展。

马克思对社会的界定是"各种社会关系的总和"，是"人们交互作用的产物，在共同的物质生产活动基础上相互联系的人类生活共同体"②，人们通过生产形成最基本的生产关系，随着生产的发展，这种关系又逐渐发展成政治关系、经济关系、文化关系等，构成了全部的社会关系。社会是人的集合体，人是一切社会活动的主体，社会中每个个体一致的利益追求共同推动了社会的发展。因此，社会的进步需要尊重每个个体的利益诉求，尊重个人的自由发展。

马克思、恩格斯反对将人与社会的关系绝对对立，认为个人利益与社会利益的关系具有共同性和统一性，社会利益是全社会共同的个人利益之所在，不能脱离个人利益而存在，社会利益给个人利益提供保障；个人利益也包含着集体利益因素，个人的正当利益相结合构成了社会利益，为社会利益的实现提供动力。

②真实的集体和虚幻的集体

马克思认为"集体"存在"虚幻的共同体"和"真实的共同体"两种"共同体"形态。在虚幻的共同体中，共同体实际上只能代表统治阶级的利益，但宣称能够体现每一个社会成员的特殊利益，以共同体的名义要求个体为共同利益让步，二者的对立性大于统一性；而在真实的共同体中，社会共同利益能够体现每一个社会成员的特殊利益，二者的统一性大于对立性。

---

①　马克思，恩格斯. 马克思恩格斯选集：第 1 卷［M］. 北京：人民出版社，1995：188.

②　马克思，恩格斯. 马克思恩格斯选集：第 2 卷［M］. 北京：人民出版社，1995：587.

"虚幻的共同体"是由统治阶级组成的利益共同体。共同体利益实际上是统治阶级的利益，统治阶级为了实现自身统治而以公共利益自居，处于"虚幻的共同体"中的人们受到阶级的制约和压迫。在虚幻的共同体中，个人的自由十分有限，自由只能在特定的阶级范围内实现，资本主义国家更是通过剥削工人阶级的利益保障资产阶级的利益和发展。由于阶级利益、私人利益的存在，国家应运而生，作为一种相对独立的形式协调私人的特殊利益与公共利益。但是国家既不能真正代表个人利益，也不能完全代表共同利益，是"虚幻的共同体"。

"真实的集体"是指每个人各自联合而形成的自由人联合体，由没有自身利益的革命无产者组成。马克思指出，在自由人联合体中，每个人都能实现自身的自由而全面地发展。集体与个人是同向发展的，集体发展程度越高，个人发展越好，只有在真实的集体中才能够实现集体利益与个人利益的真正统一，真正尊重个人发展、为维护个人利益提供强有力的保障。同样，个人的发展能够推动集体向更高的层次发展，人的发展程度越高，实现的集体的层次也就越高，由于人们只有在共同体中才能获得全面发展，因此人能否自由而全面地发展也是检验集体是否真实的标准。

集体主义是建立在真实的集体的基础上的，当前中国社会中的大多数集体能够代表集体成员的利益，但是由于我国当前发展不平衡、不充分，受到政治、经济、社会等各方面因素的制约，社会中存在的集体还不可能都是真正的集体，需要逐步发展完善。

③合作生产推动集体发展

"社会关系的含义是指许多个人的合作，……一定的生产方式或一定的工业阶段始终是与一定的共同活动的方式或一定的社会阶段联系着的，而这种共同活动方式本身就是'生产力'。"[①] 合作作为一种共同活动的方式，在不同的人类社会形态中具有不同的表现形式，既作为"生产力"存在，又能够推动生产力的发展，从低级的原始的合作向自觉自愿的合作发展。

马克思将人类社会形态划分为三类。在第一大形态中，人类出于生存需要的动物本能，自发地以血缘为纽带联结起来形成原始的集体，在这个集体中他们的合作是较低级的、局部的合作。在工业社会中，合作表现为分工、协作。这一时期人们的协作活动是在经济制度和组织结构的安排下不得不从事的。尽管劳动者在资本主义制度下的协作活动中受尽剥削压

---

① 马克思，恩格斯. 马克思恩格斯选集：第 1 卷 [M]. 北京：人民出版社，1995：356.

迫，但是资本主义社会依然应该坚持合作发展，因为分工与协作有机统一于集体之中，通过分工与协作，能够创造单个工人无法创造的集体力。以上两种协作都是个体出于生存发展的需要而不得不做出的选择，不同于马克思所提出的真正意义上的自愿自觉的合作。第三大社会形态——自由人联合体，是由革命无产者组成的。合作运动是推翻专制的、剥削的阶级统治，建立共和的、繁荣的、自由平等的生产者联合的制度的重要手段。作为实现自由人联合体的重要手段，合作的发展能够推动人们反抗阶级统治和剥削压迫，合作程度越高，人们越能够摆脱对人和物的依赖，使社会关系服从人类的控制成为一种自由平等关系，使自由人联合体中的个人得到自由而全面的发展。在自由人联合体中，合作也达到了最高水平，可以根据人们的意愿自主确立，是人们自由自觉选择的产物。

合作贯穿于人类历史发展的全过程，是实现向共产主义社会过渡的重要手段。合作水平的高低与个体自由程度、集体发展程度密切相关，集体发展程度越高，人类的自由发展程度和合作水平就越高；相应地，人类合作能力越强，越能够齐心协力办大事，推动集体的发展。实现中华民族伟大复兴、推动中国社会发展需要进一步培育合作意识，提高合作生产水平，推动合作发展。

（2）列宁、斯大林关于集体主义的论述

列宁和斯大林的集体主义思想曾作为苏联共产主义道德教育的重要内容，对苏联的社会主义意识形态建设和社会主流价值引导发挥了重要作用。对于同为社会主义国家的中国而言，列宁、斯大林关于集体主义的论述和实践为中国社会主义主流价值观的弘扬提供了理论支撑和历史反思。

列宁在苏维埃政权成立之初，《在全俄玻璃瓷器业工人代表大会上的讲话》中提出"大家为一人，一人为大家"的道德要求，突出了集体主义价值观在国家发展中的重要地位。在《青年团的任务》中列宁批判旧社会只关心自己而不顾别人的人，并把这种个人主义、利己主义的观念和行为称为"人人为自己，上帝为大家"，要求青年、工人、农民同无产阶级联合起来，自觉在训练、培养、教育的每个步骤中树立集体意识，参与共同劳动。列宁提出的"大家为一人，一人为大家"原则动摇了当时苏联社会传统"人人为自己，上帝为大家"的价值观念。此后列宁将"大家为一人，一人为大家"道德原则和"各尽所能，按需分配"准则相结合，逐步推行共产主义劳动，掘起根深蒂固的顽固特权思想，将集体主义通过纪律约束和劳动教育逐渐渗透到群众的思想观念中，并进一步影响群众的行为选择。集体主义价值观的提倡使苏联人民统一思想、团结力量，在凝聚苏联社会主义价值共识和推动国家发展方面发挥了重要作用。

在 1934 年斯大林与威尔斯的一次谈话中，斯大林首次较为完整地提出了集体主义的内涵。他指出："个人和集体之间，个人利益和集体利益之间没有而且也不应当有不可调和的对立。不应当有这种对立，是因为集体主义、社会主义并不否认个人利益，而是把个人利益和集体利益结合起来。社会主义是不能撇开个人利益的。只有社会主义才能给这种个人利益以最充分的满足。此外，社会主义社会是保护个人利益的唯一可靠的保证"①。斯大林关于集体主义的论述阐明了集体主义的内涵，这也成为日后我国弘扬集体主义价值观、学术界进行集体主义相关内容研究的重要依据。除此之外，斯大林将集体主义贯穿于经济建设的过程中，推动了苏联社会主义的发展。然而不可否认的是，由于高度集中的计划经济体制，在推进经济建设的过程中，存在忽视个人利益的问题。

（3）中国共产党人关于集体主义的论述

社会主义集体主义是中国共产党人对马克思主义经典作家集体主义思想的继承发展，也是中国共产党在长期发展过程中的经验所得。中国共产党人将马克思主义集体主义与中国的实际情况相结合，多次论述了集体主义的必要性和重要性，逐渐形成和发展了具有中国特色的集体主义思想。伴随着新时代的到来，复杂的国内外形势和形形色色的思潮入侵愈演愈烈，我们需要认真学习并了解中国共产党人关于集体主义的论述，用以指导新时代集体主义价值观培育工作。

①坚持集体主义原则，全心全意为人民服务

毛泽东尤其重视集体领导和集体主义，多次强调个人利益的服从性、集体利益的优先性、兼顾个人与集体之间的利益关系，在长期的革命和建设过程中逐渐形成了个人服从于集体、全心全意为人民服务的集体主义思想。

在革命时期，毛泽东强调，必须坚持人民利益优先，以人民利益和夺取革命胜利为目标，为了取得最终的胜利，要不惜牺牲个人利益。毛泽东多次对党内个人主义，小团体主义思想提出强烈批判，旗帜鲜明地将集体主义与个人主义划清界限，指出"集体主义就是党性"，将集体主义提升至意识形态的高度，要求中国共产党党员坚持团结统一，做到一致行动。在张思德追悼会上，毛泽东首次提出"为人民服务"，人民群众是最大的集体，集体是由人民联结起来组成的联合体，集体的发展不能脱离群众，

---

① 斯大林. 斯大林选集：下 ［M］. 北京：人民出版社，1979：354 - 355.

为人民服务是为群众集体服务，也是为每一个集体成员服务，集体利益的发展也必须从人民的利益出发，而不是从个人或小集团的利益出发。坚持集体主义是对党员加强党性修养、坚持正确的政治立场、坚持为人民服务的基本原则。

社会主义建设时期，由于主要矛盾发生变化，毛泽东不再过分强调集中统一，而是倾向于公私兼顾，既注重国家物质财富的积累，又注重群众获得实在的物质利益和个体思想解放。他指出个人"如果不得到解放，不但没有社会主义和共产主义，就连民主主义也不可能有"①，独立的个体是集体的重要组成部分，每个有活力的个体有机结合才能造就一个强大的有凝聚力的集体，在强调集体力量时不可压抑人的自由发展，要坚持"革命的独立性"，避免"独立性"落入"反动的独立性"的境地。因此个人必须要与集体相协调，将个人融于集体中。

毛泽东始终强调集体利益与个人利益的一致性，但出于特定时期发展需要各有侧重。这一时期的集体主义作为处理利益关系的政治依托，具有鲜明的政治色彩。毛泽东集体主义思想符合当时社会发展的需要，对当时社会各领域的发展起到了积极的影响，但是一段时期内社会主义集体主义受到国内外复杂形势的影响，在具体实施过程中走向偏激，忽视个人的正当利益，给社会进步与人的发展带来了一定的阻碍。

②统筹兼顾，实现"共同富裕"

在社会主义市场经济时期，利益格局发生变化，多种利益要求并存，只注重集体利益而不谈个人利益或不能具体落实个人的物质利益难以激发人们的生产积极性。结合改革开放和市场经济进程中利益格局的变化，邓小平对极端化、片面化的集体主义认知和实践进行纠正，提出"多劳多得""少劳少得"，"先富"带动"后富"的发展理念，为个人利益和集体利益的相互转化打通了理路，为中国向"真实的集体"过渡和发展提供了具体实现路径。

实现共同富裕是集体利益与个人利益的统一。邓小平多次强调"贫穷不是社会主义"，社会主义不是少数人攫取、占领大部分物质财富和大部分人生活贫困，坚持社会主义必然要满足和保障人们的物质生活需要，实现生产资料全民所有。共同富裕是集体共同物质利益的实现，是社会主义的本质要求，实现共同富裕需要充分尊重个体的价值发挥，发挥人们的劳动积极性，使人民群众自觉地投身于财富创造中，为社会财富积累奉献力

---

① 毛泽东. 毛泽东选集：第 3 卷［M］. 北京：人民出版社，1991：191.

量;实现共同富裕也意味着集体成员的共同利益最终要落实到每位成员身上。然而中国不可能一步登天实现共产主义,因此需要鼓励人们参与社会生产,创造物质财富,为实现平等公正地获得生产资料和集体的发展奠定物质基础。

实现共同富裕应尊重个人的正当利益。邓小平在《解放思想,实事求是,团结一致向前看》中指出:"为国家创造财富多,个人的收入就应该多一些,集体福利就应该搞得好一些。"① 邓小平将物质利益看作革命精神长期存在的物质基础和广大群众支持的激励手段,将个人利益合理性与改革开放过程中的一系列政策方针相结合,建立社会主义市场经济体制,提倡按劳分配、多劳多得,提出"三个有利于"价值评判标准,在制度和精神层面给予人民获取个人正当利益的保障和动力,客观上激发了市场活力,推动了个人物质、精神财富的获得,同时也实现了社会物质精神财富不断扩大,实现了集体利益和个人利益的统一。

邓小平将集体主义运用于经济体制改革的实践中,通过方针政策将集体主义的价值要求落到实处,激发个体的主动性和集体的活力,逐渐扭转了人们对集体主义价值观的绝对化理解和践行,澄清了当时人们对市场经济的趋利性与集体主义的崇高性能否并存的困惑和争论,将二者有机结合,实现了对马克思主义集体主义思想的回归。

③立党为公、执政为民,弘扬"主旋律"

21 世纪初期,我国的社会生活发生了广泛而深刻的变化,党内进入新老交替的重要时刻,旧的平衡打破之后新的平衡尚处于建立过程中;人民内部矛盾日趋复杂,社会利益格局多变。复杂的人文环境下,加强社会主义精神文明建设,澄清全党全社会的精神迷茫和价值困惑迫在眉睫。

立党为公、执政为民是"三个代表"重要思想的本质,立党为公的"公"指的是全体人民的共同利益,也是中国最广大人民的根本利益。中国共产党是没有个人私利的无产阶级队伍,自建党以来就坚持代表中国最广大人民的根本利益,做到公平公正地处理一切公共事务。执政为民中的"民"是集体名词,中国共产党的各项任务都要尊重人民的主体地位,以人民群体的公共利益为根本出发点和归宿点。立党为公、执政为民明确了党内集体主义价值要求,对这一时期稳定党群关系、保障人民利益起到了关键作用。

是否继续坚持集体主义也是人们普遍存在的疑问。针对社会上的价值

---

① 邓小平. 邓小平文选:第 2 卷 [M]. 北京:人民出版社,1994:195.

困惑，江泽民提出要坚持"弘扬主旋律，提倡多样化"的精神文明建设方针，其中"爱国主义、集体主义、社会主义"就是精神文明建设的"主旋律"。主旋律越鲜明，越有利于凝聚社会共识、团结民族力量，"爱国主义、集体主义、社会主义"作为社会发展的主旋律，在维护社会稳定、激发民众力量方面发挥了突出作用。十四届六中全会明确提出我国要以集体主义为道德建设原则，并强调"社会主义道德建设最重要的是抓住为人民服务这个核心，在全社会坚持倡导为人民服务的精神，倡导社会主义的集体主义精神，倡导个人利益服从国家利益、局部利益服从整体利益、眼前利益服从长远利益"①。集体主义道德原则的提出一定程度上平息了社会上和学术界关于社会主义道德发展方向的争论，为精神文明建设指明了方向。

21世纪以来，集体主义作为社会主旋律的重要组成部分，统一于精神文明建设之中，牢牢把握了精神文明建设和社会主义文化发展的方向，推动集体主义从政治要求向道德原则转变，越来越全面、理性地反映个人与集体的关系。

④弘扬爱国主义、集体主义、社会主义思想

随着社会生产力的提高，人们的生活水平得以提高，物质需求得到一定程度上的满足，精神文化需求也在不断增长。构建社会主义和谐社会，涵养公民的品德情操，满足人民的精神文化需求成为社会的突出问题。在党的十八大上，胡锦涛强调要"大力弘扬民族精神和时代精神，深入开展爱国主义、集体主义、社会主义教育，丰富人民精神世界，增强人民精神力量"②，为提高人们的道德水平指明方向。

弘扬爱国主义、集体主义、社会主义思想是营造良好的社会风气，提高社会成员道德修养的重要手段。胡锦涛将爱国主义、集体主义和社会主义教育作为公民道德教育的重要内容统一起来，蕴含于对公民提出的道德要求之中。为了澄清社会上是非、善恶混淆的价值观念，他提出涵盖爱国主义、集体主义、社会主义思想的社会主义荣辱观。社会主义荣辱观中的"以团结互助为荣，以损人利己为耻"突出了集体主义的价值追求。"团结互助"表现在人际关系上是关系和谐，意味着人际和谐、家庭和睦、民族

---

①　中共中央文献研究室. 十四大以来重要文献选编：下［M］. 北京：中央文献出版社，1999.

②　胡锦涛. 坚定不移沿着中国特色社会主义道路前进　为全面建成小康社会而奋斗：在中国共产党第十八次全国代表大会上的报告［M］. 北京：人民出版社，2012：31.

团结、国家统一。和谐关系是人全面发展的前提之一，人与人之间的团结互助推动集体发展。"以损人利己为耻"表现为在义利关系上以大局为重、尊重他人和集体的利益。"八荣八耻"的提出确立了公民普遍认同的道德行为规范，在潜移默化中引导人们遵循集体主义。

社会主义荣辱观集中体现了构建社会主义和谐社会所应坚持的集体主义价值导向，它的广泛传播使集体主义在全社会越来越得到认可，成为人们广泛接受的价值观。

⑤弘扬社会主义核心价值观，构建人类命运共同体

党的十八大以来，习近平做了诸多蕴含集体主义观点的论述，其中关于社会主义核心价值观、中国梦、人类命运共同体的系列讲话立足于时代的高度和国家发展的需要创新和发展了集体主义思想，为培育新时代集体主义价值观提供了指导。

社会主义核心价值观是全国人民共同认同的"最大公约数"，凝聚着中国人民的价值共识和集体观念。"富强、民主、文明、和谐"与"自由、平等、公正、法治"是立足于国家和社会层面提出的价值标准，也是国家和社会的发展方向。人的发展受到集体环境的影响和制约，需要集体提供积极良好的环境，以推动个体发展的自由，只有国家与社会作为集体能够获得良好的发展，才能为个体的发展提供坚实的保障。"爱国、敬业、诚信、友善"是立足于个人层面对公民提出的新的道德规范。人们在处理家国关系时要坚决维护国家利益；在协调集体关系时要将实现个体发展与推动集体发展相结合；在处理与他人的关系时要和谐共处、诚信待人。

中国梦蕴含着我国人民一直以来的集体主义追求。中国梦是中华民族伟大复兴的伟大梦想，是追求国家发展、实现国家利益之所在；个人梦是每个人的理想追求，是每个个体自身利益得以满足。中国梦为个人梦奠定物质基础并提供政治保障，只有国家强大，人民才能拥有稳定的生活和基本的尊严；中国梦的实现也要依赖于每一个个人梦的推动，人们自身价值的实现能够为国家的发展提供有力动力。中国梦的提出将国家利益与个人利益相结合，将民族复兴与个人奋斗相承接，激起华夏子女的家国情怀，使中华民族自觉团结协作，勇担复兴大任，推动国家发展完善，公正、全面地代表所有的个人利益。

人类命运共同体是集体主义在新时代构建新型国际关系和处理国际利益问题的新型表达方式，为世界全球治理和世界人民利益共享搭建了世界平台。从"命运共同体"延伸到全世界共商共建共享的"人类命运共同体"，最终发展成无产阶级联合的自由人联合体，人类命运共同体的提出

将"集体"从一个国家的范畴扩大到世界的范畴，标志着真实的集体逐渐形成和完善。人类命运共同体也是世界人民一致的利益诉求和价值追求。它突破了国家单一主体的利益诉求，倡导全人类的文明共享、利益共同和命运共存，从国家利益出发，以更广阔、更包容的胸襟推动世界问题共同治理、利益共同发展，有利于实现世界各国平等协商、合作共赢，推动世界人民实现自由平等。

习近平的系列讲话中蕴含着丰富的集体主义观点，为新时代结合时代特征和现实状况坚持集体主义、推进集体主义价值观培育提供了价值指引和实现路径。

（三）加强集体主义价值观培育的历史依据

集体主义由封建社会的统治要求向现代社会深入人心的价值观念转变是一个长期的过程，不同历史形态集体主义在中国社会发展过程中不仅发生了形态的变化，也发生了质的变化；"天下为公""内圣外王"等中华传统思想文化为集体主义的内涵注入了中国特色文化，成为推动集体主义价值观生成发展的历史依据。

（1）集体主义形态的历史嬗变

马克思对人类社会形态的划分实质上以个人与集体关系为依据，是把握集体主义历史发展的重要依据。集体主义适应一定历史时期的生产方式，在不同社会形态的基础上形成了适应历史发展的集体主义，成为当时处理人与集体关系的重要模式。

原始集体主义是人类在自然环境恶劣的原始社会里出于生存需要而形成的。由于环境和生产力水平等条件的制约，原始人类仅仅依靠个体力量是无法存活的，为了获得生存机会必须采取群居方式生活，这种群居生活最早表现为自然共同体，随后逐渐发展成氏族、部落。在氏族、部落里，集体成员之间的协作互助为原始集体主义的形成奠定了基础。原始集体主义是原始人类出于生存本能，以血缘为纽带自发形成的群体心理和群体行为，在氏族、部落中个人利益与集体利益近乎一致，但是原始集体主义由于建立在血缘制度上，只局限于本氏族或本部落内部，具有落后性和狭隘性，终将被取代。随着私有制的产生，原始集体主义随着氏族、部落的解体而逐渐瓦解，但原始集体主义对当今社会的影响并没有消失殆尽，它所强调的公有制和合作一直贯穿历史发展的始终。

中国典型的宗法集体主义以家国同构的传统社会形态为基础。家是构成社会最基本的单位，也是"国家""天下"的逻辑原点。封建时期，中国各个家族具有严密的等级伦理关系，家族中始终存在一位男性作为家长主导家族事务，协调利益分配，其他家族成员依次按长幼、夫妇等等级排列，形成以家长为核心的等级格局。西周时期家国同构的宗法制走向成熟，形成以嫡长子继承制和分封制共同构建的完善的家国同构的政治形态，形成了"家—国—天下"的推进路径。费孝通将中国这种以个人为圆心、以父子关系为主轴、以血缘亲疏为基础向外延伸的波纹式的同心圆网络称为"差序格局"。当集体组织运转时，集体当中的领导者通过全部集体成员的力量实现整体利益的最大化，从而保障个体的利益，而在追求整体利益的过程中个体需要让渡部分自身利益，将优先性奉献给处于差序格局的圆心的决策者。"修身—齐家—治国—平天下"是依托于"家—国—天下"的治道路径。在"家—国—天下"的政治形态中，等级严密的差序格局使人们固定在确定的伦理关系网中，只有遵循集体道德规范，维护集体利益，人们才能从中获得生存与发展的权利，否则将会失去集体提供的资源。同时这种固定的伦理关系网也强化了人们的集体归属感，巩固了差序格局中各层次各阶级的宗法集体主义价值观。宗法集体主义的弊端也是不可忽视的，封建宗法的差序格局组成的集体是在君王权力的强制下组成的，在实际的实施过程中始终存在个人利益和宗族利益的冲突，它必然被新的集体主义形式所取代。然而宗法制作为我国封建社会的制度支撑，经过一千多年的封建统治，已经逐渐渗透到我国社会的人文环境和人们的价值观念中，至今以父子关系为主轴延伸形成的"差序格局"依然在中国社会普遍存在，很多地方依然留存具有浓厚宗法制色彩的宗族、祠堂等。

社会主义集体主义与其他形态的集体主义存在本质差异，真正强调个人利益与集体利益的统一。马克思主义在中国的传播使马克思主义集体主义思想传入中国并为广大青年知识分子所接受，中国共产党人在马克思主义集体主义思想基础上，结合当时中国的实际情况，提出了许多关于集体主义的论述，成为当前道德建设的理论依据。中华人民共和国成立以来，社会主义集体主义价值观经历了否定之否定的曲折发展，实现了从强调绝对的集体向全面理性的扬弃回归。中华人民共和国成立初期，由于苏联意识形态和中国传统封建思想的影响，以及当时出于稳定社会秩序和促进经济发展的需要，集体主义价值观逐渐走向片面化、绝对化。但是随着社会的进步，其轻视个人利益、打击个人积极性的问题也逐渐暴露。改革开放初期，人们的思想发生了新的变化，开始意识到极端强调集体利益的片面性，并开始进行调整和纠正。然而在市场经济的影响与多元文化的冲击下，对传统集体主义价值观的调整矫枉过正，甚至引发了一场关于集体主义废存与否的争论。直到十四届六中全会明确提出集体主义道德原则，这一争论才逐渐平息。经历了两次否定，集体主义的内涵逐渐丰富，趋于全面理性。新时代，集体主义被赋予了更鲜明的时代性和更广阔的世界性，集体主义已从最初的政治理念拓展至政治、经济、文化等各个领域，发挥了指导各领域道德发展的重要作用。

（2）中国的集体主义文化传统

集体主义作为国家主流意识形态可以溯源至我国封建社会主流的重整体轻个体、重义轻利的价值导向。"内圣外王"的道德修养、"天人合一"的理想追求和"天下为公"的社会理想等传统文化思想经过数千年的淬炼和传承，影响了几代中国人，深深刻进中国人民的血液之中，在维护民族团结、凝聚社会力量方面发挥着举足轻重的作用。

第一，"内圣外王"的道德修养。春秋时期，礼崩乐坏，只有重拾人心、为政以德才能恢复大道。"内圣外王"的提出将个体的道德修养与社会政治建构相联通，将个人价值与社会价值相勾连，实现了道德与政治、个人与集体的直接统一。"内圣外王"的核心宗旨是以个人的修养成就"圣人"，再以圣人之德建构政治秩序，从而恢复天下大道。个人的修养最终是为家族利益、国家利益、社会利益服务的，反映了中国传统社会以宗法集体主义为核心的价值观。"内圣外王"也是宗法集体主义所追求的道德修养。"内圣"，即个人德性塑造，强调个人的自身价值；而"外王"即个体担负社会责任，强调个人的社会价值。"内圣外王"也是个体化发展和社会化推进相结合，只有塑造好个人德性，将自己融入民众中、融入国家事业中、融入宇宙万物中，在为他人、为社会、为国家奉献中才能实现人的最高价值、凸显个体的社会价值。

第二，追求"天人合一"的理想境界。"天人合一"是儒释道三家普遍认可的精神，"人"一般指人类个体和人类社会，对"天"的理解一般分为"自然之天"和"德性之天"，根据不同的理解，"天人合一"又分为尊重自然规律、回归自然和以人为本、提升道德修养两种不同的实现路径。"德性之天"与"人"相合是一个双向运动过程，"天"自上而下将道德属性授予"人"，"人"自下而上地修身、克己才能与天相合。"天人合一"将个人与社会、人类社会的道德实践与天道的自然秩序相整合，具有明显的整体至上的特征，个人要为家族、人民、国家发挥个体的功能、泯灭自我，才能达到物我一致、天人和谐的境界。

第三，"天下为公"的大同社会。孔子汇集诸子百家思想，提出"大道之行，天下为公"的大同社会，勾勒出一幅"人不独亲其亲，不独子其子。使老有所终，壮有所用，幼有所长，鳏寡孤独废疾者皆有所养……"的社会蓝图。大同社会思想超越了民族和国家的意识，以"天下"为价值指向，以"公"为价值追求，而"大公无私"则是中国传统文化中具有代表性的公共精神，以群体利益为优先是大同社会中每个成员应该具备的基本德行。中国人对大同社会的追求一直延续至今。大同社会作为理想社会的代名词，其所强调的天下意识与凝聚全人类共同利益的集体主义价值观具有一致性，为人类命运共同体的构建注入了文化基因。人类命运共同体作为世界各国共商共建共享的有效路径，既是对优秀传统文化中的大同社会理想的借鉴，也是对马克思主义共同体思想的践行，同时也是实现自由人联合体的具体途径。

"内圣外王"的道德修养、"天人合一"的理想追求和"天下为公"的社会理想等传统文化在中国封建社会的政治建设和价值引领中发挥了重要作用，符合封建社会的发展要求。但是随着封建主义社会被社会主义社会取代，这些传统文化中凸显的崇公抑私、重义轻利的价值导向存在不适应当前社会发展的成分，因此，应给予中国集体主义的文化传统辩证审视，合理汲取其中符合时代要求的部分，为新时代加强集体主义价值观培育提供文化滋养。

（四）加强集体主义价值观培育的现实依据

（1）社会主义基本经济制度的必然要求

按劳分配为主体、多种分配方式并存的分配制度，社会主义市场经济体制与公有制为主体、多种所有制经济共同发展的所有制结构共同作为社会主义基本经济制度是十九届四中全会的一大制度创新。只有坚持集体主义价值观，才能从集体的根本利益出发维护公有制的主体地位，合理配置生产要素，保障市场经济正常运行。

我国的所有制结构决定了集体主义是社会主导的价值观。共产主义和集体主义具有内在的统一性，只有当劳动生产者破除生产资料私人占有，实现生产资料全民所有，无产阶级才能真正掌握自己的命运，实现个人的自由发展，真实的集体也才能得以实现。"真实的集体"建立在生产力高度发达、生产资料归全民所有，一切人自由发展的基础上。坚持公有制的主体地位，在价值观层面反映了集体利益优先的集体主义价值观。如今中国生产力发展不平衡不充分，非公有制经济中的私营企业、外资企业等作为不同利益主体，必然在价值观念方面表现出层次性和不同取向的差异。因此，坚持以公有制为主体，多种所有制经济共同发展，反映在意识形态上必然要求我们捍卫集体主义价值观的主导地位，推动多元价值取向健康发展，尊重多种所有制经济带来的多元价值取向中的合理成分，消灭多元价值取向中的自私自利性、狭隘性成分，使个人发展与集体发展同向同行。

社会主义市场经济与集体主义具有内在的一致性。不同经济主体之间遵循等价交换原则相互竞争，同时市场交易所要求的互利互惠又蕴含着集体主义价值诉求。等价交换是解决经济领域内利益交换的重要原则，要求在利益交换中实现个人的正当利益最大化，这一诉求与集体主义所倡导的理念相吻合。但是市场经济具有盲目性和自发性，它追求等价交换的同时还进一步要求实现利益最大化，如果不加以限制很可能导致个体在追求利益最大化的过程中侵害他人利益。习近平强调，党员干部要坚决抵制商品交换原则向政治生活渗透。等价交换原则一旦脱离经济领域，渗透到政治领域、道德领域等其他领域，将不可避免地对人们的意识和行为造成严重的冲击，使人们陷入"等价交换"和"牺牲奉献"、"利益驱动"和"服务至上"、个人主义和集体主义的矛盾选择之中。集体主义涵盖包括经济领域在内的各个领域和层面，具有崇高的利他性，在市场经济条件下坚持集体主义价值观有利于限制市场经济中的不良行为，实现利益与道德的双赢。

（2）捍卫国家意识形态安全的客观需要

国家意识形态是一个政党、国家、民族安身立命的思想基础，是确保党的政治方向、实现国家发展要求的重要基石。集体主义能否为人们所认可，事关社会主义国家意识形态安全，事关民族命脉和人心凝聚。

集体主义价值观是社会主义制度在价值观上的集中体现，反映了我国根本政治制度的要求，在我国的制度建设、政策制定和社会发展中都起到重要的引领作用。中华人民共和国成立以后，集体主义价值观作为社会主导的价值观成为我国国家意识形态的重要组成部分，反映"人民共同体的意志"。集体主义价值观的出发点和价值旨归蕴含着社会主义的理想追求，反映了社会主义的本质属性，与无产阶级的根本任务和社会主义制度相适应。毛泽东提出的"集体主义，就是党性"赋予了集体主义价值观更鲜明的政治性。中华人民共和国成立以来，集体主义经历了过于强调政治性和去政治化两个阶段，尽管二者都得到纠正，但是仍然有部分人对集体主义的认知停留在传统集体主义阶段，对集体主义的错误认知和个人主义价值倾向严重危害了我国意识形态安全。

当前，国际形势错综复杂，对中国的意识形态领域产生巨大影响；国内多种思想交汇，造成多元价值交融与碰撞。国际上，世界面临百年未有之大变局，世界地缘经济、国际关系、国际政治方式正在发生变化，东西方、南北关系逐渐发生改变，世界格局正在重塑。西强东弱的政治局势逐渐向东西对话扭转导致中国与西方国家的制度差异愈加凸显，意识形态冲突愈演愈烈。中国作为发展最好的社会主义国家，与以资本主义思想体系建立起来的西方资本主义国家之间，存在社会主义与资本主义、集体主义与个人主义的分歧与冲突，并且这种分歧与冲突已然成为我国与西方国家意识形态分歧与冲突的集中表现。国内社会文化生态十分复杂，历史虚无主义、新儒学等非马克思主义社会思潮和思想观点通过资本控制、舆论渗透等方式，动摇马克思主义在社会主义国家指导思想中的主体地位，给国家安全带来了巨大隐患。

"意识形态工作是党的一项极端重要的工作"①，新时代加强集体主义价值观培育是重申集体主义在国家意识形态领域内的重要性、捍卫国家意识形态安全的客观需要，有利于帮助人们自觉识别和抵御各种非社会主义文化理念对社会主义的颠覆。

（3）新时代对大学生提出新的时代要求

中国特色社会主义进入新时代，站在全新的历史方位，党和国家十分重视青年工作，习近平指出，"青年是祖国的未来、民族的希望，也是我们党的未来和希望"②，更多次强调，面对国内社会主要矛盾的变化，青年学生要积极担当时代责任，承担起祖国的希望和人类的未来。

新时代，是奋力实现中华民族伟大复兴中国梦的时代。青年是国家的未来和民族的希望，青年的理想信念关乎国家的未来，新时代中国青年被赋予更艰巨的时代责任，就是为实现中国梦而奋斗。然而在价值观念多元混杂的新时代，青年学生容易受到各种社会思潮和复杂舆论的影响，思想觉悟参差不齐，有的青年学生勇担时代责任，在这次疫情中挺身而出，成为抗疫的主力军，在疫情中彰显"不畏艰险、冲锋在前、舍生忘死"③ 的精神，也有的青年学生出现了个人至上、利益至上的价值取向，缺乏社会责任感和家国情怀。新时代是个不进则退、非进不可的时代，中国人民的

① 习近平. 胸怀大局把握大势着眼大事努力把宣传思想工作做得更好［N］. 人民日报，2011 - 08 - 21（01）.

② 习近平. 习近平在庆祝中国共产党成立九十五周年大会上的讲话［N］. 人民日报，2016 - 07 - 01.

③ 习近平. 习近平给北京大学援鄂医疗队全体 "90 后" 党员的回信［EB/OL］.（2020 - 03 - 16）. http://www.xinhuanet.com.

"长征路"面临更艰巨的任务，对集体主义价值观提出了更严峻的挑战。新时代的发展需要扭转部分青年学生存在的个人主义价值取向，凝聚共识、齐心协力，发挥集体主义价值观的"强信心、聚民心、暖人心、筑同心"功能，为凝聚青年学生的担当精神、奉献精神，为青年学生实现民族复兴提供源源不断的精神动力。

新时代，是我国日益走近世界舞台中央、发挥中国力量的时代。当前世界各国的政治、经济生活联系密切，意识形态、文化传统的交流和冲突日益加剧。2020 年，新型冠状病毒席卷全球，对全球公共卫生造成巨大威胁，愈加显现了世界各国命运与共、休戚相关，也更加凸显了世界各国暂时搁置零和博弈，携手构建人类命运共同体的必要性和紧迫性。中国超越社会制度和意识形态的差异，担当起推动世界发展和人类进步的使命，彰显了中国共产党人立志为世界、为人类的历史发展做贡献的崇高理想、国际视野和世界情怀，彰显了中国及中国人民的世界格局和推动共同体发展的决心。青年是国家的未来，也是世界的未来，中国走向世界的进程离不开青年学生的付出。作为中国青年，青年学生更要坚持集体主义价值观，具备全球视野和大国意识，胸怀家国情怀和进取精神，将小我融入大我，将个人梦的实现融入中国梦的奋斗中，为人类社会的发展贡献力量。

"中国共产党所做的一切，就是为中国人民谋幸福、为中华民族谋复兴、为人类谋和平与发展。"① 新时代青年要紧跟党和国家的步伐，站在世界历史的高度审视中国的发展和世界的未来，更加坚定集体主义价值观，以"大道之行，天下为公"的精神，为世界人民谋福祉，号召各国人民摒弃民族、宗教、文化的差异，携手共进，共创未来。

第二节　新时代青年集体主义价值观的实证调研

一、研究方法

（一）研究对象与抽样方法

本研究随机抽取了广州市 15 所高校的 1 200 名大学生作为调查对象，调查对象就读的高校包括中山大学、华南理工大学、暨南大学、华南师范

---

① 习近平. 携手建设更加美好的世界——在中国共产党与世界政党高层对话会上的主旨讲话［N］. 光明日报，2017 - 12 - 19.

大学、广东外语外贸大学、南方医科大学、广东财经大学、广州大学、广东工业大学、华南农业大学、广州航海学院等本科类院校，广东交通职业技术学院、广东水利电力职业技术学院、华南理工大学广州学院、中山大学南方学院等高职高专院校和独立院校。本研究共发放问卷 1 200 份，回收问卷 1 093 份，问卷回收率 91.08%，达到一般要求的 60% 以上回收率，回收有效问卷 1 078 份，问卷有效率 89.8%。受访者的基本情况如表 1 - 1 所示。

表 1 - 1   广州高校学生调查样本的基本情况（$N = 1\ 078$）

变量	类别	频数	百分比/%
性别	男	527	48.9
	女	551	51.1
出生地	城市	427	39.6
	城镇	329	30.5
	农村	322	29.9
是否为独生子女	是	414	38.4
	否	664	61.6
学历	专科生	241	22.4
	本科生	533	49.4
	研究生	304	28.2
学校	高职高专院校	241	22.4
	普通本科	386	35.8
	985 大学或 211 大学	451	41.8
专业	文史哲	326	30.2
	理工科	415	38.5
	经管商	284	26.3
	农科	10	0.9
	医学	12	1.1
	艺体	26	6.5
	其他	5	2.4

（续上表）

变量	类别	频数	百分比
政治面貌	中共党员	219	20.3
	共青团员	783	72.6
	其他党派	0	0
	群众	72	6.7

为了更深入地了解大学生集体主义价值观的现状以及具体的培育状况，本研究在借鉴陈玲丽的研究成果①的基础上设计了一份访谈提纲，访谈提纲主要以大学生对集体主义价值观的认知、践行以及培育状况为维度。本次访谈以 20 名大学生为访谈对象，其中以性别划分，女性 10 名，男性 10 名；以学校划分，985 或 211 高校学生 7 名，普通本科院校学生 7 名，高职（高专）院校学生 6 名；以学历划分，研究生 7 名，本科生 7 名，专科生 6 名。

（二）研究工具

（1）问卷编制

本研究在借鉴专家学者的调查问卷的基础上，结合各位学者问卷中的一些选项，编制了《广州大学生集体主义价值观现状调查问卷》，问卷由三部分组成，共 51 道题。第一部分为人口学变量，包括性别、出生地、学校、年级、专业、政治面貌、是否为独生子女等基本信息，共 7 题。第二部分是观点态度题，以奉献、合作、公共精神为维度，局部的集体、国家、共同体为指标，共 32 题。问卷采用李克特式 5 点量表，各维度均分 = 维度总得分/维度题目数。在各维度的测量中，在某个维度上受访者得分越高，表示受访者在该维度上的价值倾向越强；反之，表示受访者在该维度上的价值倾向越弱。第三部分为单项选择题和开放题，共 12 题，主要考察大学生集体主义价值观培育的影响因素，主要划分为高校、社会、家庭三个维度。

（2）信度分析

本研究使用 SPSS 23.0 对问卷调查取得的数据进行可靠性分析。根据

---

① 陈玲丽. 个人主义—集体主义的结构及跨文化研究［M］. 北京：中国社会科学出版社，2013.

《统计学》中关于 Cronbach's α 系数的评价标准，Cronbach's α 的值应该大于或等于 0.6，数值越大，可靠性越高，Cronbach's α 系数介于 0.8 ~ 0.9 之间即为信度很高。经检验分析，本研究的调查问卷的 Cronbach's α 值为 0.856，说明整体有较高的可靠性水平，能够用于数据研究。

表 1 - 2 Cronbach's α 系数

alpha 系数	题目数量
0.856	32

（3）效度分析

为了判断本研究是否适合做探索性因子分析，本研究进行 KMO 与 Bartlett 检定。根据 Kaiser-Meyer-Olkin 的观点：KMO 值越接近于 1，变量间的相关性越强，越适合作因子分析。KMO 值低于 0.6，表示不适合；处于 0.6 ~ 0.7 之间，表示勉强适合；0.7 ~ 0.8，表示适合；0.8 ~ 0.9，表示很适合；0.9 以上，表示非常适合。《广州大学生集体主义价值观现状调查问卷》的样本数据测度的 KOM 为 0.920，说明样本数据较好，适合做探索性因子分析。

表 1 - 3 探索性因子分析

Kaiser-Meyer-Olkin	度量	0.920
Bartlett 的球形度检验	近似卡方	5 053.936
	自由度	496
	显著性	0.000

（三）施测方法

首先对问卷进行试测。本研究首先通过线上试测进行，通过对试测收集到 300 份问卷进行分析，发现信度效度都较高，可以用于研究。对问卷中指代不明、表述不清的问题删改后开始正式施测。

其次，进行正式施测，采用线上施测和线下施测相结合的方法。具体而言，线上施测采用问卷星编制的电子问卷，由各高校辅导员转发并指导学生填写；线下施测采用团体施测法，由任课教师及辅导员组织学生统一作答,要求大学生根据个人实际情况作答。

访谈施测法采用线上文字访谈和线下一对一面谈相结合的方式,在访谈前将访谈提纲发给访谈对象准备,线上访谈与线下访谈的时间均控制在20分钟以内。

(四)数据处理方法

本研究在问卷回收以后,对问卷进行清点,剔除无效问卷,对有效问卷进行编码,然后使用SPSS23.0建立数据库,并进行录入与统计分析。

二、研究结果

(一)新时代大学生集体主义价值观的总体特征

新时代大学生集体主义价值观总体水平为3.98,处于问卷中正向计分题"不确定"和"比较符合",以及负向计分题"不确定"和"比较不符合"(3~4分)选项的分值之间,处于中等偏上水平。根据表1-4可知,新时代大学生集体主义价值观各项维度的均值从高到低依次是公共精神(4.19)、奉献(3.94)、合作(3.81),总体看来各个维度都处于中等偏上水平,但相对而言合作有待提升。

表1-4 新时代大学生集体主义价值观的总体现状 ($N = 1\,078$)

	集体主义价值观	奉献	公共精神	合作
平均值	3.983 8	3.945 3	4.197 4	3.808 7
标准差	0.550 1	0.598 11	0.591 21	0.460 78

根据表1-5可以看出,各项维度中各项指标均值从高到低依次是共同体、国家、局部的集体,反映了新时代大学生普遍具备家国意识和人文情怀,在国家大事和世界问题面前能够从大局出发,站在国家立场以世界视野思考问题,但是具体到大学生身边的集体以及他人时,大学生的集体主义价值观因为受到个人私利的影响而发生动摇,其崇高性有所下降。可见,局部的集体中的合作是新时代大学生集体主义价值观的一个薄弱点,也应成为新时代大学生集体主义价值观培育一个重要的着力点。

表 1 – 5　新时代大学生集体主义价值观的具体现状（$N = 1\ 078$）

维度	指标	均值	标准差
奉献	局部的集体	3.845 9	0.599 33
	国家	3.922 6	0.693 79
	共同体	4.067 5	0.793 64
合作	局部的集体	3.388 5	0.453 50
	国家	3.862 9	0.678 47
	共同体	4.174 7	0.655 09
公共精神	局部的集体	4.016 3	0.583 50
	国家	4.197 3	0.662 31
	共同体	4.378 6	0.655 34

结合本书数据分析和《中国大学生思想政治教育发展报告 2017》，本书认为新时代大学生的集体主义价值观呈现以下三个特征：

（1）乐于奉献与理性务实并存

奉献是集体主义原则对集体成员提出的最高的价值要求。本次调查结果发现，受访者的奉献维度均值为 3.95，处于中等偏高水平，反映了大学生在利益冲突面前愿意适当地牺牲个人利益。这一调查结果与《中国大学生思想政治教育发展报告 2017》一致。该报告显示，新时代大学生普遍赞同"有梦想、有奋斗、有奉献的人生，才是有意义的人生"，肯定和认可奉献精神，积极参与公益服务。

但是新时代大学生呈现出的奉献精神与以往要求的奉献精神存在区别。传统的奉献要求个体无条件地付出，实际是对个人的主体地位和利益的忽视。新时代，无私奉献依然是集体主义的最高要求，但更注重将奉献的主体和客体融为一体，实现主客体的双向互利，避免个体做出过多的牺牲。如 2020 年新型冠状病毒蔓延以来，多地出现贫困老人捐钱捐物的好人好事，湖南湘潭一位老人 19 次捐款被婉拒、云南一位 81 岁老人意图捐掉所有积蓄被劝返等，反映了新时代集体主义价值观既要团结一致攻坚克难，又要尊重和捍卫人们的基本权益，避免无谓牺牲。新时代大学生不再盲从权威和自我牺牲，而是在坚持集体利益的基础上追求自身价值发展。如关于"我毫不利己专门利人"、"我利人利己"和"我损人利己"三个问题中，选择"非常符合"和"比较符合"的分别占 33.8%、72.7%、

2.8%，表明绝大多数学生都不会主动损害他人和集体利益，也不会为了集体利益不顾个人利益，而是在利益冲突时积极寻求平衡点，当矛盾无法缓和需要做出让步时，希望能够得到适当补偿，价值追求趋于理性现实。然而不可否认，少部分大学生过于看重私利，走向利己主义。

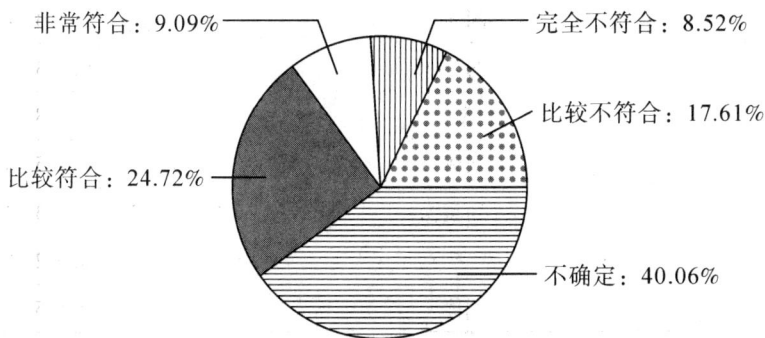

图1－1　我毫不利己专门利人

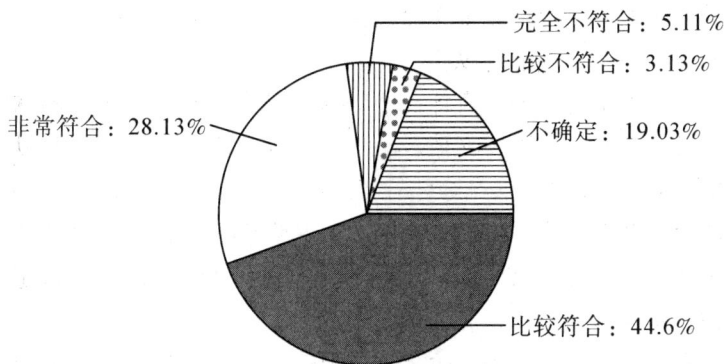

图1－2　我利人利己

比较符合: 1.42%　　　　　　　　非常符合: 1.42%
不确定: 5.11%

比较不符合: 16.48%

完全不符合: 75.57%

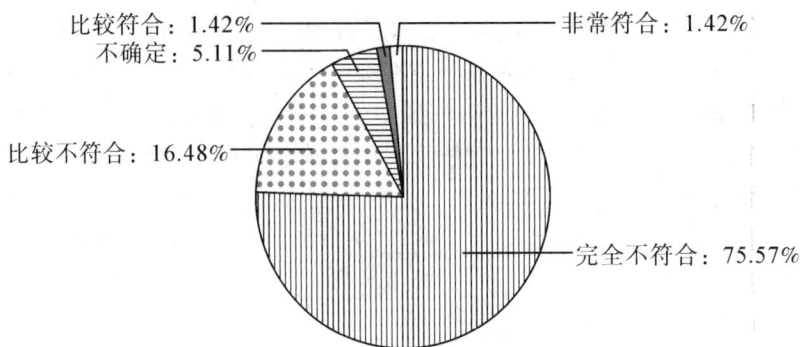

图1-3　我损人利己

(2) 集体合作与个体发展并存

合作是推动集体发展的重要手段。本次调查结果发现, 受访者的合作维度均值为3.81, 处于中等偏高水平, 反映了大部分大学生能够正确认识在集体中与他人合作、国家之间合作的意义; 能够在集体中适应良好, 与其他集体成员能够和谐共处、团结友好。

然而在开拓进取的社会风气的浸染下, 个体的活力和创造力都得到空前释放, 寻求个体发展的意识空前强烈。青年大学生有着强烈的个人意识和个人发展需要, 当集体限制个体的发展时, 部分大学生会选择脱离集体。如图1-4关于"当团队效率低时, 我会选择单干"这一问题, 选择"完全不符合"的受访者仅有15.91%, "比较不符合"的有22.44%, 而选择"不确定""比较符合"和"非常符合"的分别占32.67%、22.16%、6.82%, 反映了当前大学生摒弃过去盲目依赖集体、信任集体的思维模式, 不再盲从集体、盲目相信集体力量。

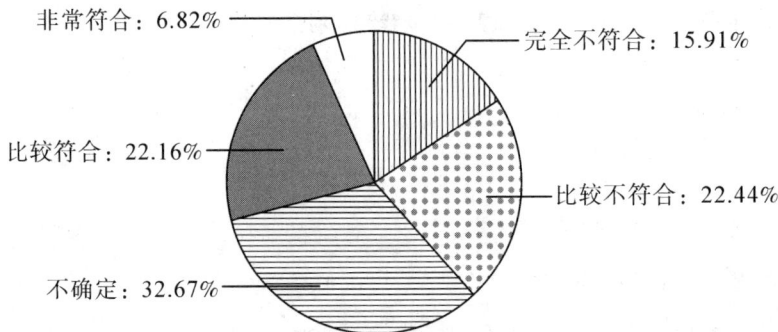

非常符合: 6.82%　　　　　　　　完全不符合: 15.91%

比较符合: 22.16%

比较不符合: 22.44%

不确定: 32.67%

图1-4　当团队效率低时, 我会选择单干

在个案访谈中，访谈对象 D 对"把个人融入集体中就是一笔财富"表示认同，但同时也认为真正的集体主义不是个体依附于集体，而是个体融入集体的同时要保留个体的独立性。他说："我认为我们既需要融入集体，在集体中寻找自身位置和价值，也要学会独处，在独处中学会独立思考，这样才不会随波逐流，成为乌合之众。"新时代的大学生不但注重集体的发展，也关注个人的前途命运，努力寻求集体发展与个人发展的平衡点，尽力实现个人价值与社会价值的统一。

（3）出以公心与自律自制并存

公共精神是在公共领域中表现出关心集体利益的基本理念和积极遵循集体规则、参与公共生活的行为。本研究分析发现，受访大学生的公共精神均值是 4.2，总体而言水平较高。在局部的集体中，66.76% 的受访者表示能够遵循集体规章制度，92.05% 的受访者愿意承担集体工作，92.04% 的受访者能够做到维护公共和谐与利益，45.74% 的受访者认为公共生活比集体生活重要。在国家和共同体中，84.32% 的受访者能够遵循国家法律法规，82.25% 的受访者愿意承担国家和世界赋予的责任，85.51% 的受访者能够自觉捍卫国家乃至全人类的利益，81.82% 的受访者能够积极参与民主生活。这一结果反映了大部分大学生在局部的集体、国家以及共同体中能够以国家和集体的利益为出发点，正确处理公私关系，愿意自觉遵守公共规则，参与集体生活。

现代社会逐渐由"熟人社会"向"陌生人社会"演变，人与人之间的距离和隔阂使得人们逐渐脱离过往的舆论环境，缺乏舆论环境的威慑，人们就容易做出失范行为。因而当前对公共利益和公共价值的关心不仅需要外界的"他律"，还需要个体内在的"自律"，这样才能在缺乏外界的舆论监督和强制规定的情况下依然能够从自身的意志出发，自觉主动地遵守公共生活准则。通过个案访谈，本研究发现新时代大学生对公共规则有一定的认知能力，即使是在缺乏监督和督促的情况下也能自觉遵守公共秩序、维护公共利益，大多是出于自身的责任感和使命感关注公共事件、投身公共生活。但是不可忽视的是，依然存在少部分大学生缺乏自觉自律精神，自私自利行为仍有发生。

概括而言，新时代大学生集体主义价值观的整体态势向好发展，与以往相比更具个性和开放性。新时代，中国充分尊重个体的主体地位和创新性发展，注重培养创新型人才，新时代的大学生既积极投身于集体合作，获得集体力量的支撑，又拥有发展的自由，充分发挥主体力量，呈现出前所未有的个性，实现集体发展与个体奋进齐头并进。在中国走向世界的进程中，新时代的大学生既立足于中华民族的集体利益，也超越国家和民族的界限，心系人类命运共同体的发展。

（二）新时代大学生集体主义价值观的差异性现状

（1）新时代大学生集体主义价值观的性别差异

为了解不同性别的大学生集体主义价值观是否存在差异，本文以性别为自变量，进行独立样本 t 检验，如表 1-6 所示，受访者在奉献、合作不存在性别方面的显著性差异（$p > 0.05$），公共精神维度差异显著（$p < 0.05$），且男性公共精神高于女性。

表 1-6 新时代大学生集体主义价值观的性别差异

维度	性别	均值	标准差	t	p
奉献	男	3.995 1	0.636 56	1.249	0.213
	女	3.913 6	0.571 52		
合作	男	3.796 5	0.479 80	0.622	0.534
	女	3.827 9	0.448 95		
公共精神	男	4.276 5	0.652 07	2.010	0.045
	女	4.147 1	0.544 55		

这一结果产生的原因可能在于：社会对两性的期望和评价不同以及性别教育的差异导致了两性在公共精神维度的差异，社会将人格特征性别化，将理性、独立、果敢、关心政治等特征赋予男性特质，将感性、依赖、犹疑、重视家庭赋予女性特质。这样的社会性别刻板印象和性别差异教育，导致男生从小被教育要担当保护者，要承担保家卫国的责任；而女生从小被教育要担当养育者，应擅长养育子女和家务劳动，因而男性比女性更积极参与公共生活、承担公共责任。

（2）新时代大学生集体主义价值观的家庭情况差异

如表 1-7 所示，不同家庭情况的大学生集体主义价值观基本一致，调查对象是否独生子女的情况在奉献、合作、公共精神均不存在显著性差异（$p > 0.05$）。

表1-7　新时代大学生集体主义价值观的家庭情况差异

维度	是否独生子女	均值	标准差	t	p
奉献	是	3.845 9	0.548 10	-1.778	0.076
	否	3.977 4	0.610 93		
合作	是	3.747 1	0.440 49	-1.429	0.154
	否	3.828 6	0.466 21		
公共精神	是	4.187 5	0.562 54	-0.179	0.858
	否	4.200 7	0.601 18		

为探究新时代不同家庭情况对集体主义价值观的影响，本研究进一步对具体指标进行检验。如表1-8所示，大学生在奉献和合作的国家指标上差异显著（$p < 0.05$），非独生子女在奉献和合作的国家指标上得分均值较高。

表1-8　新时代大学生集体主义价值观各指标的家庭情况差异

维度	指标	是否独生子女	均值	标准差	t	p
奉献	局部的集体	是	3.793 6	0.521 86	-0.930	0.353
		否	3.862 8	0.622 28		
	国家	是	3.773 3	0.653 75	-2.310	0.021
		否	3.970 9	0.700 64		
	共同体	是	3.970 9	0.736 07	-1.299	0.195
		否	4.098 7	0.810 25		
合作	局部的集体	是	3.409 9	0.443 77	0.503	0.616
		否	3.381 6	0.457 21		
	国家	是	3.720 9	0.627 11	-2.245	0.025
		否	3.908 8	0.689 14		
	共同体	是	4.110 5	0.644 67	-1.046	0.296
		否	4.195 5	0.658 28		
公共精神	局部的集体	是	3.985 5	0.627 03	-0.497	0.620
		否	4.026 3	0.674 16		

（续上表）

维度	指标	是否独生子女	均值	标准差	t	p
公共精神	国家	是	4.189 0	0.626 48	0.304	0.372
		否	4.198 7	0.623 68		
	共同体	是	4.389 5	0.640 09	0.179	0.858
		否	4.375 0	0.661 35		

该结果产生的原因可能在于：随着经济水平的提高，独生子女与非独生子女除了家庭结构以外，家庭情况方面的其他差距都逐渐缩小，并且随着社会化程度提高，独生子女在价值观念和行为方式方面与非独生子女的差异也渐渐淡化，但是独生子女由于"四二一"家庭结构，备受父母和祖辈的关注和宠爱，因而自我意识较强，奉献精神相对欠缺；并且与非独生子女相比，独生子女与同辈群体相处时间较少，经验不足，所以相较而言合作能力不足，比较难以融入集体。

（3）新时代大学生集体主义价值观的学历差异

为了解新时代学历情况与大学生集体主义价值观的相关性，本研究以学历为自变量，进行单因素方差分析。如表1-9所示，不同学历的受访者在奉献维度差异不显著（$p > 0.05$），在合作、公共精神维度差异显著（$p < 0.05$）。

表1-9 新时代大学生集体主义价值观的学历差异

维度	学历	均值	标准差	F	p
奉献	专科	3.913 5	0.739 53	0.145	0.865
	本科	3.955 7	0.554 46		
	硕士	3.950 5	0.547 10		
合作	专科	3.804 9	0.539 38	1.945	0.045
	本科	3.779 5	0.433 31		
	硕士	3.908 9	0.435 61		
公共精神	专科	4.128 2	0.695 96	0.707	0.034
	本科	4.220 1	0.578 70		
	硕士	4.209 0	0.483 89		

合作维度的显著差异产生的原因可能在于：研究生的培养模式主要体现为实践规范和操作方式，侧重导师与学生的互动、学生与课题组成员的合作，专科生在日常生活和技能学习中具备丰富的与他人合作的经验，因而研究生和专科生的合作意识和合作能力较为突出。公共精神维度的显著差异产生的原因可能在于：专科生相对而言受教育程度较低，处于身心发展的特殊阶段，逆反心理较强、心态浮躁，道德认识存在偏差，部分专科生道德观念淡薄。

（4）新时代大学生集体主义价值观的学校差异

大学生就读学校的不同对集体主义价值观的影响相对较小，如表 1 - 10 所示，不同学校类别的大学生集体主义价值观差异不显著（$p > 0.05$）。

表 1 - 10　新时代大学生集体主义价值观的学校差异

维度	学校	均值	标准差	F	p
奉献	高职高专院校	3.929 1	0.750 53	0.040	0.960
	普通本科	3.947 1	0.543 97		
	985 大学或 211 大学	3.955 8	0.574 65		
合作	高职高专院校	3.824 3	0.542 80	2.027	0.133
	普通本科	3.769 5	0.436 32		
	985 大学或 211 大学	3.889 9	0.430 77		
公共精神	高职高专院校	4.133 4	0.724 25	0.875	0.418
	普通本科	4.232 9	0.562 95		
	985 大学或 211 大学	4.169 8	0.520 41		

为进一步探究不同学校类别的大学生集体主义价值观的差异，对问卷的具体指标进一步进行单因素方差分析。由表 1 - 11 可知，在奉献维度和公共精神维度，不同学校类别的大学生选择基本一致。大学生在合作维度中局部的集体指标差异显著（$p < 0.05$），表明 985 大学或 211 大学和高职高专院校学生表现优于普通本科大学生。

表 1 - 11　新时代大学生集体主义价值观各指标的学校差异

维度	指标	学校	均值	标准差	F	p
奉献	局部的集体	高职高专院校	3.777 0	0.745 50	0.769	0.464
		普通本科	3.876 9	0.546 68		
		985 大学或 211 大学	3.833 3	0.574 18		
	国家	高职高专院校	3.878 4	0.903 99	0.526	0.591
		普通本科	3.912 4	0.632 56		
		985 大学或 211 大学	3.987 7	0.616 06		
	共同体	高职高专院校	4.131 8	0.908 69	0.308	0.735
		普通本科	4.052 0	0.755 18		
		985 大学或 211 大学	4.046 3	0.779 73		
合作	局部的集体	高职高专院校	3.405 4	0.473 08	3.663	0.027
		普通本科	3.337 6	0.426 64		
		985 大学或 211 大学	3.496 9	0.483 31		
	国家	高职高专院校	4.000 0	0.749 43	2.048	0.131
		普通本科	3.813 5	0.652 53		
		985 大学或 211 大学	3.858 0	0.663 72		
	共同体	高职高专院校	4.067 6	0.752 05	2.944	0.054
		普通本科	4.157 4	0.641 35		
		985 大学或 211 大学	4.314 8	0.572 52		
公共精神	局部的集体	高职高专院校	3.989 9	0.860 51	0.337	0.714
		普通本科	4.041 9	0.598 54		
		985 大学或 211 大学	3.978 4	0.606 21		
	国家	高职高专院校	4.070 5	0.667 42	0.462	0.540
		普通本科	4.194 3	0.737 05		
		985 大学或 211 大学	4.327 0	0.652 35		
	共同体	高职高专院校	4.277 0	0.746 64	1.391	0.250
		普通本科	4.423 9	0.637 31		
		985 大学或 211 大学	4.361 1	0.604 67		

究其原因可能在于，学校层次和培养方案不同，导致不同类型的学校的学生在合作维度呈现不同特点。首先，985 大学或 211 大学具备更高的学校平台，985 大学或 211 大学的学生拥有更广阔的舞台和更优越的资源，有更多的机会参与各种活动和比赛，在参与活动和比赛的过程中增强合作意识和合作能力。其次，高职高专院校注重校企合作的培养方式，学生通过参加社会实践活动能够提高合作能力。因此 985 大学或 211 大学和高职高专院校学生在合作方面表现较优秀。

（5）新时代大学生集体主义价值观的专业差异

新时代不同家庭情况的大学生集体主义价值观如表 1 – 12 所示，不同专业的受访者在奉献维度差异显著（$p < 0.05$），合作维度差异非常显著（$p < 0.01$）。具体表现为医学专业的学生在奉献维度的表现优于别的学生，理工科专业的学生更具合作精神，合作意识和合作能力都较为突出，文史哲、经管商专业的学生公共精神均值较高。

表 1 – 12　新时代大学生集体主义价值观的专业差异

维度	专业	均值	标准差	F	p
奉献	文史哲	3.976 3	0.545 60	2.518	0.021
	理工科	3.870 6	0.596 46		
	经管商	3.855 8	0.580 68		
	农科	4.013 9	0.403 32		
	医学	4.191 7	0.504 68		
	艺体	3.779 0	0.748 99		
	其他	4.197 0	0.646 77		
合作	文史哲	3.742 9	0.453 66	3.725	0.001
	理工科	4.075 0	0.230 57		
	经管商	3.724 9	0.412 52		
	农科	3.874 6	0.440 27		
	医学	3.701 4	0.523 99		
	艺体	3.634 1	0.522 68		
	其他	4.003 8	0.489 54		
公共精神	文史哲	4.500 0	0.489 47	1.697	0.121

（续上表）

维度	专业	均值	标准差	F	p
公共精神	理工科	4.144 0	0.636 85	1.697	0.121
	经管商	4.358 0	0.653 47		
	农科	4.239 5	0.472 54		
	医学	4.250 0	0.473 74		
	艺体	4.103 3	0.602 61		
	其他	4.087 3	0.635 25		

　　这一结果出现的原因可能在于，首先，医学的精髓在于奉献，医疗人员需要奉献，医学科研人员也需要有奉献精神，医学生选择医学本身很大程度上就是选择了奉献。1969 年诺贝尔医学奖得主罗素提出，医学既是科学也是人学，需要人文关怀。其次，理工科学生的日常培育包括大量的实验课和实操课，经常需要与他人合作、参与组会，具备丰富的合作经验，因而合作精神维度均值较高。最后，文史哲和经管商专业的学生大多数在高中阶段接受了政治、历史等文科综合科目教育，其中蕴含着丰富的爱国主义、集体主义、社会主义内容，在大学阶段这些知识通过思想政治理论课进一步强化，使文史哲和经管商专业的学生更易于理解和接受，并且由于文史哲和经管商专业的特性，文史哲和经管商专业的学生更愿意主动了解我国政治经济状况、积极维护集体利益、参与集体政治生活。

　　（6）新时代大学生集体主义价值观的政治面貌差异

　　如表 1-13 所示，不同政治面貌的大学生在奉献、合作、公共精神上差异非常显著（$p < 0.01$），具体表现为中共党员的奉献、合作和公共精神均值都显著高于共青团员和群众；群众在奉献、合作维度的均值显著高于共青团员。

表 1-13　新时代大学生集体主义价值观的政治面貌差异

维度	政治面貌	均值	标准差	F	p
奉献	中共党员	4.143 2	0.590 69	9.399	0.000
	共青团员	3.838 6	0.526 02		
	群众	3.979 2	0.794 06		

（续上表）

维度	政治面貌	均值	标准差	F	p
合作	中共党员	3.977 3	0.411 93	13.530	0.000
	共青团员	3.706 5	0.451 08		
	群众	3.890 2	0.490 47		
公共精神	中共党员	4.417 5	0.522 05	10.640	0.000
	共青团员	4.107 3	0.551 08		
	群众	4.102 3	0.775 85		

产生这一结果的原因可能在于：首先，具备集体本位的价值取向和较高的思想品德修养，在思想上和行为上始终与党和国家保持一致是成为党员的基本要求，并且中共党员需要经常参与主题教育等活动，从中得以提高集体意识，因此各个维度均值都显著高于其他二者；其次，目前高校全员团员化的现状使团员的先进性无法凸显，部分共青团员在入团后消极懈怠，团员意识淡化，对团组织疏远、政治信仰薄弱。政治面貌的差异性分析凸显了党员的先进性，同时暴露了共青团员的集体主义价值观存在不足，亟须引起重视。

除此之外，新时代大学生集体主义价值观的出生地差异不显著。如表1-14所示，不同出生地的大学生在奉献、合作、公共精神维度没有显著性差异（$p > 0.05$）。

表1-14　新时代大学生集体主义价值观的出生地差异

维度	出生地	均值	标准差	F	p
奉献	城市	3.828 5	0.571 11	1.388	0.251
	城镇	3.906 3	0.592 56		
	农村	3.996 8	0.604 92		
合作	城市	3.740 3	0.476 26	1.388	0.251
	城镇	3.864 6	0.456 96		
	农村	3.812 0	0.456 30		
公共精神	城市	4.092 4	0.587 34	1.388	0.251
	城镇	4.237 8	0.539 86		

（续上表）

维度	出生地	均值	标准差	F	p
公共精神	农村	4.218 0	0.607 75	1.388	0.251

究其原因可能在于，随着我国新型城镇化推进、乡村振兴战略取得突出成效，我国的城乡差距不断缩小，不同出生地的学生之间的差异也逐渐缩小。

总体看来，新时代大学生的性别、家庭情况、学历、学校、专业、政治面貌和出生地差异对大学生集体主义价值观的影响，具体表现为在性别上，男性的公共精神显著高于女性；家庭情况上，非独生子女在国家层面的奉献和合作优于独生子女；学历上，本科生的合作精神欠缺，研究生和专科生的公共精神有待提高；专业上，学生在不同维度的侧重与其专业特点密切相关；政治面貌上，共青团员的集体主义价值观亟待重视。针对数据呈现出的差异性现状，本书认为应根据不同群体展现的特征有针对性地加强不同群体的集体主义价值观培育。

第三节　新时代青年集体主义价值观的冲突及成因

一、集体主义价值观存在的冲突

笔者对现有的数据进行分析，发现新时代大学生的集体主义价值观总体呈现积极态势，取得了较好的培育效果，调查结果与《中国大学生思想政治教育发展报告2017》相符。该报告显示，从2014年至2017年，当代大学生集体观念的评价平均得分逐年缓慢上升，2017年受访大学生对大学生集体观念的评价平均得分为6.91分，分数处于中等偏上水平。但不可忽视的是，大学生集体观念的评价平均得分依然低于当年整体文明素质评价的平均得分。

（一）集体主义知行相对分离

2013年，陈玲丽对集体主义内涵认知状况进行调查，调查结果显示，根据受访者的认知可以大致划分为泛集体和关系集体，受访者普遍认为"集体"与"自己"相对应。笔者针对这一调查结果进一步在访谈中进行追问，结果显示，大部分受访学生对集体主义的理解和认知呈现出正向的结果，基本都能认识到集体主义意味着集体优先，但是对集体主义的具体概念只是略知一二，没有形成系统性的认知。可以看出部分受访者对集体主义的理解主要集中在集体的权威和优先以及个人的奉献和服从，没有认识到集体利益与个体利益的协调性和一致性。

对集体主义的认知偏差和质疑必然会影响其践行效果。本研究调查结果显示，大部分的受访者对付出和奉献高度认可，但是在"我在职业选择时心甘情愿到祖国需要的地方，比如偏远山区"以及"我在关系国家生死存亡的时刻，会牺牲个人利益"等与实际选择密切相关的问题中，均值明显低于其他问题。少部分大学生尽管内心对集体主义有明确的认知，了解甚至认同集体主义，但是在具体实践中遇到集体利益与个人利益的抉择时，依然会权衡和摇摆，没有能够坚决践行集体主义价值观，存在高知低行和知行相悖的问题。

（二）利他精神稍显欠缺

通过表 1 - 15 可知，在新时代大学生集体主义价值观奉献维度的各指标中，在局部的集体中能够坚持奉献的受访者明显少于国家和共同体。习近平总书记在"5·8"重要讲话中强调："奉献有小奉献，也有大奉献。"本研究中大部分受访者具有愿意为国家和世界奉献和付出的"大奉献"精神，但是在局部的集体中奉献他人的利他精神稍显欠缺。

表 1 - 15　新时代大学生集体主义价值观奉献维度状况

维度	指标	均值	标准差
奉献	局部的集体	3.845 9	0.599 33
	国家	3.922 6	0.693 79
	共同体	4.067 5	0.793 64

新时代大学生利他精神欠缺主要表现在其"合理利己"的价值取向。当前在市场经济的逐利性和不良社会风气的错误引导下，合理利己主义之风蔓延，当"主观为自己，客观为别人"、"帮你是情分，不帮是本分"等言论被广泛传播和认可，大学生被"合理"的手段遮蔽双眼，忽略了背后"利己"的目的，于是打着"合理利己"的幌子在需要为老弱病残孕让座、帮助弱势群体的场合权衡利弊、左右观望，存在个人主义价值取向。这样

的问题进一步发展将会造成社会成员的精神滑坡和集体主义信仰缺失，导致社会集体冷漠。

（三）合作精神相对淡薄

调查数据显示，新时代大学生合作维度均值为 3.81，虽然处于中等偏高水平，但是在奉献、合作和公共精神三个维度中，合作维度的均值最低，反映了新时代大学生自我意识和竞争意识强烈，过于强调个人价值，缺乏集体观念（见表 1 – 16）。

表 1 – 16　新时代大学生集体主义价值观合作维度状况

维度	指标	均值	标准差
合作	局部的集体	3.388 5	0.453 50
	国家	3.862 9	0.678 47
	共同体	4.174 7	0.655 09

新时代大学生合作精神淡薄表现在以自我为中心。调查结果显示，当问及"您通常参加集体活动的动机是什么？"时，29.55% 的受访者选择"个人的兴趣爱好所在"，31.82% 的受访者选择"对自身能力的培养有帮助"（见图 1 – 5），可见大学生从自身的需求出发选择是否参加集体活动，而不是从集体的利益和发展需要出发，这就导致了部分大学生在参加集体合作过程中过于强调自身的价值，忽视集体的利益，也缺乏与身边的同学相互合作、帮助的意识。

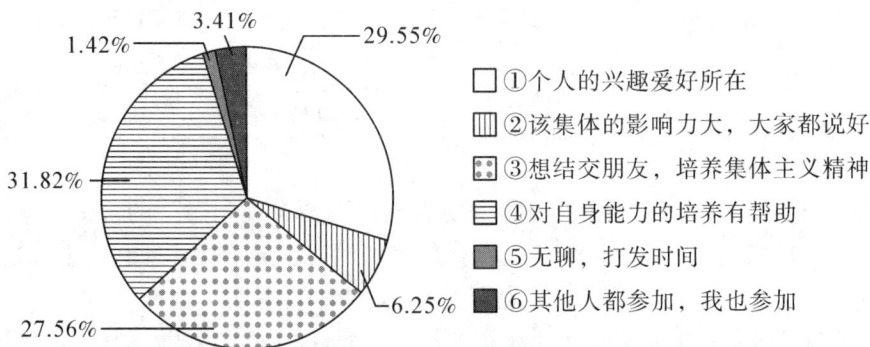

图 1 – 5　"您通常参加集体活动的动机是什么？"调查结果

新时代大学生合作精神淡薄的另一方面表现在合作心理素质差。他们在合作的过程中容易受到自身能力、他人能力以及团队凝聚力等多方面因素的影响。如"当别人做得比我好时，我会感到紧张和不安"这一问题中，选择"比较符合"的高达 34.66%（见图 1-6），表明部分大学生在合作过程中不能以平常心对待，在面对能力比自己强的队友时会存在介怀的心理，甚至产生嫉妒或自卑的情绪，这种心理和情绪导致他们不愿意与他人合作或造成不好的合作结果。

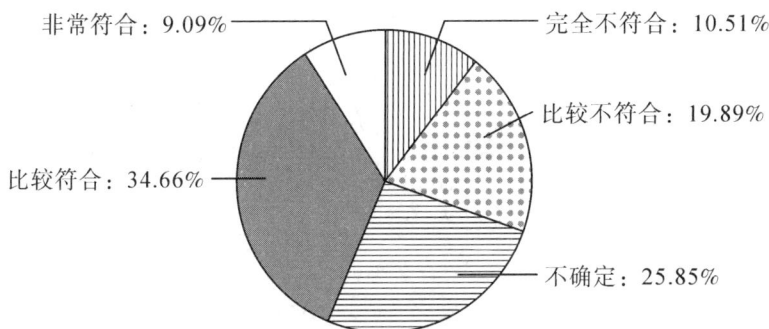

图 1-6　"当别人做得比我好时，我会感到紧张和不安"调查结果

（四）公共生活参与不足

个人在公共领域的具体表现能够反映个体对公私关系的处理是否得当。如表 1-17 所示，大部分大学生在公共精神维度得分较高，能够自觉承担时代与国家赋予的重任，但是相对而言部分大学生公共生活参与不足。

表 1-17　新时代大学生集体主义价值观公共精神维度的各项指标排序

维度	指标	均值	标准差
公共精神	局部的集体	4.016 3	0.583 50
	国家	4.197 3	0.662 31
	共同体	4.378 6	0.655 34

由于大学生在传统家庭关系中通常作为被动的亲情接受者，在传统师生关系中通常作为教育客体被动地接受知识，社会经验不足，容易迷信权

威，这样的固有模式使大学生习惯被动的配合和接受，缺乏主动参与公共生活的意识，忽视了自己作为社会生活主体的主动性发挥，过于注重个人生活而忽视公共生活。在问题"我认为公共生活比私人生活重要"中，45.74%的大学生选择"非常符合"和"比较符合"，36.36%选择"不确定"，17.9%选择"比较不符合"和"完全不符合"（见图1-7）。可见，部分学生只局限于个人的生活及利益的得失，缺乏社会责任感，忽视公共生活，将个人与社会割裂开。

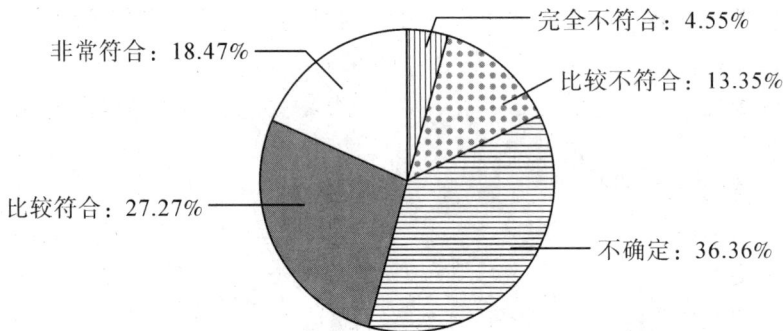

图1-7　"我认为公共生活比私人生活重要"调查结果

二、集体主义价值观冲突的成因

（一）大学生身心发展的特殊性

价值观是主体在实践过程中主客体相互作用形成的产物。集体主义价值观是一个复杂的系统，除了受到外在的社会经济体制、网络传媒和学校、家庭教育的影响以外，自身的内在因素也发挥着不可忽视的作用。青年阶段是人生的"拔节孕穗期"，这一时期的大学生由于身心发展阶段的特殊性，容易导致自我意识强烈和思想认识片面。

第一，自我意识强烈。大学生是在高等学校注册入学并接受教育直至毕业前的群体统称，包含专科生、本科生和研究生，平均处于18~25岁年龄阶段。根据艾克里森心理发展八阶段论的划分，这一年龄阶段处于成年早期，是社会认知和自我意识走向成熟的关键阶段，具有自我意识增强的特点。随着大学生自我分化的开始、生活环境的变化和知识结构的完善，大学生的自我意识开始由外部世界转向内心世界，独立意识和自我实现的需要空前强烈，渴望以独立的个体身份从事社会活动，实现自我价值。当独立和竞争意识得到正向引导时，大学生就会将个人发展与集体发展相结合，产生更高级的爱国家、爱社会、爱人民等情感；相反，如果这一时期青年长期处于愿望与现实、外在与内在的矛盾中得不到纾解，则容易产生消极情绪，对奋斗和竞争产生错误的认识，倾向于在竞争中通过个人奋斗实现自身的价值，忽视了集体在人的发展中的作用，甚至少部分大学生将自我与集体对立，盲目追求个人利益。

第二，思想认识片面。大学生涉世未深，缺乏社会生活经验，往往思维比较单一，缺乏对社会的全面认知，对社会现象的思考仅停留在表面，不可避免地存在一定程度的片面性，特别是在面对复杂的价值判断时通常会出现困惑。在个人利益与集体利益的关系问题上，片面地强调利益冲突，忽视二者的一致性，将集体主义等同于集权主义，认为集体主义就是个人利益无条件让位，于是对集体主义产生抵触和逆反的心理。通过本研究的问卷调查和个案访谈可知，部分大学生存在个人主义价值取向的原因在于对集体主义的认识有偏差，对集体主义与小团体主义、集体主义与个人主义的关系认识模糊，并将它们混淆使用。

（二）学校集体主义教育的有限性

人无德不立，立德树人是高校的根本任务，高校是为社会培养担当民族复兴大任的时代新人的主要阵地。当前高校的集体主义价值观培育工作卓有成效，但是由于培育内容抽象、方法单一等问题存在，学校的培育效果也相应地受到限制。

第一，集体主义教育抽象化。思想政治理论课是实现立德树人的关键课程，大部分大学生对集体主义的了解主要来自大学的思政课程。以2021年新版全国统编教材《思想道德与法治》[①]为例，全书贯穿集体主义、爱国主义、社会主义的价值观教育。第四章"明确价值要求　践行价值准则"旨在引领大学生弘扬共同理想、凝聚精神力量，更好地坚持中国道路、弘扬中国精神、凝聚中国力量。第五章"遵守道德规范　锤炼道德品格"中，旨在引导大学生弘扬社会主义道德，坚持以为人民服务为中心，以集体主义为原则，在崇德向善的实践中不断锤炼道德品格、提升道德境界。但是，现有教材仅在理论上从国家、社会层面论述集体主义道德原则的重要性，脱离了大学生在实际生活中的现实需要，即使大学生在理论上

---

① 本书编写组.思想道德与法治：2021年版［M］.北京：高等教育出版社，2021.

接受并认可集体主义，在面临真实世界时他们的集体主义价值观也会面临强烈的冲击甚至动摇，对真实社会无所适从。另外，集体主义教育过于抽象和过于政治化也容易导致受教育者对"集体主义"望文生义，产生排斥心理，甚至部分学生出现表里不一、道德水平低下等问题，偏离了提高学生集体主义价值观的目的。

第二，集体主义教育缺乏层次性。当代社会人们的道德觉悟依然存在差距，大学生群体中同样存在素质差异，这种情况下对学生一概而论地提出集体主义要求明显不合常理。当前不少学者对集体主义进行层次划分，包括三个层次：一是全心全意为人民服务、无私奉献、一心为公；二是先公后私、先人后己；三是公私兼顾、不损公肥私。也有学者从个人与集体关系的维度将集体主义分为水平集体主义和垂直集体主义。两种划分都具有一定程度的抽象性，前一种将集体主义从公到私的层次划分会使大学生从中选择一种低层次要求来遵守而忽视其他高层次要求。这种层次性要求与德育提高学生道德水平的目的相悖；而后一种划分体现了个人对集体的情感倾向，更契合市场经济条件下人们的逐利心理，二者都存在一定的局限性。在实践中应更具体地根据集体层次和个体层次开展教育。

第三，集体主义教育方法单一。道德心理是知、情、意、行相互作用的产物，集体主义价值观的形成也遵循从认知走向行动的过程，单一的说教只能给学生传输集体主义理论知识，无法让学生将集体主义从理论知识内化为道德情感和道德意志，外化为道德行为。学校只有遵循这一道德心理生成机制，才能在理论与实践的结合点中优化集体主义价值观培育效果。在大学生对于思想政治理论课改进的建议调查中，"密切与现实生活的联系"位居前列，反映出当前思想政治理论课实践性不足和大学生对课程理论与实际相联系的需求之间的矛盾，高校应结合时代主题和学生专业，组织开展校园文化活动和社会实践活动，使学生将理论知识与社会实际相结合，在活动中培养学生的集体归属感和团队合作能力，弥补当前高校"说教"式教学模式的不足。

第四，教育合力不足。集体主义教育是思想政治工作的重要内容，需要学校各级部门协同作用，构建一支专兼职结合的政工队伍，将培育工作落实到各个环节、落实到每一名学生。目前我国高校基本具备完备的专职德育工作队伍，但是长期以来我国的德育工作仅局限于专职的德育教师和学生思政工作者，专业课教师、辅导员和学校行政人员在德育环节缺位现象明显，使系统化的德育变成了空洞的说教，德育效果还存在不足。每周一至两节的思想政治理论课对大学生的影响局限于理论灌输，还需要进一步发挥党委的领导作用、其他专业课的德育功能、辅导员的日常引导功能，把集体主义教育渗透到教育教学全过程。

（三）家长教育理念缺乏科学性

"家庭是人生的第一所学校，家长是孩子的第一任老师。"[①] 家庭教育在整个教育过程中的作用产生先导性和奠基性作用，在个人的价值观形成过程中产生最初的也是最直接的影响，它的影响往往是永久的和难补偿的。当前随着家长平均受教育水平的提高和教育理念的科学化，家庭教育在孩子道德素养的培养和价值观念的生成上发挥了积极作用。但不可忽视的是，随着新时代家庭教育的战略意义不断提升，家庭教育的弊端也愈发显露。

第一，家长缺乏家庭教育的知识和能力，教育功利主义严重。党的十八大以来，习近平多次指出家风家教的重要性，特别强调要坚持以立德树人为中心。但是由于当前的教育导向和应试教育的压力，家庭教育普遍存在教育功利化的问题。《全国家庭教育状况调查报告（2018）》显示，四到八年级学生普遍认为子女的学习情况是家长最为关注的问题，而缺乏关于"做人的道理""传统文化"的教育。本书研究数据表明，17.7%的受访者对"如果班级活动和学习相冲突，您的父母会怎样要求您？"这一问题的回答是"学习第一，不参加活动"，这表明虽然当前家庭教育得到重视和发展，但依然存在一定程度的"重智轻德"倾向。家长进行大量的教育投资，教育目的由"德智体美劳"全面发展向学习成绩好、"琴棋书画样样精通"转变，偏离了教育的本质，功利性较强。《全国家庭教育指导大纲（修订）》将家国意识、道德修养、责任意识等内容列为家庭教育的重点，有利于教育的本质归位，增强学生的集体主义意识。

第二，家长言行失范，造成错误引导。父母是孩子的第一任老师，对子女产生最直观、最具体的影响。《全国家庭教育状况调查报告（2018）》显示，四到八年级学生都将"父母"视为最崇敬的榜样，但与此同时也有学生反映，家长曾做出不良的示范。在成长初期，孩子具有"崇拜权威"的心理特点，父母在家庭中的权威地位使其成为孩子的模仿对象。父母的价值观念和行为理念都会通过日常生活的言行举止对子女造成影响，在子女没有形成完善的价值观和判断能力时，就会无意识地模仿。进入青春期

---

① 习近平在全国教育大会上强调：坚持中国特色社会主义教育发展道路　培养德智体美劳全面发展的社会主义建设者和接班人［N］. 光明日报，2018－09－11.

以后，人的社会认知和自我意识不断成熟，自我意识强烈，具备一定的判断能力和批判意识，对父母的言行处于"模仿或拒绝模仿"的阶段。若孩子认可家长的不良行为并且未能得到有效的纠正，一旦这种效仿在孩子心中定型，就会一直延续下去并形成自身的价值观和行为。若孩子明确认识到家长的错误，而家长又经常在孩子面前做出不良行为，就会打破父母在孩子眼里的榜样地位，使孩子产生抵触情绪，削弱父母模范作用的影响力。

（四）文化多元带来的消极影响

个体价值观念的形成与发展是在社会环境因素与主体需要相互作用的过程中逐步实现的，良好的环境对个体具有感染、促进和约束的作用，然而当前环境复杂多变，不良的社会环境、复杂的网络环境和重竞争轻合作的校园环境对个体集体主义价值观的形成和发展带来了不良影响。

第一，社会不良风气消解大众对集体的信任。当前社会中存在部分"虚假的集体"，打着集体主义的名号要求集体中其他成员无私奉献，而自己却中饱私囊、攫取私利。少数集体中的成员冒用真实的集体的名义大捞利己主义实惠，严重损害集体形象。这些损公肥私、损人利己的现象虽然不是主流，但说明了一些集体自身存在着不公平不合理的现象，这些现象导致世风日下，使集体丧失公信力。本研究调查显示，49.3%的受访者认为当前整体社会风气"集体主义与个人主义兼具，但更偏向集体主义"，而高达41.2%的大学生认为"集体主义与个人主义兼具，但更偏向个人主义"，当前个人主义、利己主义之风盛行，社会风气堪忧，部分大学生在不良社会风气的浸染下思想和行为趋于功利化，失去了对集体的认同和情感。

第二，复杂网络环境侵蚀集体主义价值观。互联网时代的到来使世界成为一个并联的世界，人们能够自由地交流和互动、自由参与到全球化竞争中。随着网络媒介的发展，主流媒体的功能正在不断弱化，自媒体迅捷发展，在信息传播过程中自媒体理应自觉发挥大众传媒的传播作用，确保信息传播的真实性，正确发挥引领作用。然而因为网络空间的隐蔽性、公开性和网络秩序不规范，有部分自媒体为博取眼球在网络上发表不负责的言论、诋毁集体、诋毁国家。近年来短视频App快速发展并吸引了大量青年的目光，小视频数据表显示，90%的抖音使用者年龄小于24岁。视频主播职业具有门槛低、互动性高和功利性强的特点，部分主播素质低下，通过博眼球的方式刺激观众送礼、谋取利益，传播利益至上的价值观，误导大学生变得唯利是图，难以成为国之栋梁，承担社会责任。大众媒体上充斥着多元的价值取向，大学生的知识水平和社会经验有限，在没有形成完善的价值理念的情况下，大量信息涌入一旦超出接受能力范围，将会扰乱大学生的思维，影响他们价值观念和道德的生成。

第三，重竞争轻合作的校园环境淡化合作意识。校园是大学生获取理论知识、习得品德素养的主要场所，也是加强集体主义价值观培育的重要载体，由于长期以来应试教育的影响，校园文化风气一定程度上呈现出重竞争轻合作的现状。调查结果显示，在"您觉得大学校园内是否存在着重竞争、轻合作的氛围？"这一问题中，58.1%的受访者选择了"是"，仅有37.8%选择了"否"。"重竞争、轻合作"的校园环境过于强调学生个人能力的发挥，忽视对学生合作精神和合作能力的培养，使大学生在潜移默化中形成注重自我发展、忽视集体合作的思想和行为，长此以往不利于学生的个体发展和学校的长远发展。

（五）市场经济凸显功利性、个体性

社会主义市场经济条件下，所有制结构改革和利益关系变化解构了传统意识形态，价值取向向多元化发展，同时一些功利化的价值观也得以推波助澜，渗透到个人的生活习惯、价值观念等各个层面，对社会成员的思想观念与行为模式产生了诸多影响，甚至衍生出一些社会乱象。当前大学生主要出生于90年代至2000年左右，成长于市场经济建设时期，他们的价值取向和价值评判标准受到市场经济深刻的影响。

首先，利益格局重组导致价值观从单一取向向多元取向转化。由计划经济向市场经济的转变导致传统利益结构发生变化，社会生产关系和分配关系被打乱重组，非公有制经济发展，各类企业、公司、个体成为社会经济活动主体，形成主体多元化、多层次化和关系多样化的利益格局。社会利益关系的变化以及社会各领域、各主体的竞争、逐利行为必然会给人们的思想观念和价值观念带来一定的影响和冲击。多重利益主体的存在导致不同利益主体产生不同的价值取向，真理与谬误、理性与疯狂、守序与混乱此消彼长，在市场竞争的过程中不同价值取向相互碰撞，出现部门、公司、国家等不同层次的集体之间的冲突，突出表现为个人利益与集体利益、局部利益与全局利益、地方利益与国家利益之间的冲突等。

其次，市场经济逐利性使价值观从道义导向朝利益导向转变。逐利性是市场经济所固有的本质，对物质利益的追求符合人们的需要，强化人们追求"实用""实效"的思想，但一旦"趋利"变成"唯利"，就很容易

冲击道德底线。市场经济利益最大化原则如果不加以控制就会导致人们利益观念的扭曲与异化，以获得功名利禄为自己的价值目标，通过各种手段、途径追名逐利，进而诱发利己主义、拜金主义。在利益为导向的市场经济面前，大学生很容易陷入重实用、轻理想，重索取、轻奉献，重个体、轻集体的误区。市场经济的等价交换原则如果不有效限制，就会导致"市场逻辑"泛化，价值规律指引人的行为，金钱成为衡量一切事物的价值尺度，人们根据成本与收益分析来进行行为决策，滋生出权钱交易、权色交易等消极腐败现象，损害集体的公信力，败坏社会风气。长期浸淫在这种以物质财富衡量人的价值的社会风气中，大学生很容易以物的价值作为衡量一切事物的价值标准，在择业上追求金钱收入、在集体中追求个人所得，这样的思想倾向与社会风气相互耦合，形成恶性循环。

最后，市场经济主体性使价值观从整体取向朝个体取向转变。中华人民共和国成立初期，我国实行高度集中的计划经济体制，在这种政府指令包办、封闭式经营的经济体制下，国家是全体社会成员的利益代表，每个个体都依附于群体，群体与个体的利益高度统一，当发生不可避免的利益冲突时个人必须无条件地做出自我牺牲。在这种利益关系基础上形成的一元化"群体至上"的价值观，追求的是群体成员在思想上、行为上保持高度一致，任何标新立异的思想和行为都不被允许。经济转型带来了全新的生活方式，使人们摆脱传统人身依附关系和唯命是从的价值观，成为市场主体和价值主体，肯定了个体的价值，注重培植人的自主、独立、创新精神。但与此同时，市场经济削弱了集体的权威，导致个人主义和利己主义之风蔓延，"重个体"转变为"唯个体"，"重利"转变为"唯利"。

（六）全球化发展不平衡的冲击

当前世界处于大发展大变革大调整时期，政治多极化、经济全球化、文化多样化潮流不可逆转，各地区、国家之间深层次联系、协同化发展。全球化发展与集体主义价值观的价值旨归相一致，顺应全球化发展趋势，我国提出人类命运共同体理念，为全球治理贡献中国方案，呼吁世界各国共同参与全球治理。全球化客观上推动了资源流动和文化交流，然而不可忽视的是，由于全球化发展不平衡和反全球化运动，在全球化进程中依然存在方方面面的问题，人们的生活环境和思想认识都发生了深刻变化。我国大学生的集体主义价值观受到全方位、整体性的影响，在增强了大学生的开放性、自主性的同时，也增强了大学生的选择性、多变性，其中部分大学生不可避免地受到了全球化发展的消极影响。

第一，经济全球化加强了个体意识和竞争意识。经济全球化时代，中国被卷入国际分工之中。由于中国工业化起步较晚，没有经历过西方国家从完整的产业链发展到产业分工的过程，而是直接参与国际化分工，形成了机械的分工合作关系。中国部分产业链低端的行业、部门的分工合作就是一种机械重复的分工和缺乏主体意识的"合作"，使每个个体固定在各自的工作岗位上分工负责，弱化了彼此之间的相互配合、相互制约，强化了工具理性，不仅淹没人的个性发展还削弱集体意识。中国口罩、呼吸机甚至是火神山医院的出口，让我们看到了中国制造的强大，当前中国制造已在世界占据举足轻重的地位，推动"中国制造"向"中国创造"跨越式发展还需进一步加强创新，通过尊重人们的个人利益，实现人们的价值发展，培养创新型人才，实现人们自由自觉地劳动与合作。再者，经济全球化加剧了竞争，也加剧了人们的竞争意识和压力，使脱离了对集体的依赖的人们获得了空前的自由主体意识和竞争意识，但是过强的压力将会打破彼此竞争之间的平衡关系，导致竞争单向度发展和竞争异化。

第二，政治多极化在促进全球治理体系过程中遭遇挑战，引发人们对政治的迷茫。当前世界多极化趋势进一步增强，世界各国之间的相互竞争和制约共同维护了世界的和平稳定。政治多极化本应顺应全球治理体系的发展，各国本应抛弃零和博弈，进一步加强合作，共同构建全球治理体系，携手解决全球性问题，然而现实中世界各国依然存在猜忌和冲突，世界局势的不确定性和风险性不断增强，英国脱欧、美国不断"退群"、极右翼势力崛起……国际关系复杂多变。根据教育部对大学生思想政治状况的滚动调查，当前大学生的思想状态和价值观念主要呈现积极的一面，但部分还存在政治意识形态方面的迷茫，并且很大程度上是由国际比较引发的。一方面，人类命运共同体理念和全球治理体系的建立超越了传统民族国家治理。另一方面，构建全球治理体系过程中存在国际秩序不公正问题。西方发达国家凭借其经济、军事优势，在经济扩张的同时实施政治扩张，妄图通过建立国际新秩序制约其他国家，并通过推广其制定的新秩序、新规范将其价值观渗透到其他国家，动摇大学生对国家意识形态、政治体制的认同感，甚至使大学生对主权国家的价值产生质疑，使人们的集体主义价值观受到挑战。

第三，文化多样化加速文化冲突，一定程度上冲击集体主义价值观。全球化加速了各国文化交流和融合、对立和冲突。各国家、民族的不同文化在全球化过程中交流日益频繁，但背后潜在的文化差异是难以掩盖的。其他国家、民族的文化传入我国，与我国本土文化相互碰撞，形成了价值理念的冲突。这一冲突还突出表现在意识形态的冲突上，西方国家凭借其强大的文化优势和传播优势渗透到我国人民的日常生活中，对我国优秀传统文化和马克思主义信仰进行双重消解。西方历史虚无主义腐朽思潮渗入我国，以解构历史为名歪曲甚至否定马克思主义的指导地位和中国共产党在我国革命、建设过程中的领导地位，削弱党和国家的权威，动摇人民群众的共同理想信念；个人主义价值观冲击我国社会主义集体主义价值观。面对全球化带来的文化交融与冲突，我们应以理性的态度继承本民族文化传统，吸收借鉴其他民族优秀文化，维护我国文化安全。

第四节　新时代集体主义价值观引领与整合的策略

一、增强理论支撑，更新培育内容

集体主义是社会科学学科的重要概念，但至今没有独立地作为一种理论形态呈现于中国特色社会主义理论体系平台，缺乏系统理论支撑成为制约我国集体主义价值观培育的瓶颈。新时代加强集体主义价值观培育需要增强理论支撑，构建集体主义教育理论体系，在坚持集体主义价值观培育的统一性的基础上，根据个体和集体的不同层次调整培育内容，坚持统一性和多样性相结合。

（一）增强理论支撑

集体主义教育理论体系应以马克思主义经典作家集体主义思想和中国共产党人关于集体主义的论述为基础，以中华优秀传统文化为底蕴，以国外成功经验为借鉴。马克思主义、毛泽东思想和中国特色理论体系中蕴含着集体主义思想，标志着中国在不同发展时期对集体主义的不同要求，将这些成熟的理论思想纳入培育理论体系中，有利于将集体主义由国家的政治要求和道德原则转化为教师在教学过程中参考使用的教材和大学生在实际生活中的行动参照，促进集体主义教育的政治性与学理性相统一。中华优秀传统文化是中华民族在社会发展过程中相互碰撞、交融形成的占主导地位的思想文化。中华传统文化本身具有强大的集体主义教育功能，并且具有独特的"润物细无声"优势，其中蕴含的群己观念、义利观念、家国情怀与如今倡导的集体主义价值观相一致，为当下进行集体主义教育提供了经典素材，可以缓解学生因集体主义教育的政治性和枯燥单一形成的排斥心理。加强集体主义价值观培育不仅要依靠我国已有的经验，还应充分吸取其他国家的经验教训，为我国集体主义价值观培育提供有力借鉴。结合苏霍姆林斯基提出的基层群体的重要性、弗雷德·纽曼提出的社会行动模式、日本的渗透式集团主义训练等经验，我们应将加强基层集体建设、优化集体构成并结合课外活动和社会实践活动来提高学生的道德修养，将集体意识渗透到学生家庭、学校、社会的各个方面，开展系统的集体主义隐性教育。

（二）更新培育内容

新时代集体主义价值观是历史性和时代性的统一，新时代对集体主义价值观提出了新的要求，同样，集体主义价值观培育也要结合新时代新思想新要求注入新的时代内涵，更新培育内容，实现培育效果最大化，推动大学生集体主义价值观的发展。

第一，加强社会主义核心价值观教育，形成集体共识。集体与个人都是社会主义发展的价值主体，社会主义核心价值观立足于国家和社会层面，对集体的发展提出了要求，立足于个人层面，对公民提出新的道德规范。社会主义核心价值观作为凝聚社会共识的"最大公约数"，是集体与个人的共同价值追求，在构建过程中必然要坚持集体主义，体现中国人民的集体主义价值取向。社会主义核心价值观是新时代集体主义价值观培育的重要内容，加强社会主义核心价值观教育有利于督促大学生恪守基本道德准则，树立集体主义价值观，在社会主义核心价值观的指导下构建团结友好的集体。

第二，加强中国梦教育，增强国家认同感。中国梦的具体表现是国家富强、民族振兴、人民幸福，它既是国家的梦、民族的梦，也是人民的梦，同时与世界梦相通。中国梦将国家利益、民族利益与人民的利益相统一，将中国的国家利益与全世界人民的利益相统一，是共产主义理想在新时代的具体化，是实现全人类自由平等、实现自由人联合体的阶段性目标。中国梦的实现代表着国家、集体的利益得以实现，也意味着全体国民的根本利益得以实现。中国梦蕴含着集体主义的价值追求，是新时代集体主义价值观培育的重要内容，对大学生进行中国梦教育，要激发大学生树立强烈的爱国主义精神和社会责任感，引导大学生自觉承担社会责任，肩负中华民族伟大复兴的时代使命，引导大学生将个人利益融入集体利益、将个人梦融入中国梦，将个人的理想追求与民族的伟大复兴、国家的繁荣富强、世界的和平发展紧密联系在一起。

第三，加强人类命运共同体教育，激发大国担当和世界胸怀。在马克思主义经典著作中，由于译者的不同曾出现"共同体"和"集体"两种不同的翻译版本，但其内容与含义具有一致性，"共同体"和"集体"都是与"个体"相对的社会组织结构，"真实的集体"是人类社会发展的最高形态。人类命运共同体是世界各国的共同追求和实现自由人联合体的实施路径。因而新时代要将人类命运共同体教育纳入集体主义价值观培育的具体内容之中，激发大学生的国际视野和世界胸怀，帮助大学生构建人类命运共同体意识，引导大学生立足于国际舞台，站在全球制高点正确看待国际局势，开创世界的未来。

二、统筹培育资源，强化培育合力

大学生集体主义价值观的形成和发展是国家、社会、学校和家庭"共同意志"合作共育的结果，不仅要符合国家与社会提出的道德要求和立德树人的根本任务，还应满足高校的培育目标、家长的培养需求以及大学生自身发展的要求。因此，提高集体主义价值观培育效果还需进一步强化合力育人机制，实现具有自觉性的自我教育、具有针对性的家庭教育、具有系统性的高校教育和具有多样性的实践活动相统一。

（一）发挥主体作用，强化内化效果

自我教育是集体主义价值观培育的重要环节，它在一定意义上是培育的结果，又是进一步培育的条件或内部动力，通过发挥大学生的主体性和自觉性，促使个体充分将培育目标内化为自身的价值观念和道德原则，实现教育效果的内化。

第一，积极参与集体活动，体验集体意义。培育集体主义价值观的目的不仅在于灌输理论知识，更在于帮助大学生在日常生活中正确处理利益关系。集体活动能够让大学生在亲身参与活动的体验中加深集体认知和集体情感，因此，大学生应积极参与校内外的各种集体活动，在志愿服务活动、献爱心活动中学会付出和奉献，体会帮助他人、奉献社会的快乐；在校运会、辩论赛等集体竞技中感受集体能量，体会集体合作的力量；通过参与社团、班级活动体验浓厚的集体氛围，在集体氛围的感染下加深对集体的情感。

第二，自觉投身理论学习，增强集体意识。本研究通过深度访谈发现，大学生对集体主义的认识主要来源于思想政治理论课，但是部分大学生对集体主义的认知模糊不清，有些甚至存在较大偏差，这一定程度表明部分大学生对思想政治理论课讲述的内容理解不清。大学生应积极地接受思想政治教育，汲取课堂上的相关理论知识，形成独立思考和践行，在课外通过网络、书籍主动学习，提升自身的知识文化水平。此外还应自觉地健全自我意识，对自己的个人价值、社会价值，自己在集体、社会中所处的地位以及能够发挥的能力和作用形成明确的认知，树立科学的集体主义价值观。

（二）加强家庭教育，重视家风家教

家庭是连接个人与社会的纽带，家庭教育的开展状况事关子女与学校、社会的连接。习近平提出"弘扬爱国主义、集体主义、社会主义精神，提倡爱家爱国相统一，让每个人、每个家庭都为中华民族大家庭做出贡献"[①]。党的十八大以来，中国家庭教育得到全社会的重视，家庭教育在集体主义价值观培育中的战略意义不断提升，新时代我国集体主义价值观的培育要赢在起点上就必须将家庭教育放在重要位置。

第一，提高家长自身素质，建立良好家风家教。家庭教育是教育的起点，在孩子还处于蒙昧时期尚未接触学校教育之前，孩子的道德修养主要来源于父母对孩子的教育和孩子对父母的模仿，父母的言行举止对孩子产生了潜移默化的影响。由于家庭教育教育面广、持续时间长、感染性强等特点，家庭教育在大教育中发挥着教育奠基作用。父母作为孩子的引路人，要做好榜样带头示范，通过榜样示范引导孩子崇德向善，做到言传身教，在日常生活中以身作则，带领孩子一同参加社会实践活动，从中培养孩子的奉献精神、公共精神。其次，要注重家庭、家风、家教，对孩子进行正向的引导教育，通过平等和谐的家庭关系和积极的家庭风气，在潜移默化中帮助家庭成员形成热爱祖国、热爱集体的集体主义价值观，帮助孩子融入集体、融入社会。

第二，构建家校合作平台，科学指导家庭教育。良好教育效果的取得需要学校与家庭同心合力、方向一致，一旦二者相排斥或者背道而驰将会导致学校教育无效甚至产生负面效果。然而家庭教育是在家庭这个封闭的社会单位里进行的私人教育，当前我国部分家长缺乏系统的教育知识，家

---

① 习近平. 在二〇一九年春节团拜会上的讲话［N］. 人民日报，2019－02－04.

庭教育的权威性和封闭性也使家长很难认识或承认、改正自身错误的教育理念和教育行为,因此,破解错误的家庭教育需要外力加以引导,协同家校培育合力。在集体主义价值观培育过程中,学校和家庭要协同合作、共同育人,根据个体情况有针对性地调整培育方式和内容,引导家长形成正确的立德树人观念,增强教育的系统性、合理性,在家校合作中培养大学生的社会责任感,鼓励大学生积极担当社会责任、为社会和国家奉献力量。

(三) 重视课堂阵地,形成大思政格局

课堂教学是高校德育的主要渠道。加强集体主义价值观培育需要重视课堂主阵地,将思想政治理论课的显性德育和其他专业课的隐性德育相结合,讲好思想政治理论课中的集体主义内容,深挖其他专业课的集体主义资源,把培育工作贯穿教育教学全过程。

第一,创新思想政治理论课。思想政治理论课是学生接受集体主义价值观培育的主要途径,它肩负着教授系统的集体主义基础知识、政策方针,规范学生集体主义行为的责任,任何学科都难以取代。因此在"大思政"格局下要重视思想政治理论课的显性教育功能,发挥其在集体主义价值观培育中的优势。首先,聚焦社会现实,解决生活问题。集体主义价值观培育的最终目的在于促使大学生将集体主义内化于心、外化于行,因此培育工作要围绕学生、关照学生、服务学生,结合时代特性和大学生自身的时代烙印来开展,解决学生价值观念上的困惑,使学生正确认识集体主义,学会在现实中正确处理利益矛盾。其次,集体主义教育方法多样化。在集体主义教育中使用单一的理论灌输法只能在理论层面增强大学生的认知水平,对强化大学生对集体的情感却收效甚微。因此,发挥思想政治理论课主阵地作用,应充分将教师讲授和学生讨论相结合,将教材语言转化为课堂语言,将集体意识、家国情怀、国家政策融入教学过程,运用多种教学方法提高课堂的抬头率;利用网络信息技术打造智慧课堂,建设有特色的慕课、系列课程,打破传统德育地点、规模、场所和时间的限制。

第二,发挥其他课程的隐性德育功能。习近平在全国高校思想政治工作会议上提出,"其他各门课都要守好一段渠、种好责任田,使各类课程与思想政治理论课同向同行,形成协同效应"①。"课程思政"是对传统"思政课程"的超越,强调一种潜移默化的教育模式。激发其他专业课的

---

① 习近平. 在会见第一届全国文明家庭代表时的讲话 [N]. 人民日报, 2016 – 12 – 12.

隐性德育功能，首先要寓集体主义价值观培育于师表形象中。"动人以言者，其感不深；动人以行者，其应必速"，专业课教师的举手投足对大学生具有深远影响，他们对待高校思政课程的态度、对党和国家的情感以及对社会时政热点的观点都会影响学生的情感和态度。因此教师必须在理论上和实践中提高师德修养，以师德形象和品格德性影响学生，引导学生对国家、社会产生积极情感，理性看待高校思想政治理论课。其次，寓集体主义价值观于教学内容中。每门课程都具备独有的德育功能，蕴含着丰富的集体主义教育素材，体现着民族的意志和广泛认同的价值观。如汉语言文学中儒家的"家国同构"思想蕴含的家国情怀；历史学科中为家国献身的仁人志士和放弃国外高薪毅然回国的科学家案例；物理学科中"两弹"元勋邓稼先毅然回国舍小家为大家等案例。集体主义价值观的培育要将思政教育与通识教育、专业教育相结合，同时在教学过程中应注意以教授专业知识为主，渗透道德教育为辅，避免简单叠加、本末倒置。

（四）开展实践活动，注重隐性教育

思想政治教育并非单一的封闭系统，而是在现实社会实践中进行并与实践相互作用的。习近平多次强调要注重实践，鼓励广大学子敢于磨炼，"让学生在亲身参与中认识国情、了解社会，受教育、长才干"[①]。针对新时代部分大学生对集体主义的认知与践行相分离的现状，社会各界需要广泛开展实践活动，提供实践活动渠道和平台，督促他们深入社会、服务社会，培养集体责任感、树立集体主义价值观。

第一，开展志愿服务，增强奉献意识。志愿服务是志愿者不为财富报酬，出于内心的责任感、同理心和奉献精神，为帮助弱势群体、推动社会发展而无偿付出时间精力的活动，是培育奉献意识和集体主义价值观的载体。通过开展志愿活动、推进志愿服务制度化能够有效地强化人们的奉献意识，提高服务能力。高校、社区和相关组织应积极牵头，鼓励大学生多参与、踊跃参加"三下乡"、社区志愿服务、乡村支教等志愿服务活动。通过志愿服务的价值引领，把社会主义核心价值观融入为人民服务的伟大实践中，通过参与倡导"奉献、友爱、互助、进步"精神的服务活动增强大学生的奉献精神，引导他们树立集体主义价值观。

第二，参与集体活动，加强团结合作。集体主义价值观在现实生活中

---

① 习近平.在纪念五四运动100周年大会上的讲话（2019年4月30日）[J].中国共青团，2019（5）：1-5.

具体践行表现为团结合作。调查结果显示，大多数受访者对"您认为应如何加强集体主义价值观培育？"这一问题的回答是"积极参与集体活动"，可见多数大学生认为参与集体活动是加强集体主义价值观培育的有效途径。因此应借助组织建设和其他活动，将社团、党团支部、学生会等组织充分利用起来，通过文体活动、科研竞赛等活动将团结合作精神具象化，结合时代主题和专业特点组织学生参与活动，营造友好互助、团结和谐的氛围，培养学生的集体认同和团队协作能力。团结合作是实现真正的集体的重要手段，然而由于当前社会发展阶段的制约，部分"集体"不能真正代表个体的利益，对大学生而言是负价值。鼓励大学生参与活动时应注意甄别集体性质，优化集体结构，对非正式组织加以引导，在正向的团队目标、良好的团队氛围和合理的人员关系构成中引导大学生的价值观，使大学生在集体氛围的影响下自发地维护集体利益，与集体成员形成友好、互助、团结、合作的良好关系。

第三，参与公共事务，提升公共精神。参与公共事务是唤醒公民公共精神的过程，只有通过参与社会公共事务才能实现公民角色的转化，强化公共意识，承担公民责任。推动处于"象牙塔"的大学生参与公共事务，需要有针对性地围绕社会热点，根据大学生的知识积累、专业特点，分层分类安排实践活动，低年级学生注重"体验式"实践，高年级学生着重"专业式"实践，调动学生融入学校、家庭与社区的社会生活实践的主动性、积极性。比如华南理工大学开设的"马克思主义理论与实践"课程，该课程包括必修内容探访"红色基地"和"乡土中国"社会调查、"爱洒羊城"志愿服务、"我爱我工"校园文化建设三个选修内容，引导学生与爱国主义教育基地、社工组织、农村乡镇等组织机构沟通合作，使学生在参与意见征询、公共义务、志愿服务、校园建设等公共事务的过程中将理论知识内化为理想信念，将自我价值与服务社会相结合，增强承担社会责任的能力。

三、优化培育环境，注重环境德育

"人创造环境，同样，环境也创造人"，人总是生活在一定的环境中，在无意识的状态下受到环境濡染，在潜移默化中形成特定人格、思想和观念等。思想政治教育环境是加强德育的前提条件，培育集体主义价值观需要主动创设良好的社会人文环境，优化校园、网络和社会环境，使受教育者受到良好集体环境的熏陶教化。

（一）创设团结合作的校园环境

校园环境是青年学生接受教育的土壤，不仅对在校生具有重要感染作用，其影响力也会向全社会延伸。当前高校校园文化呈现多元化、多样态的新面貌，但依然存在重智育轻德育、重竞争轻合作的倾向，不良校园亚文化和校园集体形式化问题在潜移默化中对大学生造成错误引导。因此，应当加强高校精神文明建设和班集体建设，创设积极向上的高校环境，培厚文化土壤，弘扬主流价值观。

第一，加强校园精神文化建设。校园文化作为社会文化的重要组成，是体现校园精神和人文环境的文化总和。电影《无问西东》通过对四代清华人命运的刻画，反映了百余年来清华精神在不同时代有不同的表达，但始终与国家命运、时代精神紧密结合。中华人民共和国成立70周年阅兵仪式和群众游行中，在校大学生主题方阵以昂扬的姿态传递出的家国情怀，是中华人民共和国成立以来校园文化建设成就的缩影。每一所学校都有其在长期建校过程中积淀形成，并被普遍接受和践行的人文精神和校园文化，积极向上的校园文化能够促进集体的形成，在潜移默化中对大学生的价值观念产生积极引导。通过创建文明校园、开展校园文化活动，将集体主义价值观融入校园精神文化建设之中，深挖学校软环境中的文化资源和历史资源，把时代精神和价值体系融入日常教学中。

第二，加强班集体建设。班集体是最贴近生活、最贴近学生群体的集体形式之一，班集体作为大学生最基层的集体，班集体的学习、活动、交流会对大学生正确处理个体与集体的关系产生最直接的影响。班集体的其他成员作为同辈群体对学生具有强大的感染力和渗透力，会对青年学生的品行培养产生重要的影响。在一个弱的基层组织中，集体结构松散、集体凝聚力低，学生通常无法受到必要的集体主义教育，而在凝聚力强的班集体中，大学生会自发地形成团结合作、乐于奉献的价值观。因此，要加强班集体建设，将集体主义价值观教育贯穿于班级活动、班风建设、班级组织建设之中，在班级这个"小社会"中培养大学生的公共参与意识，引导大学生学会正确处理"个体—集体—社会"关系体系中的利益关系。

（二）建设风清气正的网络环境

"做好舆论引导工作，关系道路和方向，关系人心和士气，关系中心和大局,是新闻宣传工作的重中之重,是意识形态工作的重要内容。"[①] 超越个体言论表达的社会舆论具备明显的集体倾向和一定的公共性、权威性,同时其大众化、普遍化的特点使它能够通过宣扬鼓动等方式渗透到人的意识观念中,将社会的道德要求与主导价值观转化为价值观念和行为准则。网络是传播社会舆论的主要场所,学生是网络的活跃使用者,主要通过网络获取信息资源,受到网络环境的深远影响。然而当前网络舆论导向复杂多变,各种舆论场上的舆论良莠不齐,亟须加强网络舆论引导,净化网络环境。

第一,主流媒体占据舆论高地,掌握舆论场主动权。主流媒体是党的喉舌,具有较强的政治性和言论的权威性,加强主流媒体的影响力和引导力是抢占舆论先机、弘扬正能量的重要方式,有利于为实现民族复兴提供强大的舆论支持。互联网普及以来,官媒、各级地方政府纷纷通过网络的形式与民众沟通,接受民众的监督和批评。但由于解构权威、消解意识形态的现代性特征和主流媒体本身所具备的权威性、严肃性特征,一直被人们敬而远之。近年来,主流媒体转变宣传方式,转译政府语言,从"老干部画风"向"年轻用语"转变,获得了广大民众的认可。比如近期的新闻联播因其"接地气"的语言而被称为"段子手",让新闻播进观众耳中;杭州市公安局入驻抖音,发布一条名为"警察说 hip-hop 之派出所的那些事"的视频,生动展现派出所民警的日常工作。主流媒体进驻新的网络平台,要结合时事政治和现实案例,结合网络媒体新传播方式和中国特色社会主义理论内容,以公众喜闻乐见的方式宣传理论政策,帮助网民了解国家方针政策,自觉讴歌真善美,领悟集体主义,抵御、消解、清除其他不良思想对集体主义教育环境的破坏。

第二,推进网络立法,净化网络空间。由于相关法律法规的不健全和网络个人身份的隐蔽性,自媒体为新闻资讯的传播提供了便利,但同时也为谣言的传播创造了条件。2020 年新冠肺炎疫情暴发后,正当大家众志成城、万众一心抗击疫情的时候,仍有人心怀叵测地编造谣言,有人道听途说地转发不实信息,这些涉疫谣言混淆视听、掀起舆论狂潮、扰乱社会秩序;2019 年四川凉山州森林火灾发生后 11 人侮辱救火英雄,造成不良社会影响。这些言论和行为污染网络环境,可能会动摇我国人民的集体主义价值观。互联网不是法外之地,它直接关系到我国的意识形态安全和政权

---

① 习近平. 胸怀大局 把握大势 着眼大事 努力把新闻宣传工作做得更好 [N]. 人民日报, 2013 - 08 - 21.

安全，应建立健全网络管理相关法律法规，督促网络经营者自清自查。政府应该规范网络主体的行为，加强舆论监管，及时发现和整顿不法言论，净化网络环境。

（三）营造和谐友好的社会环境

当前社会存在一种"5＋2＝0"的教育现象，学生接受5天的学校正面教育，余下两天受到来自社会的负面影响，教育效果相互抵消。大学生集体主义价值观的培育并非在真空状态下进行，他们在日常生活中接触到的集体都影响着他们的集体主义价值观及其培育效果。社会作为一个大集体，每个人都无法摆脱社会环境无形的包围与制约，在不良的大环境下即使学校积极主动地对学生进行集体主义教育，效果也是有限的，因此需要营造积极向上的社会大环境，在无形中影响人们的意识和观念。

第一，协同改善国内各领域环境。政治环境、经济环境、文化环境等各领域人文环境共同影响了整体环境，优化整体环境必须从各领域联合下手、各个击破。持续推进治理体系和治理能力现代化，构建清正廉洁、民主法治的政治环境；逐步完善基本经济制度和市场经济，营造公平正义、高效发展的经济环境；弘扬社会主义核心价值观，构建积极进取、文明和谐的文化环境；坚持统筹城乡发展、着力推进精准扶贫，建立全民共建共治共享的社会保障体系。在国内各领域环境的协同治理、协同改善下建构和谐友好的社会环境，使大学生在大环境的浸润下自觉自律。

第二，以马克思主义为指导，加强舆论导向。坚持马克思主义的根本指导地位是坚持社会主义发展方向、筑牢全体人民共同思想基础的必然要求。回顾我国发展历程，正是有了马克思主义这个共同思想基础，才将各族人民的意志凝聚起来，改变了中国各方力量各行其是的面貌。如今中国正处于中华民族伟大复兴的关键期，面临多重机遇和挑战，统一思想、凝聚共识的要求尤为紧迫。因此，面对社会价值取向日趋多元、社会思潮纷繁复杂的现状，需要进一步坚持马克思主义为指导，在多元文化中树立集体主义导向，弘扬主流意识形态和爱国主义、集体主义、社会主义精神，促进良好社会风气的形成，夯实民众的共同思想基础，使全体人民在思想上紧密团结在一起。

四、完善相关机制，保障公平正义

由于我国发展不平衡不充分，在某些发展不完全的局部的、具体的集体中，依然存在部分不能代表全部成员利益的成分，甚至还存在一些虚假的集体，导致大学生对集体产生质疑。在这样的现实情况下，抽象的集体主义教育缺乏说服力，必须通过构建利益协调机制和公正的社会奖惩机制，维护公平正义，保证新时代集体与个人奉献的融合性和义务的双向性，合法保障私人利益，推动"真实的集体"向更高层次发展。

（一）构建利益协调机制

人们所奉行的价值观背后蕴含着内在的利益追求，对价值关系与社会关系的思考无一不围绕利益进行，利益潜在地引导着人们的价值观念和行为选择。当前我国社会利益格局复杂多变，利益主体多元化必然导致价值选择多元，面对复杂的利益诉求和多元的价值取向，需要着力构建利益协调机制，通过协调利益关系引导价值观念。

第一，畅通利益表达渠道。我国社会当前存在的利益主体多元化导致社会上存在多重利益诉求和多种利益表达方式，畅通的利益表达机制可以为个体提供合法便捷的利益诉求平台，能有效地拉近集体与个人之间的关系，缓解集体与个人之间的利益冲突。尊重各群体的利益表达，首先要鼓励正式组织利益表达，充分发挥各级人大组织、政协以及信访机构等的作用，引导人民群众正确地通过正式渠道表达诉求，审慎对待上访、对话等利益表达并合理妥善地予以解决。其次，重视公开舆论表达，因势利导借助新媒体改进政府舆论引导和解决问题的方式，提高信息透明度，加强与民众的联系，及时听取民众的建议和意见。同时还应强化政府工作人员的媒体素养，提高政务平台运营能力，整治政务新媒体僵尸化的形式主义，构建与民众对话的新平台。最后，尊重和理解各利益群体的利益表达，培育各类社会团体，积极推动社会治理重心下移，培育能够代表各个群体合理合法利益的社会组织，形成社会多元主体共同治理的格局，帮助弱势群体形成有组织的利益表达，为弱势群体疏通表达渠道。

第二，整合不同利益。由于当前我国处于社会主义初级阶段，社会上存在多个局部的集体，不同局部的集体作为不同利益主体在维护国家利益的同时，还具有各自特殊的诉求，容易产生利益冲突。而人作为个体，有时同时隶属于多个集体，在不同集体发生冲突时难以进行调节和取舍，从而引发价值观混乱。因而培育集体主义价值观需要整合各个层次的集体利益与个人利益，满足不同利益主体的利益诉求。结构固化和地位差别是造成利益冲突、人民不满的重要因素，整合不同利益要打破阶级固化壁垒，壮大中间阶层，减少两极阶层，促进阶层良性更替和互动，进一步消灭阶层差异，为人民提供自由的发展机会。

第三，公正分配利益。改革开放以来，我国出于发展需要提出"先富"带动"后富"和"效率优先，兼顾公平"的发展理念，极大地激发了经济活力，实现部分群体和地区"先富"，但是不可避免地造成了贫富分化和利益矛盾。如今共享发展理念的提出是进一步推动分配公平的集中体现。共享发展下的社会分配公正要把市场分配的效率和政府分配的公平有机结合起来，深化分配改革，规范分配秩序，优化分配格局，做好初次分配和二次分配，对初次分配中由于不公平和不规范现象导致的收入差距过大予以调节，对合理合法收入造成的差距予以肯定，对垄断等合法不合理收入造成的差距具体调控，对于不合法收入造成的较大贫富差距予以打击，坚决维护不同利益主体之间的公平。

（二）建立社会奖惩机制

社会奖惩机制是一种外在的直接诉诸个人利益的半强制性机制，能够通过奖惩让人们深刻体会社会所倡导、杜绝的价值观和行为，具有明显的价值导向色彩。建立社会奖惩机制有利于将人们对利益的追求转化为一种价值追求和道德自觉，从而引导人们维护集体利益、推动集体发展。

第一，集体要对个体的奉献行为予以适当奖励。封建社会的"舍生取义"和计划经济时期的"舍小家，为大家"在处理个体与集体的关系时，往往强调集体的权威却忽视个体的获得。个体与集体的关系首先事关利益的取舍，只强调单方面的集体利益与市场经济主体地位的平等要求、人性的基本要求明显不符，个体有责任与义务做出奉献，集体也应在个体奉献后给予相应的精神奖励与物质奖励；当集体与个体产生无法调和的利益冲突时，个体让渡部分权利和利益的同时也应该获得相应的补偿。通过这样的奖励或补偿肯定个体价值、维护自身利益，推动集体发展、完善，维护集体主义所主张的社会正义，防止社会主义集体演变成为虚假的集体。

第二，个体阻碍集体发展时集体应予以惩罚。部分集体中的个别成员尸位素餐、不劳而获，不仅对集体发展毫无奉献还打击其他集体成员的工作积极性，阻碍集体的发展。对于不劳而获甚至损害集体的行为，集体则应及时予以相应的惩罚。通过物质惩罚或精神惩罚的方式筑牢集体利益的"高压线"，强制性地防范和禁止任何侵害集体利益的行为，使这种强制性形成一种威慑力，使人们在威慑下由"不敢侵害集体利益"转向"自觉维护集体利益"，由"他律"转向"自律"，从而增强人们的集体主义价值观。

小　结

习近平总书记在十九大报告中作了中国特色社会主义进入新时代的重要判断，同时提出要加强爱国主义、集体主义、社会主义教育，显示了集体主义在国家意识形态中的重要地位。青年学生是同新时代共同前进的一代，针对新时代集体主义价值观所呈现的民族性与世界性相统一、历史性与时代性相结合的特征，当代青年应以习近平新时代中国特色社会主义思想为指导，树立新时代集体主义价值观，担当起时代赋予的责任。

广州地处改革开放的窗口，是西方思想文化渗透的前沿阵地，广州高校学生容易受到社会舆论和西方社会思潮的影响，他们的集体主义价值观现状是反映高校大学生集体主义价值观及其培育状况的晴雨表。本书通过对广州高校学生实证调查，分析发现新时代广州高校学生呈现出乐于奉献与理性务实并存、集体合作与个体发展并存、出以公心与自律自制并存的总体特征；不同性别、家庭情况、学历、学校、专业、政治面貌、出生地的大学生的集体主义价值观差异显著。通过分析总体特征和差异性特征，本章认为少部分大学生一定程度上存在集体主义知行相对分离、利他精神稍显欠缺、合作精神相对淡薄、公共生活参与不足等价值观冲突问题。

新时代大学生的集体主义价值观受到诸多因素的影响：一是学生主体身心发展的特殊性导致集体主义认识偏差；二是高校集体主义教育内容抽象、方法单一、合力不足，影响集体主义价值观培育的实效性；三是家庭教育缺乏科学性；四是文化多元带来消极影响；五是市场经济冲击使大学生的价值观向多元化、利益化、个体化转变；六是全球化发展不平衡带来的消极影响。针对以上问题，探寻新时代大学生集体主义价值观的核心引领与整合路径，要着力把握培育内容、强化培育合力、优化培育环境、完善培育机制。具体而言，要以中国特色社会主义理论体系、中华优秀传统文化为基础，以国外成功经验为借鉴，增强培育的系统性、层次性，通过社会主义核心价值观教育、中国梦教育、人类命运共同体教育丰富培育内容的时代内涵；强化学生自我教育、家庭教育、课堂主阵地和实践活动的培育合力；创设良好的校园环境、网络环境、社会环境，发挥环境的集体主义育人功能；完善利益协调机制和社会奖惩机制，为社会公平正义提供制度保障。

第二章　新时代青年政治价值观的
冲突与整合

　　习近平总书记指出："每一代青年都有自己的际遇和机缘。时代的责任赋予青年，时代的光荣属于青年。"① 同时，他在十九大报告中提出要"以培养担当民族复兴大任的时代新人为着力点"这一新要求。这是在新的历史方位上应时代之需提出的新号召、新任务。对于当代青年来说，最大的历史际遇就是我们比历史上任何时期都更接近中华民族伟大复兴的中国梦的目标，最大的时代责任就是担当民族复兴大任，勇做时代新人。担当时代责任的重中之重是担当起政治责任。站在新的历史方位上，中国要实现强起来，实现中华民族伟大复兴的中国梦，必然需要更多具有家国情怀和政治责任感的社会主义建设者和接班人，需要更多具备较高政治素质的各类人才。而当代青年，被称为"强国一代"，是新时代最直接的见证者、最有利的奋斗者和最大的受益者，应该清醒地认识到新时代的际遇机缘与责任担当，积极拥抱新时代，争做新青年。

　　要担当起民族复兴的大任，树立正确的政治价值观至关重要。大学生走在时代风气之先，是社会改革的重要力量，他们的价值观成为观测社会变化的晴雨表，也影响着社会的发展进程。"青年的价值取向决定了未来整个社会的价值取向，而青年又处在价值观形成和确立的时期，抓好这一时期的价值观养成十分重要，就像穿衣服扣扣子一样，从一开始就要扣好。"② 大学生政治价值观是大学生价值观体系的重要组成部分。在新时代，党和人民赋予大学生新责任，而大学生作为时代新人，应该构建自己之于国家、之于民族正确的价值体系，做有理想、有本领、有担当的大学生，紧跟时代、肩负使命、锐意进取，自觉把个人理想抱负融入实现中国梦的伟大事业中。因此，在新时代背景下，开展对大学生政治价值观的研

---

① 习近平. 青年要自觉践行社会主义核心价值观——在北京大学师生座谈会上的讲话［N］.人民日报，2014 – 05 – 05.

② 习近平. 青年要自觉践行社会主义核心价值观——在北京大学师生座谈会上的讲话［N］.人民日报，2014 – 05 – 05.

究势在必行，这不仅能了解和把握新时代大学生政治价值观的现状，还能了解新时代大学生能否担当民族复兴的大任，这对于教育引导大学生形成正确的政治价值观具有重要意义。

改革开放 40 多年来，社会主义市场经济体制不断完善，人们的生活发生了翻天覆地的变化，精神文化生活日益丰富。人们的思想观念和价值取向也逐渐由单一趋向多元化发展。作为引领改革风气之先的广州，敢饮"头啖汤"，率先拥抱市场经济。然而，市场经济最大的特征是追求利益最大化。这在无形中渲染了"金钱万能""物质利益最大"的思想。在此影响下，部分大学生表现出了个人利益至上、物质利益至上的价值取向，开始向"自我"倾斜，向金钱看齐，过分重视个人利益，缺乏集体意识和社会责任感，在政治价值观上出现了偏差。新时代大学生政治价值观出现的问题引发了人们深刻的忧思。北京大学教授钱理群指出，我们正在培养精致的利己主义者。这表明社会对大学生政治价值观的担忧。自私自利、耽于物欲、格局狭隘的大学生是不能担当起国家发展之重任的。广州这个改革开放的前沿地，文化环境复杂多变，使得大学生呈现出更多元化、更个性化的价值取向。据笔者观察，在现实中，不少大学生价值观存在功利主义、个人主义和虚无主义的倾向。比如部分大学生盲目攀比炫耀，在网络平台上"展示"自己拥有的奢侈品、银行卡等；一些大学生以"佛系青年"自诩，表面上崇尚一切随缘、得过且过、不争不抢，实则摆脱责任、逃避现实、不求进取，陷入了虚无主义。如果大学生的政治价值观普遍存在着不正确、不科学的成分，这会对我国特色社会主义的发展、对顺利实现中华民族伟大复兴的中国梦造成巨大的障碍。

"要把立德树人的成效作为检验学校一切工作的根本标准，真正做到以文化人、以德育人，不断提高学生思想水平、政治觉悟、道德品质、文化素养，做到明大德、守公德、严私德。"[①] 因此，走进新时代，高校应该坚持与新时代同向同行，立足于"着力培养担当民族复兴大任的时代新人"这一任务，为大学生确立新的价值坐标。在这个过程中，思想政治教育是高校立德树人的重要途径，而政治价值观的培育是新时代高校的首要任务。高校应该坚持正确的政治方向，做好新时代思想政治工作，为国家培养出政治素质硬、道德品质好、文化素质高的优秀青年。政治素质是学生综合素质中的核心，但是部分高校在进行思想政治教育的过程中忽视了政治教育这个重心和关键，忽视了学生政治素质的培养，偏重学生的专业

---

① 习近平. 在北京大学师生座谈会上的讲话 ［N］. 人民日报，2018 - 05 - 03.

技能，造成部分学生以自我为中心，只关注专业学习，漠视国家发展，缺乏国家意识、民族意识和责任意识，政治价值观在一定程度上出现偏差。这不仅影响了大学生的成长成才，而且影响着国家的发展和民族的未来。由此可见，新时代高校需要正本清源，尤其要重视学生政治素养的培养，要采取多种形式深入推动习近平新时代中国特色社会主义思想"进教材、进课堂、进头脑"，引导大学生树立科学正确的政治价值观，自觉把自己的人生理想同国家前途命运联系起来，敢于追梦，勇于圆梦。只有这样，高校才能承担起新时代思想政治教育的责任，为国家培养具有高度社会责任感和时代使命感的青年。因此，开展对大学生政治价值观的研究，有助于高校进一步提高思想政治教育的实效性，助推高校培养德才兼备、全面发展的优秀人才。

通过对广州地区20所高校的大学生进行问卷调查并抽取了20名大学生进行访谈，本章首先从五个维度深入分析新时代大学生政治价值观现状，概括大学生政治价值观呈现的特征。其次，进一步分析小部分大学生政治价值观存在的主要问题，并探析大学生政治价值观形成的影响因素。最后，探讨引导新时代大学生树立正确政治价值观的策略，助推高校培养时代新人。

第一节　学界相关研究综述与本研究的理论基础

一、学界相关研究综述

首先，关于政治价值观内涵的研究。根据不同的研究视角，学者们对政治价值观的内涵作出了不一样的界定。目前学界主要有四种不同的研究取向：一是从思想政治教育学角度出发，把政治价值观定义为对政治问题比较具体的看法和观点，代表学者有陈晓阳、楼益松、宋静等。他们认为对大学生进行政治价值观教育是思想政治教育的重要内容之一；二是从政治学的角度，把政治价值观作为政治学的重要组成部分，并且定义其为在某种政治文化的影响下人们对政治世界的看法。持这种观点的学者有王惠岩、郑志谦、郑晓如等；三是从哲学的角度出发，认为政治价值观是表示主客体关系的一个范畴，体现了政治客体对政治主体需要的满足程度，代表学者有黄希庭、李忠军等；四是从价值观的角度，把政治价值观作为核心价值体系的一个重要组成部分，认为政治价值观包括权威观、法治观、权力观等内容，代表学者有赵孟营等。

其次，关于政治价值观内容的研究。对于政治价值观内容的研究，国内学者主要从内涵与表现形式这两个层面切入，形成了不同的观点。第一，从内涵层面划分的学者主要有李海涛、赵波文、赵孟营等，他们侧重研究政治价值观包含了哪些具体的内容，认为国家观、政党观、民主观、权力观、公平正义观、阶级观、民族观等是政治价值观最为重要的内容。如：李海涛把政治价值观划分为自由观、民主观、人权观①；赵波文在《当代中国社会政治价值观调查报告》中从民主、法制、权利、公平正义四个维度进行调查和分析②；赵孟营把政治价值观划分为权威观、法治观、权力观三个具体部分③。第二，从表现形式层面划分，主要代表学者有黄希庭、孟东方、李忠军、谢忠保、王子刚等。如：黄希庭等从政治立场、政治信任感（政治态度）、政治宽容度、政治价值判断、人生观、现实满意程度、政治效能感、政治偏向这八个维度划分政治价值观④，这是学界最早并且分类较全的一种划分观点；孟东方则从政治感受、政治主张和政治判断三个方面对研究生的政治价值观进行了调查⑤；李忠军在其博士论文《国家意识形态安全与大学生政治价值观教育研究》中将大学生政治价值观的结构划分为政治知识、政治立场、政治认同、政治宽容、政治参与意识和政治关注程度六个部分⑥；王子刚从政治认知、政治情感、政治意志、政治信仰（内化—外化）四个维度对大学生政治价值观进行考察⑦。

最后，关于大学生政治价值观的研究。国内学者围绕大学生政治价值观做了大量的研究，取得了较为丰硕的成果。第一，关于大学生政治价值观现状的研究，学者们主要通过实证调查的方法得出大学生政治价值观的现状，并揭示其存在的问题。通过学者们的调查发现，大学生的政治价值

① 李海涛. 论马克思主义政治价值观 [J]. 南京社会科学，2005（9）：51 - 56.

② 赵波文. 当代中国社会政治价值观调查报告 [J]. 甘肃理论学刊，2009（6）：5 - 11.

③ 赵孟营. 跨入现代之门：当代中国的社会价值观报告 [M]. 北京：北京师范大学出版社，2008.

④ 黄希庭，张进辅，李红，等. 当代中国青年价值观与教育 [M]. 成都：四川教育出版社，1994：110.

⑤ 孟东方. 当代研究生政治价值观的调查研究 [J]. 当代青年研究，1996（6）：1 - 6.

⑥ 李忠军. 国家意识形态安全与大学生政治价值观教育研究 [D]. 长春：东北师范大学，2008：132.

⑦ 王子刚. 大学生政治价值观的形成发展规律及教育策略 [J]. 思想理论教育导刊，2016（12）：100 - 103.

观总体上呈现积极向上的趋向，如：政治认知较理性；政治立场较坚定；政治认同度较高等。但是，也存在一些不容忽视的问题。第二，在探讨大学生政治价值观影响因素方面，学者们主要从宏观和微观两种角度进行分析。从宏观角度进行分析的学者主要从国家、社会、学校、家庭、个人五个层面进行分析；从微观角度进行分析的学者大多在特定背景下探讨大学生政治价值观的影响因素，如把大学生的政治价值观置于全球化背景下研究。黎斌把市场经济条件作为大学生政治价值观形成的重要影响因素；房华强、王传榘等人提出后现代思潮对大学生政治价值观具有一定的冲击，等等。第三，研究方向不同，学者们对大学生政治价值观教育提出的对策也不同。如：李忠军认为推动大学生政治价值观教育方法论实施方略转换，应结合学校教育、家庭教育和社会实践活动[1]；王子刚认为把握好教育时机、重视与社会实践的有机结合、注重工具性价值层面的引导功能是思想政治工作者应该注意的问题[2]。

　　总体上看，一方面，研究内容上还有待进一步丰富。国内学者对大学生政治价值观进行了大量的实证调查，但是多数从宏观上描述现状和探讨影响因素，缺乏理论渊源，在挖掘深层的影响因素时也较少联系实际。因此，在今后的研究中，不单单做实证调查，应理论联系实际，在实践中深入地探析大学生政治价值观的影响因素，使研究得出的结论更准确，提出的对策建议更有针对性。另一方面，研究对象还有待进一步拓展。目前，学者对这一领域的研究对象呈现不断细化的趋势，如：有的研究"90后"大学生，有的研究高职院校大学生，也有的研究民族地区大学生，但是研究广州大学生的成果很少。这对于身处改革开放前沿、经济发达的广州地区来说，是不利于检验和提升高校思想政治教育成效的，也缺乏有针对性的教育对策做参考。因此，今后的研究应注意拓展研究对象，使调查对象更有针对性，以此来丰富该地区这一领域的研究成果，提高该地区教育的实效性。

　　[1]　李忠军. 新时期大学生政治价值观教育方法论转换的若干思考［J］. 思想教育研究，2010（7）：26 – 30.

　　[2]　王子刚. 大学生政治价值观的形成发展规律与教育策略［J］. 思想理论教育导刊，2016（12）：100 – 103.

二、本研究的理论基础

为了更好地研究新时代大学生政治价值观现状，厘清相关概念和把握理论基础很有必要。因此，本章首先对"价值观""政治价值观""大学生政治价值观"的概念进行界定；其次，在前人研究成果的基础上，从五个方面概况大学生政治价值观的内容；之后，阐述作为本书理论基础的马克思主义人学思想、思想政治教育学相关理论、马克思主义中国化相关理论；最后梳理了中华人民共和国成立以来，党的几代领导人对青年政治价值观的相关论述，以此为下一步的研究奠定良好的理论基础。

（一）相关概念界定

（1）价值观的概念

关于价值观的概念，国内学者研究的视角不同，定义也不同，目前尚未形成统一的结论。有代表性的观点有：袁贵仁认为"价值观，就是人们关于某种事物对人的作用、意义、价值的观点、看法和态度"[①]。黄希庭认为"价值观是人区分好坏、美丑、益损、正确与错误，及符合或违背自己意愿等的观念系统"[②]。陈章龙、周莉认为"价值观是人们对价值问题的根本看法，是人们在处理价值关系时所持的立场、观点和态度的总和"[③]。可见，价值观是一个含义非常广泛的概念，在本书中，把价值观定义为：价值观是人们对价值问题的观点、看法和态度，它影响、制约和支配着人们的思想行为。

（2）政治价值观的概念

政治价值观[④]内涵丰富，对其概念和内涵的界定，学界尚无一致的认识，但归纳起来主要有四种视角：第一种是教育学视角，代表性的观点

[①]　袁贵仁. 价值观的理论与实践：价值观若干问题的思考 ［M］. 北京：北京师范大学出版社，2006：2.

[②]　黄希庭，郑涌，等. 当代中国青年价值观研究 ［M］. 北京：人民教育出版社，2005：5.

[③]　陈章龙，周莉. 价值观研究 ［M］. 南京：南京师范大学出版社，2004：3.

[④]　通过查阅资料，发现学界对政治观与政治价值观这两个概念的定义并无本质上的区分。关于政治观的定义，学界比较统一的观点是："政治观是人们对国家的政治关系、政治活动的根本观点。"关于政治价值观的定义，学界大多认为"政治价值观是人们对政治问题、政治制度、政治事件等方面的基本看法和评判态度"。本章主要研究大学生对政治问题、政治制度等的基本看法和评判态度，包括对政治问题、政治制度等的认知、认同以及评价等，因此本章以"政治价值观"为主题。

如：蒋发太等人认为政治价值观是人们对政治问题的基本看法和评判态度，集中体现了人们的政治素质。第二种是政治学视角，代表性的观点如：王惠岩认为政治价值观是政治文化结构的有机组成部分之一，指的是"社会成员对政治世界的看法，包括评价政治活动的标准，以及由此形成的价值观念"[①]。第三种是哲学视角，如李忠军认为"政治价值观是政治主体对政治客体的主观反映"[②]。第四种是价值观视角，认为政治价值观是国家核心价值体系的重要组成部分，如赵孟营认为，"政治价值观是社会价值观的重要组成部分，并且把政治价值观划分为权威观、法治观、权力观这三部分"[③]。

综上所述，尽管学界对政治价值观概念的界定角度不尽相同，定义繁多，但本质上具有一致性，都以人们对政治世界、政治问题的看法和态度为出发点。鉴于此，本书认为政治价值观是人们对政治问题、政治制度、政治事件等方面的基本看法和评判态度。

（3）大学生政治价值观的概念

关于大学生的概念，学界比较统一的观点是："在大学注册入学并接受教育的群体的统称"[④]，并且从学历层次来对"大学生"进行划分，包括专科生、本科生和研究生（硕士研究生、博士研究生）这三个学历层次。因此，本研究所调查的大学生主要是以全日制学历教育的专科生、本科生、研究生为主。根据前文对政治价值观的概念界定，本书把大学生政治价值观定义为全日制学历教育的专科生、本科生、研究生对政治问题、政治制度、政治事件等方面的基本看法和评判态度。

（4）大学生政治价值观的内容

本书旨在探讨新时代大学生具有何种政治价值观，他们对政治问题具有何种看法和观点。在借鉴学术界研究成果的基础上，本书从内容层面来对大学生政治价值观进行维度划分。

罗国杰指出，"马克思主义政治价值观的主要内容就是坚持共产主义奋斗目标，坚持人民民主专政，坚持四项基本原则，依法治国，坚定不移地走社会主义的政治民主道路"[⑤]。实现共产主义是中国共产党的最高理想

---

① 王惠岩. 政治学原理：第二版 [M]. 北京：高等教育出版社，2006.

② 李忠军. 大学生政治价值观的形成规律及启示 [J]. 思想教育研究，2009（4）：18－20.

③ 赵孟营. 跨入现代之门：当代中国的社会价值观报告 [M]. 北京：北京师范大学出版社，2008：71.

④ 李行健. 现代汉语规范辞典 [Z]. 北京：外语教学与研究出版社，2004：252.

⑤ 罗国杰. 马克思主义价值观研究 [M]. 北京：人民出版社，2013：162.

和最终目标，坚持人民民主专政是符合我国国情的新型民主政治形式，坚持四项基本原则的核心是坚持党的领导，依法治国是民主政治的必然要求，这些内容都体现了政党观、民主观、法治观等价值观。谭书敏、张春和指出，"当代中国的主流政治价值既包括'民主''自由''平等''公正''法治'等政治制度运行过程中的基本价值遵循，也包括以'爱国主义'为核心的中华民族精神"①。并且，他们指出，青年要认同和接受"民主""自由""平等""公正""法治""爱国主义"这些政治价值，并用其指导自身的政治价值判断。可见，谭书敏、张春和认为青年的政治价值观应该包括国家观、民主观、公正观、法治观等内容。

综上所述，在借鉴罗国杰、谭书敏等人的观点的基础上，本书认为大学生应该自觉学习和弘扬爱国、民主、公正、法治等社会主义核心价值观，并将其融入个人政治价值意识和政治价值信仰之中，拥护中国共产党的领导，增强个人的家国情怀，提高个人的民主意识、法制观念和公正意识，树立系统的正确的政治价值观。因此，本节把大学生政治价值观的内容划分为国家观、政党观、民主观、法制观、公正观这五个维度。

①国家观

列宁说，国家是全部政治的基本问题、根本问题。"国家观，是指对国家问题总的看法和基本观点，主要是关于国家的产生、国家的本质职能、国家主权、国家安全、国家利益、国家发展、国家文化历史等问题的认识、情感和态度。"② 国家观是政治价值观的核心内容，体现了人们对国家的态度和情感。爱国主义是国家观的核心与灵魂，爱国主义不仅表现为对祖国大好河山、对祖国优秀传统文化的热爱，还表现为对国家、民族、社会制度的认同，对国家统一和领土完整的捍卫，以及对祖国前途命运的高度负责的态度等。本书认为国家观主要指对国家以及国家问题的基本理解、总的看法、根本观点，包括对国家和国家问题的认知、情感及态度。习近平总书记勉励当代青年在新时代要自觉弘扬践行爱国奋斗精神，把个人理想自觉融入国家发展伟业，勇于担当起民族复兴大任。新时代，大学生在国家观上应该表现为具有浓厚的家国情怀、强烈的社会责任感，把爱家与爱国统一起来，把个人价值的实现融入中华民族伟大复兴的实践中，始终胸怀国家、心有大我。

---

① 谭书敏，张春和.青年价值观培育研究：以社会主义核心价值观为引领 [M].北京：人民出版社，2018：96.

② 赵东.马克思主义国家观研究 [J].河南理工大学学报（社会科学版），2012 (1)：28-33.

②政党观

毛泽东说："政党就是一种社会，是一种政治的社会。政治社会的第一类就是党派。党是阶级的组织。"① 政党观，就是人们关于政党、政党制度的基本看法和观点，包括对政党的基本认识、对执政党的认同以及对党的问题的态度。大学生的政党观不仅影响大学生参与政治生活的行为倾向，而且对党和党的事业有重要的影响。习近平总书记号召广大青年不忘初心，这个初心指的是"广大青年坚定跟党走"②。同时，他指出，"不忘这个初心，是我国广大青年的政治选择，也是我国广大青年的人生航向"③。新时代大学生的政党观应该表现为准确定位，深刻把握中国共产党的历史使命，高度认同中国共产党的领导，坚定信仰，听党话、跟党走。

③民主观

民主观是人们对民主问题的基本看法和根本观点，包括对民主制度和民主问题的认知、态度和评价。大学生对民主问题持何种观点和态度，反映并影响着我国未来的民主政治建设。因此，引导大学生树立正确的民主观，使他们能正确认识社会主义民主制度和正确评价社会主义民主问题，有利于提高他们的民主素质和民主能力，从而助推我国民主政治建设。习近平总书记指出，"民主不是'飞来峰'"④，应该客观理性地看待西方民主，不能全盘否定，也不能全盘吸收，在坚持中国特色的基础上，借他山之石弥补自身缺陷，从而更好地服务于中国特色社会主义民主的发展。新时代大学生应该高度认同中国特色社会主义制度，认识到西方民主与中国特色社会主义民主有本质上的区别，坚持制度自信和道路自信。

④法制观

法制观⑤是人们对法律和法律制度的认知、看法和态度，包括人们对

---

① 中共中央文献研究室. 毛泽东文集：第 7 卷 [M]. 北京：人民出版社，1999：255 - 256.

② 习近平. 习近平在中国政法大学考察时发表的讲话 [N]. 人民日报，2017 - 05 - 03.

③ 习近平. 习近平在中国政法大学考察时发表的讲话 [N]. 人民日报，2017 - 05 - 03.

④ 习近平. 毫不动摇坚持和完善人民代表大会制度　坚持走中国特色社会主义政治发展道路——在庆祝全国人民代表大会成立 60 周年大会上的讲话 [N]. 人民日报，2014 - 09 - 06（1）.

⑤ 学术界对法制观的定义有较为统一的观点，认为"法制观是人们关于一定社会的法律制度和社会秩序的根本看法以及对一定社会的法律制度和社会秩序的认同意识，它包括对民主、法制和纪律的认识"。而法治观是指人们对法律的性质地位、作用等问题的认识和看法，也就是依靠法律管理国家、管理经济和治理社会的观念。本书侧重研究大学生对国家法律制度的认知、看法以及态度，包括对法律制度的认同意识，是否相信法律、信仰法律，是否形成遵法、守法、用法的观念等。因此，在这里笔者把法制观与法治观的定义稍作解释，以此说明本书把法制观作为研究大学生政治价值观的一个维度的原因。

法律和法律制度的理解与把握，情感与评价，态度与行为倾向。大学生拥有怎样的法制观，就会产生怎样的法律行为。大学生正处于法制观形成的关键期，他们能够树立科学的法制观对于推进我国的法制建设、落实依法治国方略具有重要影响。党的十九大以来，中国特色社会主义法治建设进入了新时代。习近平总书记指出，法律要发挥作用，首先要使人们发自内心地信仰和崇尚法律，树立法治意识。作为时代新人，大学生应该坚守科学正确的法制观，信仰法律，自觉遵守法律，成为社会主义法治的忠实崇尚者、自觉遵守者、坚定捍卫者。

⑤公正观

公正观，简言之，就是指人们根据特定的公正标准，对公平正义问题的基本看法和总的观点，它包括人们对公正的认知与理解、态度与评价。大学生具有正确的公正观能使其在社会实践中做事公正，以公正的态度对待社会现象，对不公正的行为坚决反对和制止，这对社会的和谐和稳定发展有一定影响。党的十九大报告中提出，我国基本实现社会主义现代化的一个重要依据是"人民平等参与、平等发展权利得到充分保障"。这表明，进入新时代，中国更加关注社会的公平正义，保障人民群众的权益，让发展成果更多更公平地惠及全体人民。作为时代新人，大学生应该树立正确的公正观，自觉关注社会公正情况，理性看待社会发展中出现的公正问题，肩负起促进社会公正的责任。

（二）理论基础

（1）马克思主义人学思想

作为研究大学生政治价值观的重要理论基础，马克思主义人学思想蕴含着十分丰富的内涵，包括了人的本质观、人的价值观以及人的发展观等内容。首先，马克思主义人学思想揭示了人的本质。在《1844年经济学哲学手稿》中，马克思指出："人的本质不是单个人所固有的抽象物，在其现实性上，它是一切社会关系的总和。"①可见马克思研究人是从社会关系中的人出发，并没有把人与人、人与社会割裂开来，认为人的本质是具体的，而不是抽象的。其次，马克思主义人学思想阐述了人的价值，并指出人的价值要在社会中才能实现。个人要充分发挥自主能动性，通过劳动实践能动地改造社会，努力实现个人价值与社会价值的统一。最后，马克思主义人学思想阐述了人的全面而自由发展理论。在《共产党宣言》中，马

---

① 马克思，恩格斯. 马克思恩格斯选集：第1卷［M］. 北京：人民出版社，1995：56.

克思、恩格斯指出："代替那存在着阶级和阶级对立的资产阶级旧社会的，将是这样一个联合体，在那里，每个人的自由发展是一切人的自由发展的条件。"① 这一思想内涵丰富，主要包括人的劳动能力的全面发展、人的社会关系的全面发展、人的素质和才能的全面发展等。

马克思主义人学思想对"人"的关怀与深层理解，给大学生政治价值观的研究提供了方向与指引。正确地理解和把握马克思主义人学思想有助于我们更有效地开展大学生政治价值观研究，以及更有效地开展大学生政治价值观教育的工作。培养担当民族复兴大任的时代新人，必然具备正确科学的政治价值观，这个培养过程必然是人走向全面而自由发展的过程。因此，马克思主义人学思想不仅为本书的研究奠定了理论基础，也为培育新时代大学生的政治价值观指明了方向。

（2）思想政治教育学相关理论

"思想政治教育是指社会或社会群体用一定的思想观念、政治观点、道德规范对其成员施加有目的、有计划、有组织的影响，使他们形成符合一定社会、一定阶级所需要的思想品德的社会实践活动。"② 对大学生进行政治价值观的培育实质上就是思想政治教育。思想政治教育在一定程度上与党的政治任务是密不可分的。新时代，党和国家对大学生提出新的要求，寄予新的期盼，这时候更需要发挥思想政治教育的作用，主动占领价值观引领的主要阵地。思想政治教育学涵盖的内容十分丰富，为研究大学生政治价值观提供了理论基础和知识借鉴，如：思想政治教育内容的五大基本要素为本书的研究提供理论基础，尤其是政治观教育为本书提供了重要借鉴。同时，思想政治教育环境、思想政治教育方法和艺术、思想政治教育载体等内容都对本书的研究具有重要的参考价值，提供了明确的方向，为本书的研究奠定了重要的理论基础。

（3）马克思主义中国化相关理论

① "又红又专"思想

"又红又专"思想是毛泽东在 20 世纪 50 年代末提出来的，他指出："我们各行各业的干部都要又红又专，努力精通技术和业务。"③ 这是毛泽东首次提出"又红又专"思想，随后，他专门阐述了这一思想："红与专、

① 马克思，恩格斯. 马克思恩格斯选集：第 1 卷［M］. 北京：人民出版社，1995：294.
② 陈万柏，张耀灿. 思想政治教育学原理：第 2 版［M］. 北京：高等教育出版社，2007：4.
③ 中共中央文献研究室. 毛泽东文集：第 7 卷［M］. 北京：人民出版社，1999：309.

政治与业务的关系，是两个对立物的统一。一定要批判不问政治的倾向。"① 同时，毛泽东指出，青年学生不仅要学好专业知识，更要重视思想上、政治上的进步，学习马列主义和时事政治。他认为没有专业知识，就不能很好地为人民服务；但没有正确的政治观点就等于没有灵魂，即使具备再好的专业知识，也不能为人民服务、为社会主义服务。毛泽东的"又红又专"思想曾对中国的知识分子产生积极的影响，虽然这一思想在"文革"中被严重歪曲，但随着时代的发展，这一思想并没有过时，它的精髓仍然适合当今青年学生的发展要求，仍然对青年工作有积极的启示作用。引导大学生树立健康向上的政治价值观，就是要求大学生持有正确的政治观点，坚持正确的政治方向，树立坚定的政治信仰，具有为人民服务的精神，这与毛泽东"又红又专"思想是一致的。鉴于此，毛泽东"又红又专"思想为本书的研究提供了理论基础和重要借鉴。

②"四有新人"思想

在1985年8月11日至15日共青团中央召开的思想政治工作会议上，邓小平提出："要加强和改进新时期的青年思想政治工作，在四化建设的伟大实践中培养和造就一代有理想、有道德、有文化、有纪律的共产主义新人。"②"四有新人"思想影响和造就了一代又一代优秀青年，其中"有理想"明确了社会主义新人培养的方向和性质。"有理想"指的是"共产主义理想"和"社会主义现代化理想"，二者是相辅相成、有机统一的。"共产主义理想"是最终追求，"社会主义现代化理想"是现实目标，这两者就要求青年把共产主义理想和社会主义现代化的现实理想结合起来，其与新时代提出的"个人梦"与"中国梦"相融合是一致的。鉴于此，邓小平的"四有新人"思想对我们研究大学生的政治价值观有很强的指导意义，并为此奠定了理论基础。

③"四个新一代"思想

2007年5月4日，胡锦涛在《致中国青年群英会的信》中指出："广大青年要牢记党和人民的重托，自觉担负起时代的重任，努力成为理想远大、信念坚定的新一代，品德高尚、意志顽强的新一代，视野开阔、知识丰富的新一代，开拓进取、艰苦创业的新一代。"③ 由此，"四个新一代"思想被提出并成为广大青年成长成才的目标。"理想远大""信念坚定"

---

① 中共中央文献研究室．毛泽东文集：第7卷 [M]．北京：人民出版社，1999：351．
② 邓小平．邓小平文选：第3卷 [M]．北京：人民出版社，1993：28．
③ 胡锦涛．致中国青年群英会的信 [N]．人民日报，2007－05－05（1）．

"品德高尚""意志顽强"深刻地体现了党和国家对青年一代的号召和要求，胡锦涛提出的"四个新一代"思想寄予了对青年一代的殷切期望，不仅为高校人才培养指明了方向，还为本书的研究提供了理论指导，该思想对新时代大学生政治价值观的培养具有重要的现实意义。

④习近平青年思想

习近平青年思想有着丰富深刻的内涵，主要包括青年的认知观、青年的成长观、青年的教育观和青年的工作观等内容，体现了党和国家对青年一代的深切关怀和殷切期望。首先，习近平总书记重视青年的历史地位，他多次强调"青年一代有理想、有本领、有担当，国家就有前途、民族就有希望"①。可见青年在新的历史方位具有重要的地位和使命。其次，习近平总书记十分关心青年并关注青年的发展，对此发表了一系列重要论述，表达了对青年的要求和期望。如：习近平在党的十九大提出"培养担当民族复兴大任的时代新人"② 以及在北京大学考察时提出"扣子论"③，可见习近平总书记尤为重视青年的成长成才，勉励青年学生选择好正确的人生道路，扣好人生的第一粒扣子。再次，习近平总书记提出很多关于"如何培养和教育青年"的观点，并且十分重视青年的教育和培养工作。他认为要用中国梦的理想信念引领青年，要用社会主义核心价值观武装青年。最后，习近平总书记对"如何开展青年工作"也作了不少重要的论述，他认为做好青年工作需要全社会的努力，要形成有利于青年发展的合力，各级党委、政府、共青团、学校以及家庭要明确自身职责，教育引导青年树立正确的价值观。习近平青年思想是新时代中国特色社会主义思想的重要组成部分，对于本书的研究具有深刻的启示意义，为新时代我国青年工作的开展提供了理论基础，该思想对高校思想政治教育具有重要的理论指导意义和现实意义。

（三）党的领导人对青年政治价值观的论述

（1）青年应把正确的政治方向放在第一位

毛泽东发表了许多关于青年的论述，高度重视青年并对其寄予厚望，

---

① 习近平. 决胜全面建成小康社会　夺取新时代中国特色社会主义伟大胜利——在中国共产党第十九次全国代表大会上的报告［N］. 人民日报，2017 – 10 – 28.

② 习近平. 决胜全面建成小康社会　夺取新时代中国特色社会主义伟大胜利——在中国共产党第十九次全国代表大会上的报告［N］. 人民日报，2017 – 10 – 28.

③ 习近平. 青年要自觉践行社会主义核心价值观——在北京大学师生座谈会上的讲话［N］. 人民日报，2014 – 05 – 05.

其中他特别关心青年政治价值观的教育与养成，例如，他在《青年运动的方向》中指出："我们延安和各敌后抗日根据地的青年们根本不同，他们真是抗日救国的先锋，因为他们的政治方向是正确的，工作方法也是正确的。所以我说，延安的青年运动是全国青年运动的模范。"① 其次，毛泽东强调青年学生要坚守正确的政治观点，争取思想上、政治上的进步，不断追求崇高的理想目标。他指出："没有正确的政治观点，就等于没有灵魂。"② 最后，关于青年政治价值观的培养问题，毛泽东十分清醒地注意到争夺青年斗争的重要性。他认为在意识形态领域争夺青年的问题极端重要，"青年要防止资产阶级糖衣炮弹的进攻，要坚决抵制和批判拜金主义、享乐主义、极端个人主义和外国资产阶级的一切腐败制度和思想作风"③。由此可见，青年要树立正确的政治价值观，坚定阶级立场和政治态度，防止"和平演变"，为无产阶级的伟大胜利作出自己的贡献。

（2）爱国主义是青年政治价值观建设的基本主题

邓小平一直以来十分关心和重视青年，发表了许多有关青年和青年工作的论述，非常重视青年政治价值观的培育。他高度肯定青年的重要地位，并对青年政治价值观的教育提出许多具体的要求。在1978年4月召开的全国教育工作会议上，邓小平指出："我们要把青少年培养成为忠于社会主义祖国、忠于无产阶级革命事业、忠于马克思列宁主义、毛泽东思想的优秀人才，成为有很高的政治责任心和集体主义精神，有坚定的革命思想和踏实的工作作风，专心致志地为人民积极工作的劳动者。"④ 邓小平认为青年应该具有高度的政治责任心，坚定的理想信念，忠于祖国、忠于党，勇于献身共产主义事业。邓小平认为爱国主义是青年政治价值观建设的基本主题，号召广大青年坚决同一切损害祖国利益的行为作斗争，维护国家主权和荣誉。同时，他反复强调广大青年要勇做"四有"新人，树立正确的人生价值导向。邓小平发表了许多关于青年政治价值观的精彩论述，体现了他对广大青年的深切期盼。

（3）广大青年要坚定正确的政治信仰

江泽民高度重视青年和青年工作，特别是重视青年价值观的养成，并对此提出了许多精辟的论述，其中广大青年要坚定正确的政治信仰是最为

① 毛泽东. 毛泽东选集：第2卷 [M]. 北京：人民出版社，1955：558 - 569.
② 毛泽东. 毛泽东著作选读 [M]. 北京：人民出版社，1986：780.
③ 毛泽东. 毛泽东选集：第5卷 [M]. 北京：人民出版社，1996：287.
④ 邓小平. 邓小平文选：第2卷 [M]. 北京：人民出版社，1994：225.

重要的论述之一。首先，江泽民多次告诫广大青年要坚定正确的信仰，坚持听党话跟党走，树立正确的政治方向。他在清华大学座谈时说道："希望广大青年坚持党的领导，坚持社会主义制度的政治方向，增强民族自尊心和自信心。"① 其次，江泽民认为思想政治教育是培养青年的重要途径，"高校要始终把坚持正确的政治方向放在首位"②。同时，他指出高校应该重视和加强思想政治教育，培养大学生爱国爱党爱社会主义的情感。最后，江泽民特别重视青年学生爱国主义精神和坚定理想信念的培养，对此发表了不少论述。他多次强调："当代青年，一定要高举爱国主义旗帜。"③江泽民认为，爱国主义，不仅是对祖国大好河山的热爱，对我国优秀传统文化的热爱与传承，更是要以实际行动投身到社会主义现代化建设中去。此外，他还强调青年树立坚定的理想信念的重要性。由此可见，江泽民时刻关心着青年，尤为重视青年政治价值观的养成，为青年学生形成正确的政治价值观指明了方向、提供了行动指南。

（4）广大青年要心系祖国心系民族

胡锦涛高度重视青年的成长和教育，对此提出了许多精辟的见解和观点，其中"广大青年要心系祖国心系民族"是他提出的最为重要的观点之一。一方面，胡锦涛指出："广大青年应当心系祖国，心系民族，自觉把个人的抱负同全民族的共同理想统一起来，把个人奋斗融会到振兴中华的历史洪流中去。"④ 另一方面，胡锦涛重视青年政治价值观的养成，他谆谆告诫广大青年要"在人生的关键时期确立起正确的世界观、人生观、价值观"⑤。此外，他认为坚定明确的理想信念对于青年来说是十分重要和必要的，如果缺乏信仰，青年会迷失自我。为此，胡锦涛要求把社会主义核心价值体系融入国民教育全过程，强调学校要重视爱国主义教育，筑牢民族精神的根基；深入开展理想信念教育，引导学生坚定正确的政治方向，形成健康积极的政治价值观，自觉把个人理想与振兴中华紧密结合起来，为中国特色社会主义事业奋斗终身。

---

① 共青团中央、中共中央文献研究室. 毛泽东邓小平江泽民论青少年和青少年工作 [M]. 北京：中央文献出版社，2000：219－220.

② 江泽民. 江泽民论社会主义精神文明建设 [M]. 北京：中央文献出版社，1999：292.

③ 江泽民. 在纪念共青团成立80周年大会上的讲话 [N]. 人民日报，2002－05－16（1）.

④ 胡锦涛. 胡锦涛在全国青联九届一次全委会和全国学联二十三大上的祝词 [N]. 中国青年报，2000－07－12.

⑤ 胡锦涛. 在同中国农业大学师生代表座谈时的讲话 [EB/OL]. 新华网，2009－05－02.

（5）青年的价值取向决定未来社会的价值取向

习近平总书记多次与青年座谈交流，给青年回信，作出不少精辟的重要的论述，形成了许多新观点，对青年亲切关怀并寄予厚望，对青年工作深重关切和格外重视。他高度重视青年价值观的养成，明确指出"青年的价值取向决定了未来整个社会的价值取向，而青年又处在价值观形成和确立的时期，抓好这一时期的价值观养成十分重要。这就像穿衣服扣扣子一样，如果第一粒扣子扣错了，剩余的扣子都会扣错，人生的扣子从一开始就要扣好"①。

首先，习近平总书记多次强调青年要坚定理想信念。他指出："没有理想信念，就会导致精神上'缺钙'。"② 他认为，青年树立坚定的理想信念，就是树立远大理想，这个远大理想就是中国梦，要自觉把"个人梦"融入中国梦，担当起民族复兴大任。其次，习近平总书记强调青年学生应牢记使命，不忘初心，坚定信心跟党走。他指出，广大青年正确的政治选择就是坚定"初心"紧跟党走。他曾告诫青年，人生有很多选择，但是要以正确的价值观指导自己的选择。最后，习近平总书记强调广大青年要自觉把社会主义核心价值观内化为自己的价值理念，并以其指导自身的价值判断。党的十八大以来，习近平总书记对青年和青年工作发表了许多精辟的论述，深刻回答了"为什么要加强青年价值观教育""怎样加强青年价值观教育"的问题，表现出对青年和青年工作的高度重视和殷切希望，不仅给青年指明了方向，而且对推动青年思想政治教育的创新发展有积极作用。

第二节　新时代青年政治价值观的实证调研

一、研究方法

（一）研究对象与抽样方式

本研究采取随机抽样和整群抽样相结合的方式，抽取了广州市20所高校的在读大学生作为研究对象。20所高校分别是中山大学、华南理工大

---

① 习近平. 青年要自觉践行社会主义核心价值观——在北京大学师生座谈会上的讲话［N］. 人民日报，2014 - 05 - 05.

② 习近平. 在同各界优秀青年代表座谈时的讲话［N］. 人民日报，2013 - 05 - 05（2）.

学、华南师范大学、暨南大学、华南农业大学、广州大学、广东工业大学、广州医科大学、广东财经大学、仲恺农业工程学院、广东第二师范学院、广东培正学院、广东白云学院、中山大学南方学院、华南理工大学广州学院、广州大学华软软件学院、广州番禺职业技术学院、广东外语艺术职业学院、广东食品药品职业学院、广州城建职业学院。在本次调查中，共派发问卷1 200份，其中回收问卷1 180份，问卷回收率为98.3%。在剔除无效问卷后，有效问卷共1 169份，问卷有效回收率为97.4%。本研究样本涉及985大学、211大学、普通本科以及高职高专院校四种高校类型，涵盖了理工科、文史哲、经管商、农科、艺体、医学等多个专业类别，具有一定的代表性。样本构成见表2-1。

表2-1　广州大学生调查样本的基本情况（$N = 1\,169$）

变量	类别	人数	百分比/%	有效百分比/%
性别	男	553	47.3	47.3
	女	616	52.7	52.7
学校	985大学或211大学	408	34.9	34.9
	普通本科	456	39	39
	高职高专院校	305	26.1	26.1
年级	大一	319	27.3	27.3
	大二	173	14.8	14.8
	大三	188	16.1	16.1
	大四	248	21.2	21.2
	大五	21	1.8	1.8
	硕士研究生	202	17.3	17.3
	博士研究生	18	1.5	1.5
专业	理工科	482	41.2	41.2
	文史哲	352	30.1	30.1
	经管商	251	21.5	21.5
	农科	5	0.4	0.4
	艺体	47	4	4
	医学	26	2.2	2.2

（续上表）

变量	类别	人数	百分比/%	有效百分比/%
专业	其他	6	0.5	0.5
政治面貌	中共党员	243	20.8	20.8
	共青团员	829	70.9	70.9
	民主党派	4	0.3	0.3
	群众	93	8	8
生源地	城市	460	39.3	39.3
	县城/城镇	310	26.5	26.5
	农村	399	34.1	34.1
是否担任过学生干部	是	692	59.2	59.2
	否	477	40.8	40.8

本研究对 20 名广州大学生进行了访谈，样本构成见表 2-2。

表 2-2　广州大学生访谈样本的基本情况（$N=20$）

对象	性别	学校	年级	专业	政治面貌
学生 A	男	普通本科	大一	理工科	共青团员
学生 B	男	普通本科	大二	文史哲	共青团员
学生 C	女	普通本科	大二	艺体	共青团员
学生 D	男	普通本科	大四	文史哲	共青团员
学生 E	女	普通本科	大一	文史哲	共青团员
学生 F	女	普通本科	大三	文史哲	共青团员
学生 G	女	普通本科	大四	经管商	中共党员
学生 H	女	普通本科	大一	理工科	共青团员
学生 I	男	普通本科	大一	经管商	共青团员
学生 J	男	普通本科	大二	理工科	共青团员
学生 K	女	普通本科	大三	文史哲	中共党员
学生 L	女	普通本科	大四	文史哲	中共党员
学生 M	男	985 大学或 211 大学	大一	理工科	共青团员

（续上表）

对象	性别	学校	年级	专业	政治面貌
学生 N	女	985 大学或 211 大学	大二	理工科	共青团员
学生 O	男	985 大学或 211 大学	大一	文史哲	共青团员
学生 P	女	985 大学或 211 大学	大三	经管商	中共党员
学生 Q	女	高职高专院校	大四	艺体	共青团员
学生 R	男	高职高专院校	大四	艺体	共青团员
学生 S	男	高职高专院校	大一	经管商	共青团员
学生 T	女	高职高专院校	大二	文史哲	共青团员

（二）研究工具

本研究所采用的工具是自编的《大学生政治价值观现状调查问卷》、大学生政治价值观访谈提纲（见附录2）。

本研究的调查问卷主要包括以下内容：

（1）人口学资料

该部分是受访者的基本信息，包括性别、学校、年级、专业、政治面貌、生源地、是否担任过学生干部等基本人口学资料。

（2）问卷内容

本研究在参考学界对政治价值观概念界定以及结构划分的基础上，把政治价值观划分为国家观、政党观、民主观、法制观、公正观五个层面，并以此为五个维度设计调查问卷，具体内容如下：

国家观维度：这部分是对大学生在国家观层面的现状进行调查（题10～题16），主要了解大学生对国家的认知、对国家的情感、对国家的态度。

政党观维度：这部分是对大学生在政党观层面的现状进行调查（题17～题22），主要了解大学生对我国政党制度的认知、对中国共产党的认同以及对政党制度的态度，包括对中国共产党和西方政党制度的态度。

民主观维度：这部分是对大学生在民主观层面的现状进行调查（题23～题27），主要了解大学生对社会主义民主的认知、对社会主义民主的评价以及对社会主义民主和西方民主的态度。

法制观维度：这部分是对大学生在法制观层面的现状进行调查（题

28~题34），主要了解大学生对我国法律和法律体系的认知和了解程度、对法律的信仰和对司法公正的信任、对运用法律解决问题的态度。

公正观维度：这部分是对大学生在公正观层面的现状进行调查（题35~题40），主要了解大学生对公正的认知、对我国社会公正的评价、对促进社会公正的态度以及对未来我国社会公正状况的态度。

同时，本研究还设计了一份访谈提纲，在20所高校中各抽取一名大学生作为本次访谈的对象，主要围绕大学生政治价值观现状及影响因素这两个维度展开访谈，内容包括大学生对教师授课的期待、听完思想政治理论课后的收获情况、对提升政治价值观教育有效性的建议、对"担当复兴民族大任的时代新人"的看法以及父母对其政治价值观的影响等。

（三）施测方法

问卷施测方法是以线上和线下相结合的方式进行，其中线上是在腾讯问卷平台上发布电子版问卷进行施测，线下是采用打印好的纸质版问卷进行团体施测。具体而言，线上主要是通过各高校辅导员把问卷转发给学生，并指导大学生根据个人真实情况作答；线下主要通过任课老师在课堂上将问卷发放给学生，并按统一的程序施测，由大学生根据个人实际情况作答，以确保所收集的数据具有真实性和有效性。

访谈施测方法主要是采用一对一面谈的方式，每位访谈对象的谈话时间为15~20分钟。

（四）数据处理方法

将电子版和纸质版的问卷回收之后，剔除无效问卷，并对有效问卷进行编码，使用SPSS 19.0建立数据库，继而对数据进行录入与统计分析。同时，对访谈记录的谈话内容进行整理，从中梳理概括出有价值的信息，并结合问卷调查数据进行综合分析，以期使调查结论更客观全面。

二、新时代政治价值观现状

（一）新时代大学生总体上具有积极健康的国家观

大学生国家观是大学生对国家的总的看法，是大学生政治价值观的灵魂。通过问卷调查，了解到新时代广州高校大部分大学生的国家观呈现积极健康的面貌。

（1）大学生对爱国主义的认知趋于全面和理性

从调查中，了解到大学生对国家的认知和对爱国主义的认知趋于全面和理性。如在回答"您认为以下哪些行为体现爱国主义"这一问题时，82.2%的大学生认为"爱祖国大好河山"体现了爱国主义，94.4%认为"爱祖国传统灿烂文化"体现了爱国主义，92.6%认为"维护国家主权"体现了爱国主义，85.4%认为"爱各民族同胞"体现了爱国主义，75.9%认为"保护环境"体现了爱国主义（见图2-1）。对于"爱国主义与爱社会主义是否有必然联系"这一问题，31.7%的大学生认为"有必然联系"，46.1%认为"有一定必然联系"（见图2-2），可见大学生在对"爱国"定义上的理解趋于理性和全面，多数大学生认识到"爱国"包含丰富的内容，并且认识到爱国主义与爱社会主义本质上是一致的。

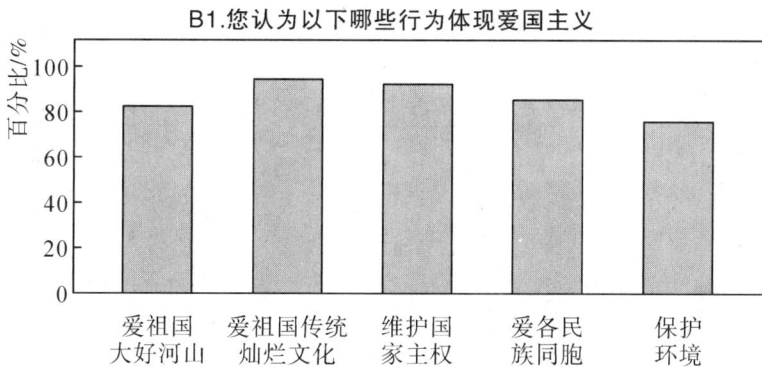

图2-1　大学生对爱国主义行为的认知

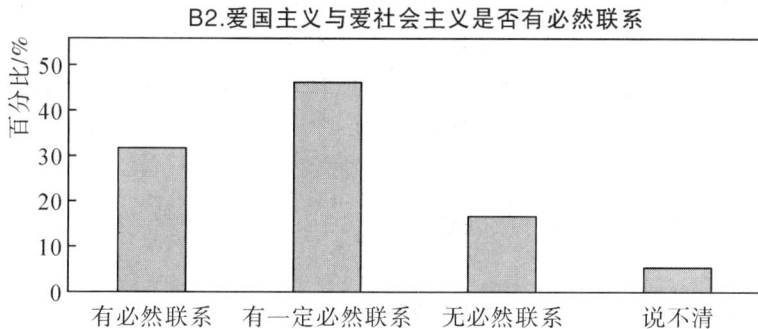

图2-2　大学生对"爱国主义与爱社会主义是否有必然联系"的认知

（2）大学生具有强烈的爱国热情和民族意识

在本次调查中可以看出大学生具有强烈的爱国热情和民族意识。如：87.2%的大学生深表赞同"国家兴亡，匹夫有责"这一说法（见图2-3），充分表现了新时代大学生有着强烈的国家责任感与历史使命感，这与习近平总书记提出的"培养担当民族复兴大任的时代新人"的要求是相契合的。此外，新时代大学生具有强烈的民族自尊心和荣誉感。在问及"您为自己是中国人而感到骄傲和自豪吗"这一问题时，选择"是的"的大学生占91.4%（见图2-4）。本次调查结果与谭书敏、张春和进行的青年政治价值观实证调查所得到的结果高度一致。谭书敏的调查显示，82%的学生赞同"热爱自己的祖国，是没有任何条件的"①。大学生表现出的强烈爱国热情与习近平总书记提出的要"厚植爱国主义情怀，让爱国主义精神在学生心中牢牢扎根"② 的要求是相吻合的，这也从侧面反映了在大学生中进一步弘扬爱国主义精神的基础较好。

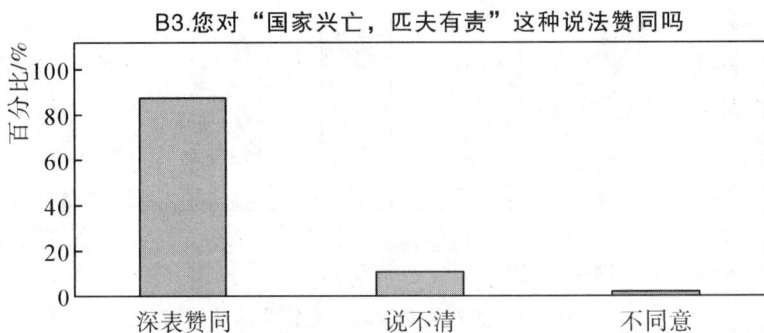

图2-3 大学生对"国家兴亡，匹夫有责"的态度

---

① 谭书敏，张春和．青年价值观培育研究：以社会主义核心价值观为引领［M］．北京：人民出版社，2018.

② 习近平．在全国教育大会上的讲话［N］．人民日报，2018-09-01.

B4.您为自己是中国人而感到骄傲和自豪吗

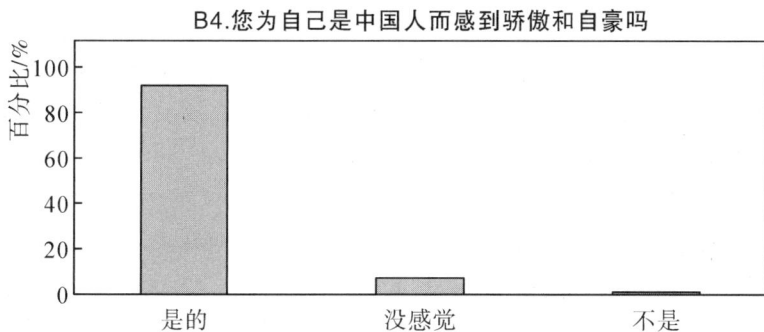

图2-4　大学生对"自己是中国人而感到骄傲和自豪"的态度

（3）大学生对国家的未来发展充满信心

本次的调查表明大学生对国家的未来充满信心。86.5%的大学生认为中国梦（即实现国家富强、民族复兴、人民幸福、社会和谐）可以实现，但是任重道远（见图2-5），这表明大部分大学生对我们国家未来的发展前途充满信心，持积极的看法，国家观念的信仰比较坚定，对于坚持道路自信、制度自信、理论自信和文化自信的态度积极向上。在2016年教育部进行的大学生思想政治状况滚动调查中，也反映了大学生对国家的未来充满信心，如95.4%的大学生对"2020年我国将全面建成小康社会"表示乐观的态度[①]。大学生对国家的未来充满信心，认为中国的发展前途一片光明，这不仅表明我国发展取得伟大成就，而且表明他们认可中国特色社会主义道路，认同中国提出的未来发展的宏观规划。大学生对我国未来充满信心，这能激发他们将"个人梦"融入中国梦，将强国志、报国行融入实现中华民族伟大复兴中国梦的奋斗之中。

---

① 教育部. 2016年高校学生思想政治状况滚动调查［Z］. edu. cn/zhong_guo_jiao_yu_/gao_deng/gao_jiao_news/201605/t20160531_1404411. shtml, 2016 – 05 – 31.

B7.最近我们都在说中国梦，您觉得可以实现吗

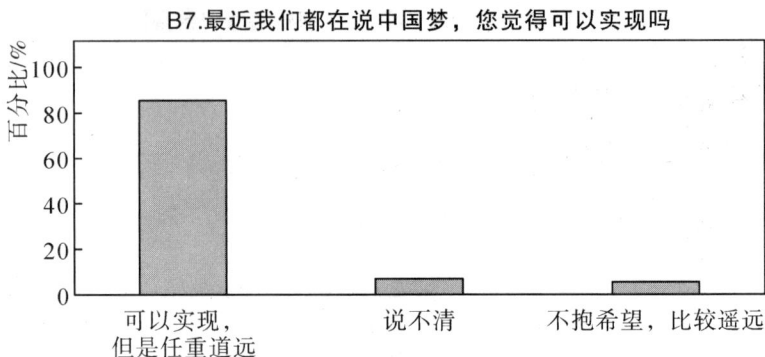

图 2 - 5　大学生对能否实现中国梦的看法

（二）新时代大学生总体上具有合理客观的政党观

大学生政党观是大学生对政党及政治制度的基本看法和观点，是大学生政治价值观的中心内容。经过本次问卷调查，了解到新时代大学生在政党观上的价值取向基本上是正确的，主流方向是健康向上的，主要表现在以下三个方面。

（1）大学生对我国政党和政党制度有比较明晰的了解

本次调查显示，大部分大学生对我国政党和政党制度有比较明晰的了解。如：对于"您是否了解我国的政党制度"这一问题，54.1%的大学生选择"了解"（见图 2 - 6），对于"您认为我国适不适合学习其他国家的两党制或多党制"这个问题，有 54.1%的大学生选择"不合适"（见图 2 - 7），这表明大部分大学生对我国政党制度有一定的了解，能认识到我国政党制度与西方政党制度的本质区别。只有大学生对我国政党制度有足够的了解，才能认识到实行中国共产党领导的多党合作和政治协商制度是符合我国国情的，才能认识到中国共产党在中国革命、建设、改革过程中所起的重要作用，认识到我国的政党制度与西方政党制度的根本区别，从而提高政治认知，增强政治判断能力，以及增强对我国政党制度的认同和信任，自觉拥护党的领导，为我国政治体制的发展建言献策。

B8.您是否了解我国的政党制度

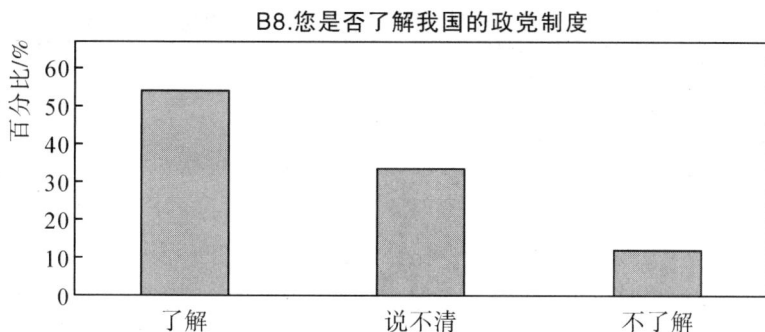

图 2 - 6　大学生对我国政党制度的了解情况

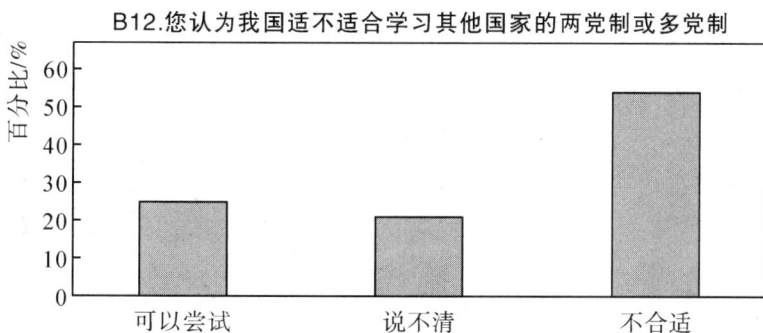

B12.您认为我国适不适合学习其他国家的两党制或多党制

图 2 - 7　大学生对"我国是否适合学习其他国家的两党制或多党制"的看法

（2）大学生对中国共产党的领导具有较高的信任和认同

在本次调查中，我们看到大多数大学生对党的领导具有较高的信任和认同。如：在回答"您认同'中国共产党是我国特色社会主义事业的领导核心'这一说法吗"的问题时，82.5%的大学生选择"是的"（见图 2 - 8），可见绝大多数学生政治立场较坚定，对党的领导具有较高的认同感。这一调查结果与学界关于大学生对中国共产党的认同的调查结论是一致的，如：教育部连续几年对大学生思想政治状况滚动调查，发现大学生高度认同党中央的方针政策，拥护中国共产党的领导，坚决维护中国共产党的权威。① 这些结果表明，随着党风廉政建设的深入开展，新时代大学生更加认可中国共产党的执政地位，建立了对中国共产党的政治认同、思想认同、情感认同。从侧面也反映了中国共产党有着广泛和坚实的群众基础。

---

① 教育部. 2016 年高校学生思想政治状况滚动调查 ［Z］. edu. cn/zhong_guo_jiao_yu_/gao_deng/gao_jiao_news/201605/t20160531_1404411. shtml, 2016 - 05 - 31.

B10.您认同"中国共产党是我国特色社会主义事业的领导核心"这一说法吗

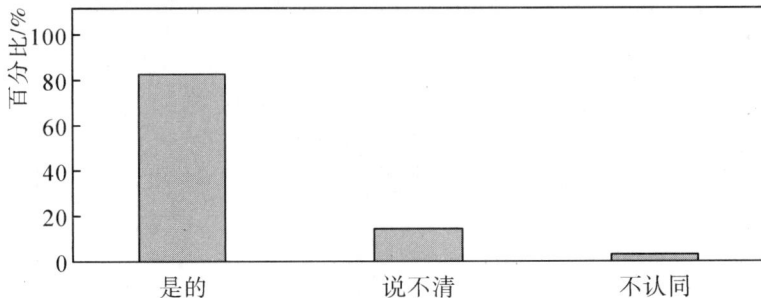

图2-8　大学生对"中国共产党是我国特色社会主义事业的领导核心"的认同情况

（3）大学生具有坚定的共产主义理想信念

在本次调查中，通过分析了解到大部分大学生对中国共产党的理想信念较坚定。如：面对"您如果选择入党，那主要原因是"这个问题时，47.6%的大学生选择"理想信念的追求"（见图2-9），54.4%的大学生不赞成"共产主义是一种空想，是乌托邦"这种说法（见图2-10），表明大多数大学生对于中国共产党的指导思想即对共产主义的信仰是持肯定态度的，同时也表明他们具有较坚定的共产主义信念。坚定的理想信念对于大学生来说就是精神上的灵魂。习近平曾经强调，缺乏理想信念就会导致精神上"缺钙"。可想而知，理想信念对于大学生树立正确的政治价值观具有十分重要的意义。通过调查发现，新时代大学生胸怀共产主义远大理想、坚定走中国特色社会主义道路的信念表现出了时代新人应具备的使命意识，这值得我们肯定。

B11.您如果选择入党，那主要原因是

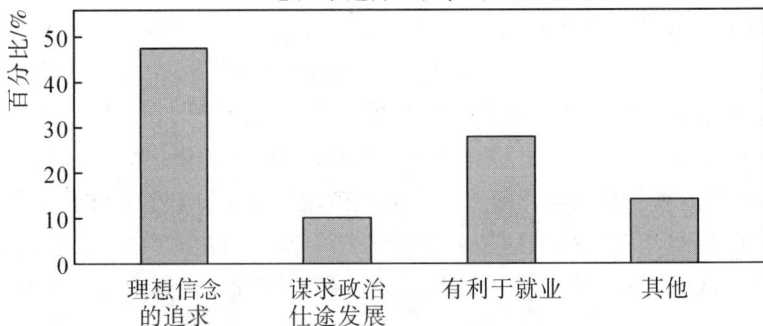

图2-9　大学生选择入党的主要原因

B13.您对"共产主义是一种空想，是乌托邦"这一说法的态度是

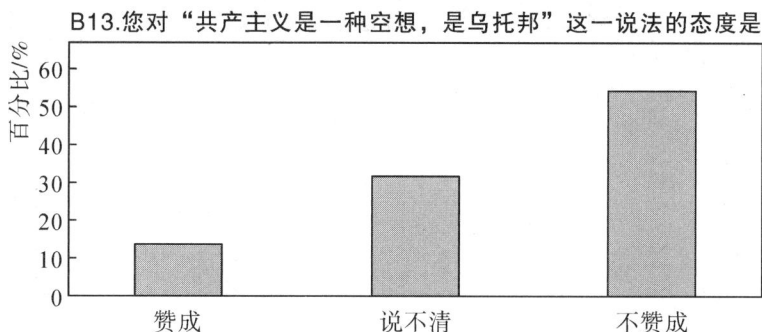

图2-10 大学生对"共产主义是一种空想，是乌托邦"的态度

（三）新时代大学生总体上具有全面理性的民主观

大学生的民主观是大学生对民主和民主问题的价值判断和根本观点，包括对民主、民主制度和民主问题的认知、评价和态度。大学生民主观是大学生政治价值观的重要组成部分。本次问卷调查显示，广州大学生的民主观价值取向总体呈现健康向上的态势，主要表现在以下三个方面。

（1）大学生对民主与社会主义民主具有一定的了解

本次调查表明大学生对民主与社会主义民主具有一定的了解。如：6.8%的大学生对民主的一般理论与社会主义民主"非常了解"，19.1%的大学生对此"比较了解"，44.9%的大学生对此"一般了解"（见图2-11），可见大学生对民主与社会主义民主普遍具有一定的了解。同时，我们发现985、211大学的大学生对民主的了解情况比高职高专院校的大学生更好，文科学生对民主的了解和认知比理工科的更好。如今已是信息社会，大学生除了通过在课堂上接受关于民主与社会主义民主的知识，还能在网络上随时随地了解他们感兴趣的信息。当今大学生的求知欲、好奇心都比较强，他们思想活跃，头脑灵活，愿意探索未知，追求独立人格，因此，他们会通过各种渠道关注政治信息，并且已初步形成了一定的政治认知。大学生对民主的一般理论和社会主义民主认知较好，表明大学生是在具备一定政治认知的基础上才对一些政治问题进行判断和评价的。具备全面正确的社会主义民主知识是大学生形成科学政治价值观的坚实基础。

B14.您对民主的一般理论与社会主义民主了解多少

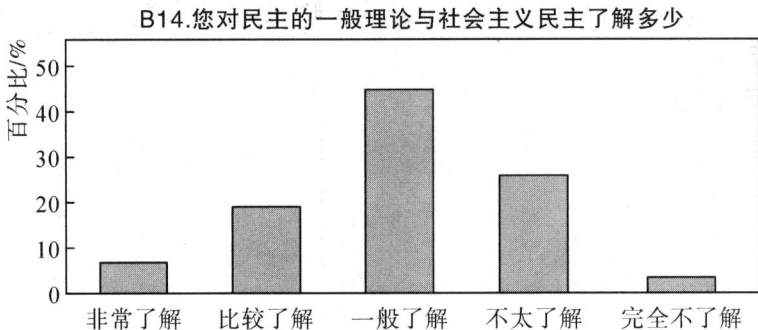

图2-11　大学生对民主的一般理论与社会主义民主的了解程度

（2）大学生对我国社会主义民主政治制度的认同度较高

从本次调查中我们可以看到，大学生对我国社会主义民主政治制度的认同度较高。在被问及"您对'人民代表大会制度是最好的民主制度'这一说法的态度是"这一问题时，50.7%的大学生"深表赞同"（见图2-12）。此外，9%的大学生认为我们国家的民主程度"非常高"，34.5%的大学生认为"比较高"，40.6%的大学生认为"一般高"（见图2-13），由此可见，大部分大学生对我国的民主制度以及民主程度较为认同。大学生高度认同我国社会主义民主政治制度，表明大学生对我国社会主义民主的本质具备一定的了解，理解、信任并接受我国的社会主义民主。在高度认同的基础上，大学生才会正确甄别各类政治信息，从而做出正确的价值选择和评价，形成科学理性的民主观。

B15.您对"人民代表大会制度是最好的民主制度"这一说法的态度是

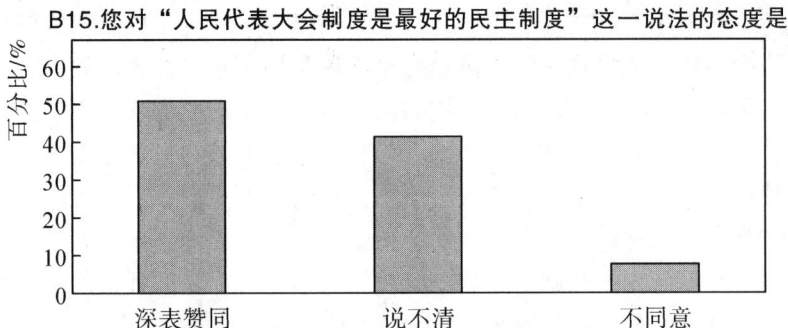

图2-12　大学生对"人民代表大会制度是最好的民主制度"的态度

B16.您认为您所生活的国家的民主程度如何

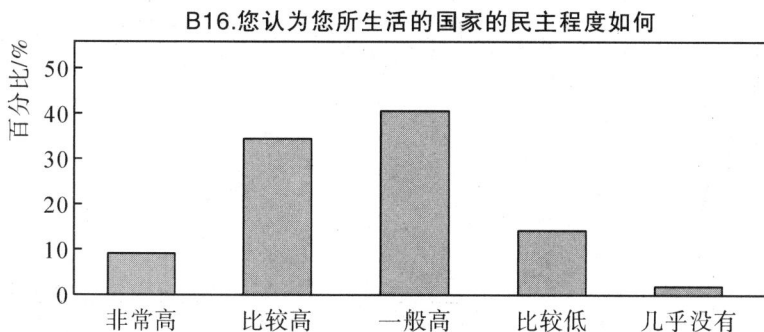

图 2 - 13 大学生对我国民主程度的看法

（3）大学生对于追求社会主义民主具有较高的共识

在本次调查中，发现大学生对于追求民主具有较高的共识。对于"您认为现阶段中国是否需要强调民主"这个问题，35.7%的大学生认为"非常需要"，57.0%的大学生认为"需要"（见图 2 - 14），这表明大学生对于中国的社会主义民主建设怀有较高的热情和较多的期待，对于追求民主的态度非常积极正面。追求民主是我国历代仁人志士的愿望，大学生追求民主，一方面反映了中国社会主义民主政治建设还需进一步加强，另一方面体现了大学生高度认同我国的社会主义民主政治制度，认同人民当家作主的理念，意识到参与社会主义民主政治建设的重要性。这些都表明大学生具有强烈的民主意识和积极正面的主人翁意识，对于民主社会十分渴望和向往，期待中国特色社会主义民主在改善人民生活中发挥更大的作用。大学生追求民主与我国社会主义核心价值观中"民主"的核心价值要求是契合的，表现了他们将社会主义核心价值观的要求融入个人政治价值信仰中，认同并接受这些观念，有利于他们形成正确的民主观。

B18.您认为现阶段中国是否需要强调民主

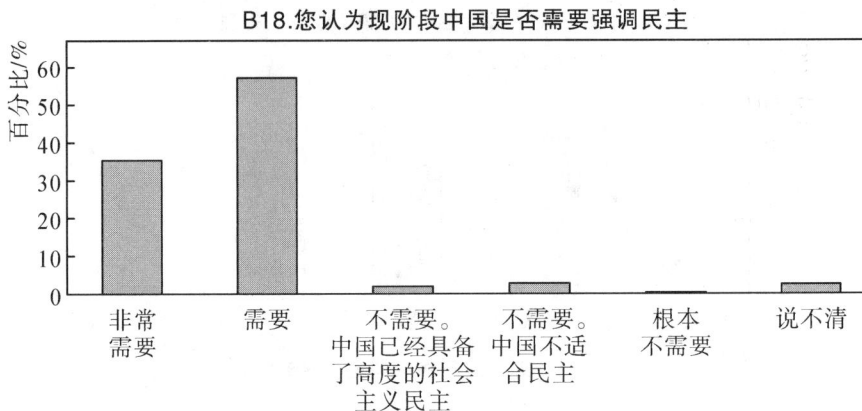

图2-14   大学生对"现阶段中国是否需要强调民主"的看法

（四）新时代大学生总体上具有正确科学的法制观

大学生的法制观是大学生对法律法规的认知、看法和态度，是大学生政治价值观必不可少的组成部分，表现了大学生对法制的认知、信念以及态度。此次调查研究发现，大学生具有较强的法律意识，主流法制观是健康积极的。

（1）大学生对我国法律体系具备一定的了解

本次调查显示，大部分大学生对我国法律体系具备一定的了解。如：5.6%的大学生对我国法律体系"非常了解"，16%的大学生对我国法律体系"比较了解"，50.3%的大学生对我国的法律体系"一般了解"（见图2-15），说明大学生通过在校学习和法制宣传等渠道掌握了一些法律基础知识。随着我国普法教育的深入以及各高校开设"思想道德修养与法律基础"等课程，大学生接受了比较系统的社会主义法律体系的教育。因此，当前大学生已经掌握了一些基础法律知识，基本掌握"依法治国"等内涵。掌握基本法律知识是大学生形成正确的法制观的第一步，在此基础上，大学生才能对法律问题进行正确的分析和判断，才能形成科学的法制观。习近平总书记强调，"没有正确的法治理论引领，就不可能有正确的法治实践"①。可见掌握了系统丰富的法律知识，有助于大学生增强法律意识，提高法律素质。

---

① 习近平．习近平在中国政法大学考察时发表的讲话［N］．人民日报，2017-05-03.

B19.您对我国法律体系了解多少

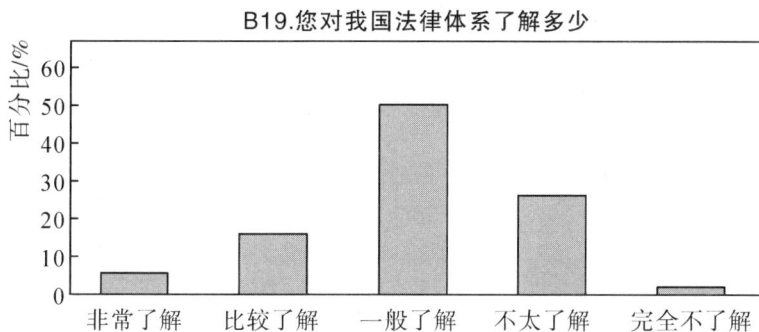

图 2 - 15　大学生对我国法律体系的了解程度

（2）大学生具有法律重于人情的现代法律意识

本次调查显示，大部分大学生形成了法律重于人情的现代法律意识。在被问及对"法不外乎人情"的看法时，57.1% 的大学生认为"法律高于人情"（见图 2 - 16），由此可见，以往重视人情的传统观念在大学生身上发生了改变，大部分大学生初步形成了现代法律意识。习近平曾讲道："我国是个人情社会，但如果人情介入了法律和权力领域，就会带来问题，甚至带来严重问题。"[1] 新时代大学生树立了法律信仰，否定人情高于法律，这是值得肯定的。这个调查结果与学界专家主持的相关课题所得出的结果大致相同，如：宣兆凯在教育部人文社科重点研究基地重大研究项目"中国社会价值观现状调查研究"中分析得出，"法律重于人情的现代法律意识已被广大公众所接受"[2]。大学生只有树立了法律重于人情的现代法律意识，坚定法律信仰，相信法律面前人人平等，才会树立起遵守法律、维护法律尊严的意识，形成自觉守法、遇事找法、解决问题靠法的法制观念。

---

[1]　中共中央文献研究室. 十八大以来重要文献选编：上［M］. 北京：中央文献出版社，2014：721.

[2]　宣兆凯. 中国社会价值观现状及演变趋势［M］. 北京：人民出版社，2011：118.

B23.很多人认为"法不外乎人情"，您怎么看

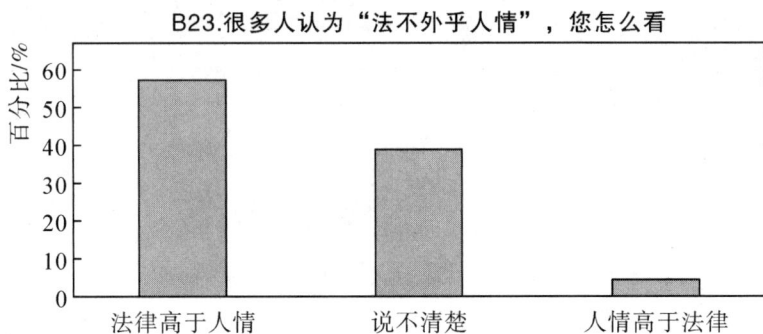

图2-16　大学生对"法不外乎人情"的看法

（3）大学生形成了遵法、守法、用法的观念

本次调查显示，大部分大学生形成了遵法、守法、用法的观念，把法律作为行动的准绳。在面对家人或朋友的合法权益遭受侵害时，84.4%的大学生的建议是"诉诸法律，找律师咨询"（见图2-17），这表明大部分大学生具备良好的法律意识，当自己的正当权利受到侵犯时，倾向于使用法律手段维护自己的合法权益，形成了遵法、守法、用法的观念，这与党和国家倡导的"使遵法、信法、守法、用法、护法成为全体人民的共同追求，使全体人民成为社会主义法治的忠实崇尚者、自觉遵守者、坚定捍卫者"的理念是一致的。在全面推进依法治国的过程中，必须打造全民遵法、守法、用法的良好氛围。新时代的大学生肩负历史使命，在推进全面依法治国的进程中起着不可代替的重要作用。大学生形成了遵法、守法、用法的观念，不仅能运用法律维护自身的合法权益，而且能推动文明法治社会的建设进程。

B25.您家人或朋友的合法权益遭受侵害，您会给他们什么样的建议

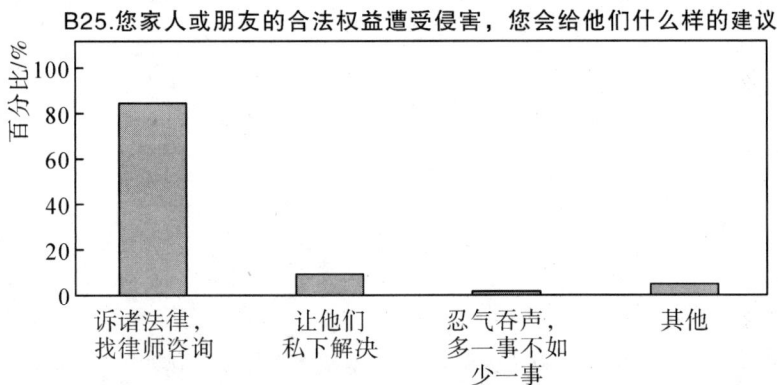

图2-17　大学生对家人或朋友的合法权益遭受侵害时的建议

（五）新时代大学生总体上具有客观理性的公正观

大学生公正观是指大学生对公正问题的基本观点、基本态度和价值评价，是大学生政治价值观必不可少的组成部分。从此次调查中了解到，当前大学生的公正观总体上是积极的、健康的、向上的，呈现良好的整体态势，主要表现在以下三个方面。

（1）大学生对公正的理解总体符合社会主流价值判断

本次调查结果显示，大学生对公正的理解基本符合社会主流价值判断。在回答"您如何理解公正"这个问题时，68.9% 的大学生认为"公正是一个历史范畴，不同时期有不同公正观"，同时 23.6% 的大学生认为"权利与义务的统一"（见图 2-18），这表明大部分大学生对公正的概念具有正确的认识，对公正概念的理解比较接近社会大众的主流观点，符合社会主流的价值判断。本书的调查结果与学界关于大学生公正观的调查结果是高度一致的。如：2012 年发表在《思想教育研究》期刊上的一篇文章《大学生公正观状况调查与思考》，作者得出了"大学生对公正的理解基本上与社会主流的观点接近"[①] 的结论。公正是一种基本价值遵循，党的十八大更是把"公正"归纳到社会主义核心价值观的基本内容之中，彰显了党和国家重视我国社会主义公正建设。新时代大学生对公正的理解呈现理性客观的特征，这为大学生对公正问题做出客观全面的判断与评价奠定了基础，从而引导大学生作出正确的公正行为。

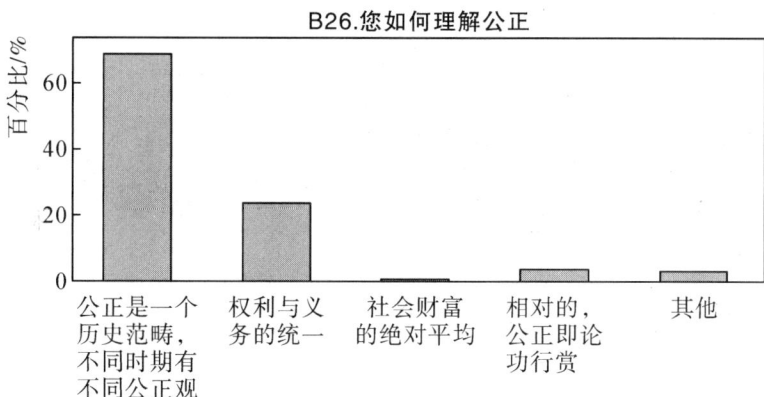

图 2-18　大学生对"公正"的理解

---

① 余玉花，刘梦慈，杨礼. 大学生公正观状况调查与思考［J］. 思想教育研究，2012（12）：58－62.

（2）大学生对社会公正的评价较为理性客观

本次调查发现，大部分大学生对社会公正的评价较为理性客观。如：5.8%的大学生认为当前中国社会"非常公正"，57.3%的学生认为"基本公正"（见图2-19），可见大部分大学生对社会公正的状况能理性地分析与判断。此外，在被问及"您对中国社会公正状况评价的主要依据是"这个问题时，47.2%的大学生选择"依据大多数人的利益"（见图2-20），可见大部分大学生对社会公正状况的评价并未偏向个人利益，而是较为理性客观的。进入新时代，我国社会主要矛盾转化为人民日益增长的美好生活需要与不平衡不充分的发展之间的矛盾，社会公正问题日益凸显。近年来，一些网站在两会前夕围绕"你最关心的议题"这一问题进行了调查，结果显示，社会公正问题是人们最为关注的热点之一。大学生正处于公正观形成的关键时期，其公正观易受到社会环境的影响。他们如何看待与评价社会公正问题可以反映他们的政治价值取向。在本次调查中，大学生能够中肯客观地看待与评价社会公正问题，符合社会主流公正观，这也表明高校思想政治教育取得了一定效果。

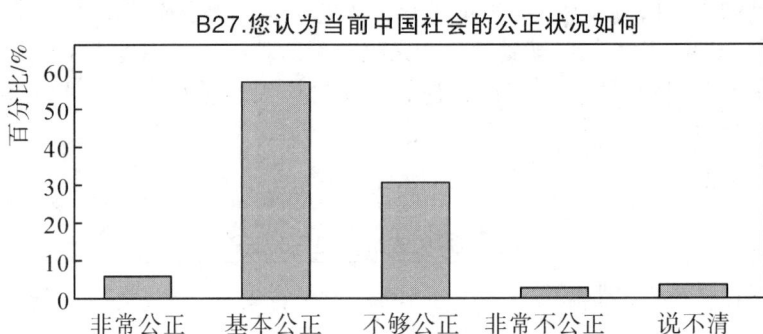

图2-19　大学生对当前中国社会公正状况的评价

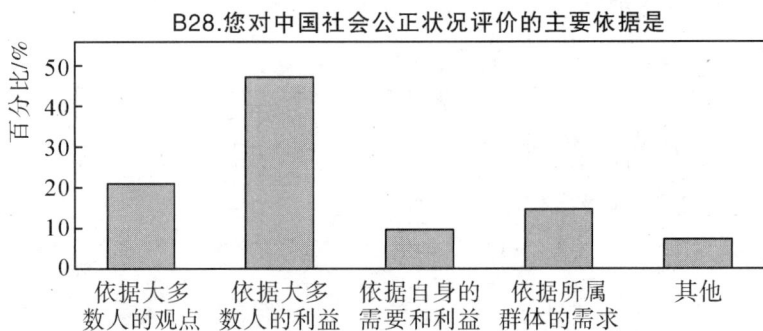

图2-20　大学生对中国社会公正状况评价的主要依据

（3）大学生对我国公正建设充满信心

本次调查表明大学生对我国公正建设充满信心，并且具有较强的社会责任感。在此次调查中，30.6%的大学生对未来中国社会公正状况的提升"非常有信心"，52%的大学生对此表示"比较有信心"（见图2-21），这表明大多数大学生对我国社会公正建设持积极乐观的态度，对此充满信心。此外，在回答"您如何看待促进社会公正与您的关系"这一问题时，62.7%的大学生表示"这是社会公民的责任，因此责无旁贷"（见图2-22），由此可见大多数大学生愿意肩负起促进社会公正的责任，有意愿参与到促进社会公正的建设中，表现出较强的社会责任感。在全面建成小康社会进入决胜阶段之时，促进社会公正建设尤为重要。作为时代新人，应该担起这个重任。从此次调查结果可知，新时代大学生能够树立公正意识，期待参与到促进社会公正的建设中，具有社会责任感和担当精神，值得我们认可。

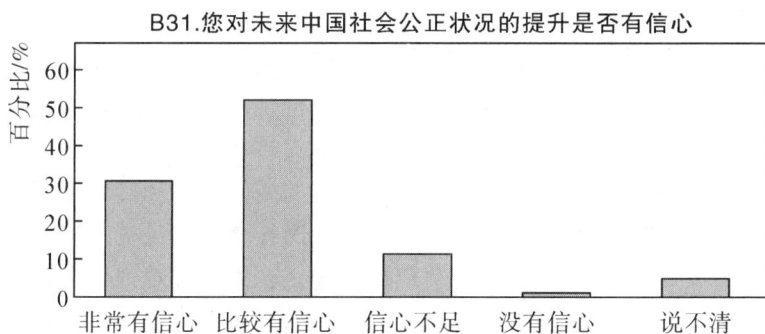

B31.您对未来中国社会公正状况的提升是否有信心

图2-21　大学生对"未来中国社会公正状况的提升是否有信心"的态度

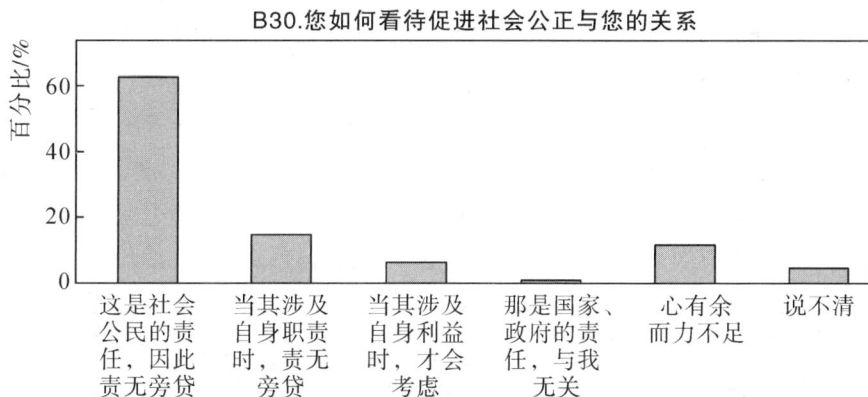

B30.您如何看待促进社会公正与您的关系

图2-22　大学生对促进社会公正与自身关系的态度

三、新时代大学生政治价值观呈现的特征分析

在本次调查中，新时代大学生政治价值观总体上呈现积极健康的面貌，与社会主流政治价值观相吻合。经过对现状的深入分析，笔者认为新时代大学生政治价值观呈现以下四个方面的特征：一是一元主导，多元并存；二是家国为重，兼顾个人；三是认知客观，夹杂模糊；四是评价理性，掺杂感性。

（一）一元主导，多元并存

新时代大学生成长在经济全球化、社会信息化、文化多元化的背景下，他们能接触到更多不同的思想文化、价值观念，同时他们的自我意识增强，不再固守一种价值观，不再坚持"唯上主义"和"唯书主义"，因而他们的政治价值观呈现出一元主导，多元并存的特征。

一方面，从本次调查结果来看，大学生的政治价值取向坚持一元主导，与社会主流政治价值观高度一致，这也符合社会主义核心价值观的要求。当前，随着社会主义核心价值观的广泛宣传和弘扬，大多数大学生表现出积极健康的政治价值观，他们具有强烈的爱国热情和民族意识，爱国爱党爱社会主义，对中国共产党的领导和我国社会主义民主政治制度具有较高的认同，形成了遵法、守法、用法的观念，能够客观理性地看待与评价社会公正问题，并且对我国未来发展充满信心。这些都表明新时代大学生政治信仰坚定，符合主流政治价值观。

另一方面，在调查中可以看出新时代大学生政治价值取向呈现多样化的特征。随着改革开放进程的不断推进和网络新媒体的发展，大学生课余生活越来越丰富，他们足不出户就能通过各种网络平台接受信息、交流信息。由于大学生乐于认识和接受新鲜事物，他们进行价值选择时有着自己独立的价值标准，选择自己认可的价值观。这种价值观是否符合社会主流价值取向，是否与传统价值观发生冲突，一般而言，并不会引起大学生的特别关注。在这种情况下，少数大学生可能会选择错误的政治价值观，譬如个人主义、功利主义或西方政治价值观。如：在本次调查中，绝大多数大学生认同中国共产党的领导，但仍有少部分大学生认为"我国应该学习借鉴西方国家，实行三权分立"；绝大部分大学生树立了坚定的共产主义理想信念，但仍有极少数大学生选择入党的原因是"有利于就业"或"谋

求政治仕途发展"；绝大多数大学生树立了坚定的法律信仰，但仍有极少部分大学生"不相信法律面前人人平等"。这些都体现了传统的政治价值观已不再独领风骚，新时代大学生以自己的价值标准来选择自己认可的价值观，形成多样化的价值取向和多元化的价值观。当然，在这个过程中，我们必须重视大学生政治价值观错误的成分，在尊重个体价值观差异性的基础上，引导大学生政治价值观与社会主流政治价值观有机统一。

（二）家国为重，兼顾个人

新时代大学生思想活动的独立性、差异性、多样性显著增强，在面对日益多元化的价值观念时，他们摒弃过去"舍个人重集体"的单项选择，转变过去"非此即彼"的极端思维模式，而是注重家国利益与个人利益的统一，力求平衡好社会价值与自我价值之间的关系，表现出努力建构"家国利益与个体利益辩证统一""公私兼顾"的政治价值观。

一方面，在本次调查中，大学生表现出了强烈的家国情怀和高度的社会责任感。如：大多数大学生认可爱祖国大好河山、爱祖国传统灿烂文化、维护国家主权、爱各民族同胞是爱国主义的重要内容；绝大部分大学生十分赞同"国家兴亡，匹夫有责"；大部分学生为自己是中国人而感到骄傲和自豪；大多数大学生认为"国家、社会（集体）、家庭"是最重要的。这些都表明大学生具有强烈的家国情怀，表现出对家国民族的责任担当，这符合习近平总书记提出的"担当民族复兴大任的时代新人"的要求。大学生以家国天下为重，以民族大义为念，自觉把个人理想追求与国家民族命运融合在一起，彰显了大学生坚持国家本位和集体本位的主流政治价值观。

另一方面，通过分析调查数据可以看到，新时代大学生在坚持国家为重的政治价值观之外，追求自我价值的实现，力求做到家国与个人的统一。新时代大学生敢于冲破传统观念，不再盲从权威思想，不但关注自我价值，而且注重社会利益，力图在社会发展和自身发展中确立一个平衡点。"公私兼顾""个人与社会统一"等价值观被新时代大学生认可并接受。如，在本研究的访谈中，学生 A 表示："我认为担当民族复兴大任的时代新人不仅能有助于国家实现中华民族伟大复兴的中国梦，而且也是实现个人价值的重要体现。"可见大学生正确认识和处理国家与个人之间的关系，强调社会价值与自我价值的统一。但不可否认，在大学生寻求兼顾国家利益与个人利益这两者的价值选择时，难免出现少部分大学生产生个人主义、功利主义等不正确的政治价值观。如：极少部分大学生认为"个人"是最重要的，少数大学生根据"自身的利益和需要"来评价中国社会的公正状况。这些问题应当引起我们的关注和重视，要积极引导大学生摒弃功利主义、个人主义思想，坚持国家本位和社会本位的政治价值观。

（三）认知客观，夹杂模糊

新时代大学生正在接受系统的正规的高校思想政治教育，同时也受到传统家国情怀的价值观的熏陶，已经具备一定的政治理论知识和政治认知水平，对政治现象、政治问题等的认知较为客观全面。然而，大学生求知欲望强烈，乐于探索和了解他们未知的事物，喜欢利用网络新媒体的平台获取信息，在面对纷繁复杂、形形色色的政治信息时，难免会产生困惑和矛盾，因而造成少部分大学生对政治问题的认识和理解存在模糊性、不确定性。

一方面，通过本次调查，发现新时代大学生政治认知较为客观全面，已掌握一定的政治理论知识。如：大学生对"爱国主义"的认识和理解趋于全面和理性，能认识到"爱国主义"包含的丰富内容，并且认识到"爱国主义"与"爱社会主义"在本质上是一致的。同时，绝大部分大学生对我国政党制度、社会主义民主、我国的法律体系和法律制度有比较好的了解和理解。此外，大多数大学生对政治问题的认知和理解符合社会主流价值观，他们对政治问题的认知持有全面客观的态度。政治认知是基础，影响大学生对政治问题的看法、评价和态度。大学生只有具备积极向上、客观深刻的政治认知，才能做出正确的政治选择和政治判断。调查显示，新时代大学生整体上具备较好的政治认知能力，对一些政治理论和政治问题了解比较深入、理解比较到位，这是值得我们肯定的，表明高校思想政治教育取得了一定的成效。

另一方面，我们也应该看到，少部分大学生在政治认知上存在模糊性、不确定性、片面性的问题。随着改革开放的不断深化，多元文化不断碰撞、交汇与交流，加之网络新媒体技术的广泛发展和传播，各种新思想、新思潮进入大学生的学习生活中，给思想尚未成熟、价值观正在形成的大学生带来一定程度的影响。面对各种思想，少部分大学生表现出无所适从，这导致其出现对政治问题和政治现象认知不确定、模糊不清的现象。如：在本次调查中，极少部分大学生对"是否了解我国的政党制度"表示"不清楚"；极少数大学生对"我国适不适合学习其他国家的两党制或多党制"表示"说不清"；少部分大学生对"我国是否应该学习借鉴西方国家，实行三权分立"表示"说不清楚"；少数大学生对"法律面前人人平等"这一观点表示"说不清楚";极少部分学生在回答"如何看待西方社会所宣扬的公正"这个问题时表示"说不清楚"。这些结果都表明少部分大学生仍存在对一些政治问题和政治现象等概念认识模糊的情况,说明由于各种因素的影响,少数大学生的政治认知较为狭隘,这些问题在一定程度上直接导致片面的、主观的甚至错误的政治价值观的形成。因而,大学生应该加强政治理论知识的学习,端正政治认知模糊甚至错误的思想,提高自身的政治素质,从而树立正确科学的政治价值观。

(四) 评价理性,掺杂感性

政治评价是否理性客观反映了大学生的政治价值取向是否正确。毋庸置疑,大学生的政治评价受多种因素的影响。我国改革开放 40 多年来取得了伟大的成就,中国特色社会主义民主政治建设也进一步深化,在这样的宏观背景下,大学生的政治评价水平得到了很大的提高,对政治问题和政治现象的评价更为理性客观。同时,拥有独立思想的大学生并不会随波逐流,他们有自己认可的价值评价标准,会用自己独特的眼光和态度看待和评价政治问题。在这个过程中,少部分大学生由于自身政治知识水平的局限和外界环境的影响,在进行政治评价时难免让感性占据主导,导致其政治价值取向的偏差。

一方面,在本次调查中,我们可以看出新时代大学生总体上能理性客观地评价政治问题。这也反映了大学生对一些政治问题和政治现象能独立思考,保持客观冷静的心态,并有自己鲜明的观点。如:本次调查中,绝大多数大学生"认同中国共产党是我国特色社会主义事业的领导核心";大部分大学生对"人民代表大会制度是最好的民主制度"这一说法深表赞同;大部分大学生认为"我国民主程度比较高";大多数大学生认为"当前中国社会比较公正"。这些都表明新时代大学生对政治问题和政治现象能做出比较客观理性的评价,他们对当前我国民主政治的发展持肯定的态度,对社会主义民主持认同的态度。客观理性的政治评价对大学生形成正确的政治价值观有着举足轻重的影响,促使大学生不会作出过激的政治选择和政治行为,面对各种价值观时能作出正确的价值判断和价值取舍。

另一方面,我们也应该看到少部分大学生在政治评价时掺杂着感性的因素,做出偏离客观的政治评价。比如,极少部分大学生认为"中国共产党没有践行全心全意为人民服务的宗旨";极少数大学生认为"共产主义是一种空想,是乌托邦";极少部分大学生认为"西方所宣扬的公正与我国提倡的公正是一回事"。这些都表明少部分大学生由于受到西方思潮的不良影响以及自身辨别是非的能力欠缺等原因，做出了不正确的政治评价。可见大学生政治评价水平亟待提高。这个问题应该引起我们的重视。我们应该在肯定大学生有自己独立的政治评价标准之外，积极引导大学生用客观理性的眼光审视社会问题，评价政治问题。

第三节　新时代青年政治价值观的冲突及成因

笔者通过深入分析大学生政治价值观的现状、呈现的特征，发现新时代大学生政治价值观总体上符合社会主流价值观，呈现积极健康的面貌，但少数大学生政治价值观仍存在一些突出的问题，这些问题引起我们的忧思与重视。对此，笔者分析探讨了影响大学生政治价值观形成的因素，以期为引导大学生树立正确的政治价值观提供帮助。

一、政治价值观存在冲突

（一）国家观：少数大学生爱国热情有待加强

在本次调查中，我们不难发现少部分大学生的国家观仍存在一些偏差和问题，主要表现在少部分大学生爱国热情有待加强。调查结果显示，在回答"您觉得国家、社会（集体）、家庭、个人哪个是最重要的"这一问题时，仍有 9.1% 的大学生选择"个人"；同时，极少部分大学生不赞同"国家兴亡，匹夫有责"这一说法；此外，极少数大学生对"您为自己是中国人而感到骄傲和自豪吗"这一问题表示"没感觉"或"不是"。由此可见，少部分大学生在国家观上仍存在不正确的方面，这需要我们加强大学生国家观的教育，加强爱国主义教育，使他们树立正确的国家观，正确处理好个人与国家的关系、爱家与爱国的关系，做一名有家国情怀的时代新人。

（二）政党观：少数大学生对党的认同感有待增强

通过本次问卷调查与分析，可以发现新时代少数大学生政党观存在一定程度上的偏差，主要表现为少数大学生对党的认同感有待增强。首先，在调查中，10.8% 的大学生对中国共产党的认同感有待提高。其次，24.9% 的大学生在回答"您认为我国适不适合学习其他国家的两党制或多党制"这一问题时，持"可以尝试"的态度，可见少部分大学生受到西方政治思想渗透等不良影响，对西方政党制度的弊端认识不足，对我国政党制度与西方政党制度之间的本质区别缺乏充分认识和深刻把握，导致对我国政党制度的认识不够科学全面。新时代部分大学生如果对中国共产党质疑、缺乏认同感，那么必然不利于其形成正确的政治价值观，也会阻碍中国特色社会主义现代化建设和中国梦的实现。对此，我们应该高度重视，加强对大学生正确政治价值观的教育引导。

（三）民主观：少数大学生对民主认知的准确性有待提高

在看到新时代大学生民主观总体上呈现积极健康的态势的同时，我们也要看到少数大学生在民主观上存在的一些问题，突出表现在少部分大学生对民主认知的准确性有待提高，尤其对社会主义民主与西方民主的认知不够全面透彻。在面对"我国是否应该学习借鉴西方国家，实行三权分立"这个问题时，23.3%的大学生持"赞同"的态度，由此可见少部分大学生对我国民主制度与西方民主制度的认识存在偏差，没有认识到我国走中国特色社会主义政治发展道路是由我国国情和国家性质决定的，是历史的选择和人民的选择。这从侧面也反映了少部分大学生受西方政治思潮和民主文化的影响较深，导致他们盲目崇拜西方民主政治，民主观逐渐偏离主流政治价值观。这些问题应该引起我们的重视。教育引导大学生正确认识社会主义民主和西方民主，确立起健康理性的民主观是当前的重要任务之一。

（四）法制观：少数大学生对法律的信仰有待进一步坚定

从这次调查结果来看，不可否认大学生在法制观上存在一些偏颇和不足，主要表现在少数大学生对法律的信仰有待进一步坚定。在调查中发现，18%的大学生"不相信法律面前人人平等"；此外，关于"您认为要打赢官司靠什么"这个问题，44.8%的大学生认为"有理还得有'关系'，才能打赢官司"；最后，少部分大学生认为"法律不都能发挥应有的作用，需要进一步完善"。这些表明少部分大学生对法律缺乏信心，对法律的认同感较低。这也从侧面反映了少数大学生对我国法制现状的不满意。现阶段来说，以上这些问题是多方面因素造成的，如大学生缺乏司法实践，又如我国现实社会中存在的有法不依、执法不严等问题，这些都会影响大学生法制观的形成。因此，应该从多方面来消除大学生对法律缺乏信心的问题，使其客观理性地认识并评价法律问题，从而树立起正确的法制观。

（五）公正观：少数大学生对公正评价的科学性有待提高

通过此次调查我们发现，新时代少部分大学生公正观存在的问题还是比较明显的，主要表现在少数大学生对公正评价的科学性有待提高。在回答"您如何看待西方社会所宣扬的公正"这一问题时，19.9%的大学生回答"西方所宣扬的公正与我国提倡的公正是一回事"，甚至有5.3%的大学生认为"西方的公正才是真正的公正"。由此可见，少部分大学生对社会主义公正与西方公正的内涵缺乏透彻的认识和正确的理解，从而产生认知偏差。这表明少部分大学生对社会主义公正的认识尚需进一步加深，对社会主义公正的评价仍需进一步端正。因此加强大学生公正观教育势在必行，我们应该在教育中正确解释西方社会所倡导的公正，使大学生有一个准确的认识和把握，从而在本质上能够区分我国社会主义公正与西方公正的差别，树立起正确的公正观。

二、政治价值观冲突的成因

（一）社会主义市场经济快速发展的影响

改革开放40多年来，社会主义市场经济体制不断发展，推动我国经济发展进入"快车道"，同时社会生活领域也发生了翻天覆地的变化。广州作为改革开放的前沿地和桥头堡，自然而然在社会主义市场经济体制改革中走在前列。社会主义市场经济的深入发展，不仅提高了人们的生活水平，而且改变了人们的生活方式和思维方式。在此影响下，大学生政治价值观表现出多样性、差异性、复杂性的特征。

一方面，快速发展的社会主义市场经济给大学生政治价值观的形成带来积极的意义。首先，在市场经济活动中，强调"效率优先，兼顾公平"，这让大学生感受到了公平意识，并把公平公正这种观念内化于心，转化为自己的政治价值观。其次，社会主义市场经济制度追求的是自由竞争，人们在竞争中能充分发挥自己的主观能动性和创造力，这在无形中激励了大学生积极进取的精神，增强了他们的主体意识。在此影响下，大学生不再拘泥于传统，敢于打破常规，并因此形成了多元的价值观。前文提到的大学生政治价值观表现出"家国为重，兼顾个人"的特征就是一个很好的例子，这表明大学生不再盲从过去"舍个人重集体"的价值观，具有较强的政治主体意识。最后，在社会主义市场经济的影响下，大学生政治价值观表现出务实求真的特点。他们从我国社会主义民主政治建设取得的成果出发，关注政治效能，并将政治效能作为政治选择和政治判断的重要标准，可见他们的政治价值观更趋实际。

另一方面，社会主义市场经济自身存在的弊端不可避免地在一定程度上给大学生的政治价值观带来负面影响。在市场经济活动中，追求利益最大化是一个很重要的特征，"金钱至上""物质利益至上"的观念悄然滋生。这在一定程度上影响了正处于政治价值观形成关键期的大学生，造成少部分大学生价值取向功利化。在本次调查中，极少部分大学生选择入党是出于有利于自身就业的动机，可见少数大学生政治价值观存在功利主义、利己主义的倾向。鉴于此，我们应该重视社会主义市场经济给大学生带来的消极影响，教育引导大学生正确认识社会主义市场经济活动中的利益原则和竞争原则，规避不良风气的影响。

（二）全球化背景下多元文化的影响

全球化背景下，不同的思想文化在我国相互碰撞、相互交流、相互渗透、共同发展，呈现出多元化、多样性的特征。多元文化并存已经成为我国社会文化发展的主要特征，给人们的社会生活和思维方式带来了一定的影响。广州地处改革开放的前沿阵地，引进了许多外来文化，形成了开放包容的文化氛围。新时代大学生成长于文化多元化的时代，并身处广州这个开放包容的文化环境中，必然会接触到各种各样的思想文化，这在一定程度上影响了大学生的价值选择和价值判断。

一方面，多元文化并存发展的格局在一定程度上有利于大学生形成积极健康的政治价值观。首先，多元文化在我国交流碰撞，开阔了大学生的视野，增长了大学生的见识，为大学生看待社会问题提供了不同的视角，从而使大学生做出更准确的政治价值选择。就如前文论述的，新时代大学生政治价值观形成了"一元主导，多元并存"的特征，这表明多元文化给大学生提供了多元的价值选择。其次，多元文化的格局使我国文化事业呈现出欣欣向荣、繁荣发展的景象，这在一定程度上改变了大学生思维僵化、观念闭塞的状态，使得大学生更具创造性，激发了他们政治主体意识的提升。最后，大学生的思维方式向批判性、自主性、多样性转变，他们看待和评价政治问题不再持"非黑即白"和"非此即彼"这种单一的狭隘的思维模式。因而在本研究中，新时代大学生政治价值观表现为"家国为重，兼顾个人"的特征，追求"国家利益和个人利益的统一"，建立一种既有家国情怀，又关注个性的政治价值观。

另一方面，多元文化在一定程度上对大学生政治价值观产生了一些消极影响。首先，多元文化并存的背景下不可避免地给一些不怀好意的西方国家创造了机会，向我国输送西方政治文化和西方价值观念，企图对我国人民特别是大学生进行意识形态的渗透。大学生思想尚未成熟，他们可塑性很强，正处于价值观形成的关键期，个别大学生在各种西方思潮面前，难免会感到迷茫和无所适从，陷入了犹豫不决的选择困难。本次调查显示，少数大学生对政治问题和政治现象存在认知模糊不清以及盲目崇拜西方民主政治的情况，可见大学生受到多元文化特别是西方思潮的影响，造成其政治认知的不确定性和不稳定性。其次，当前各种文化相互激荡，其中一些不良的思想如"个人主义""利己主义""功利主义"等侵入大学生的生活，严重侵蚀了极少部分大学生的思想，影响大学生做出正确的政治价值选择和判断，致使大学生产生了不符合我国主流政治价值观的观点。因此，在多元文化的背景下，采取有效的策略来引导大学生树立正确的政治价值观成为当前至关重要的任务。

（三）网络新媒体迅猛发展的影响

当今，网络新媒体迅猛发展，并以其广泛性、开放性、交互性等特征影响着人们的生活，同时也改变了人们的思维方式。新时代大学生是伴随着网络新媒体成长起来的一代，他们成为网络的主要受众，习惯利用网络获取信息、分享信息、传播信息，这在无形中给大学生政治价值观的形成带来了一定程度的影响。

一方面，网络新媒体的迅猛发展在一定程度上对大学生正确政治价值观的形成产生了积极的影响。首先，网络新媒体拥有大量的信息资源，这为大学生获取政治信息和政治知识提供了便捷的方式，有助于提高大学生的政治认知水平。过去，学校教育是大学生学习政治理论知识的主要途径，而如今在网络新媒体迅猛发展的背景下，大学生能主动地、随时随地通过网络关注时政新闻，了解国家出台的最新政策。这在一定程度上满足了大学生对政治知识的渴望与好奇心，丰富了大学生的政治知识面，开阔了大学生的视野，提高了大学生政治认知水平。前文提到，大学生普遍有着比较理性客观的政治认知，这无疑与网络新媒体拓宽了大学生的政治知识面有着一定的关系。其次，网络新媒体的互动性特征为大学生参与政治活动开辟了一条有效的渠道，有利于大学生增强民主意识，积极参与政治活动。新时代大学生政治参与意识较高，在网络上勇于发表自己的观点，敢于表达自己的意见和诉求。在这个过程中，大学生能接触到别人正确的政治观点，进而促进了大学生良性的政治参与。

　　另一方面，网络新媒体的迅猛发展对大学生政治价值观产生的消极影响也不容忽视。首先，网络空间的虚拟特征使得形形色色的信息充斥其中。面对纷繁复杂的网络信息，少部分大学生感到无从选择，无法做出正确的理性的政治价值判断。其次，网络新媒体极易成为西方资本主义国家对我国进行价值观渗透的工具。由于大学生社会阅历较浅，政治思想尚未成熟，西方文化的渗透容易导致少部分大学生出现政治价值观的偏差。据笔者观察，身边一些喜欢观看美国影视节目的学生，个别表现出对西方节目的狂热追求和热爱，认同西方社会价值观，盲目崇拜西方政治文化，造成其政治价值观出现错位。最后，一些不良媒体失真的报道也使大学生形成错误的政治认知和做出不理性的政治评价。为了博取眼球，某些不良媒体歪曲事实、虚假报道，如对我国地区经济发展不平衡问题、社会公平正义问题等的不实报道，引起了少部分大学生对我国的社会发展产生怀疑和悲观情绪。本次调查中极少部分大学生认为"中国共产党没有践行全心全意为人民服务的宗旨"，极少数大学生认为"打赢官司有理还得有'关系'"，这些都表明少部分大学生在一定程度上被网络新媒体失真信息所误导，偏离了主流政治价值观。

（四）高校思想政治教育的影响

　　高校是大学生政治价值观教育的主阵地。新时代高校承担着"培育时代新人"的主要任务，使命光荣，责任重大，因而更加重视思想政治教育，致力于把立德树人的根本任务落到实处。在学校学习生活的这段时间正是大学生政治价值观形成的关键时期，因此，接受学校思想政治教育成为大学生政治价值观形成的重要影响因素。当前我国高校思想政治教育工作取得了显著的成绩，有效推动了社会主义核心价值观在大学生中入脑入心。在高校系统规范的思想政治教育下，大学生总体上树立了正确健康的政治价值观。当然，我们也要看到，新时代高校思想政治教育面对新形势新要求时仍存在一些不足，这在一定程度上阻碍了大学生树立正确的政治价值观。

　　一方面，高校思想政治教育对大学生形成正确的政治价值观发挥着巨大的作用。首先，经过系统正规的思想政治教育，大学生具备一定的政治理论知识和政治认知能力。高校对大学生的政治价值观教育贯穿于各门思想政治理论课中，并且一直把它视为核心教育内容。曾有学者指出，"思想政治教育的本质就是以受教育者思想政治素质的养成为指向的政治价值观再生产"①。由此可见，高校应该积极发挥政治价值观教育的主阵地功能，注重提高思想政治教育的实效性。本次调查发现，绝大多数大学生具有较好的政治认知水平和较高的政治认知能力，这得益于大学生在高校持续稳定地接受系统规范的思想政治教育。其次，高校思想政治教育适应时代发展，不断充实"两课"的内容，向大学生输送了正确的政治观点和思想观念，帮助大学生客观理性地看待政治问题和理解国家方针政策，进而树立正确的政治价值观。本次调查中大学生呈现出"家国为重""评价理性"的特征，高校的思想政治教育是其中最为重要的影响因素，这一点毋庸置疑。最后，新时代的高校思想政治教育坚持以习近平新时代中国特色社会主义思想为指导，对大学生进行社会主义意识形态的引领，厚植爱国主义情怀，引导大学生不断增强"四个自信"，帮助大学生扣好人生第一粒"扣子"，这无疑有利于助推大学生形成正确的政治价值观。

另一方面，通过调查发现，新时代的少部分高校在思想政治教育过程中仍存在一些不足，这不利于引导大学生树立积极健康的政治价值观。在本研究的访谈中，学生 B 谈道："我觉得一些老师的授课不够接地气，基本上都是讲空洞的理论，缺乏与我们学生进行互动，因而我们一些学生对思想政治理论课提不起兴趣。"可见，仍存在少数教师授课重灌输轻互动的问题。此外，来自高职高专院校的学生 Q 反映："我们学校比较重视专业技能的培训，对思想政治理论课要求不严格，思政课上一些教师只是照本宣科，所以有的学生听课会走神，甚至玩手机、睡觉。"由此可见，部分高校的思想政治教育方法仍存在不足，这些都会对大学生正确政治价值观的形成造成消极影响。因此，高校应该意识到对大学生进行政治价值观引导的重要性，推动思想政治理论课改革创新，增强思政课的思想性、趣味性和针对性。

（五）家庭教育潜移默化的影响

"家庭是人生的第一个课堂，父母是孩子的第一任老师。"② 家庭教育在大学生形成政治价值观的过程中起着非常关键的作用，可以说优秀的家庭教育更能帮助孩子确立正确的价值导向。当前，绝大多数家长非常重视家庭教育，重视子女身心健康的培育，与子女建立起新型的平等关系，这

---

① 宇文利. 论思想政治教育本质：政治价值观的再生产 ［J］. 马克思主义与现实，2013（1）：183－188.

② 习近平. 在第一届全国文明家庭表彰大会上的讲话 ［N］. 人民日报，2016－12－12.

无疑能积极助推孩子形成健康的人格品质和正确的价值观念。与此同时，还有少部分家庭由于不科学的教育理念和不恰当的教育方式在一定程度上给大学生树立正确的政治价值观造成了不良影响。

一方面，科学正确的家庭教育有利于大学生树立正确的政治价值观。首先，良好的家风为孩子创造了一个健康成长的环境，如：爱国奉献、自强不息、勤俭节约、尊老爱幼、团结和谐等家风会对大学生的价值选择产生积极的影响，引导大学生确立正确的政治方向和作出正确的政治判断。其次，较多父母对国家大事表现出较高的政治热情，乐于参与政治活动，这些都会给孩子留下深刻的印象，促使孩子下意识地学习父母的价值观，带动孩子关注时事政治，关心国家大事，热情参与政治活动。最后，家长表现出坚定的政治立场和理性的政治态度，会引导孩子用公正客观的眼光看待和评价政治问题和政治现象。在访谈中，学生 C 说："我的父母经常跟我说，是党的领导让我们过上这么好的生活，我们要感恩中国共产党。同时父母还鼓励我向党靠拢，申请入党，早日成为光荣的中国共产党党员。"可见，父母持有正确的政治立场和坚定的政治信仰会对子女产生潜移默化的影响，有益于大学生树立正确的政治价值观。

另一方面，少部分家庭忽视家庭教育的重要性，以不科学的教育理念和不正确的教育方式教育孩子，从而阻碍了孩子确立积极健康的政治价值观。在访谈中，少部分大学生反映父母比较关注学习成绩，很少和他们谈论时事热点。这在一定程度上使孩子确立了"以学习成绩为中心""两耳不闻窗外事，一心只读圣贤书"的观念。因而少部分大学生不主动关心政治，认为政治离他们很远。此外，也有个别大学生表示父母说教的教育方式令他难以接受，于是他不愿意和父母沟通。这些不良的家庭教育会损害大学生正确政治价值观的形成，我们应该正视这个问题并采取有效策略引导大学生树立正确的政治价值观。

（六）大学生个性心理特征的影响

大学生是政治价值观形成的主体，其政治价值观的形成不仅受到外界的影响，还受到内因的制约。大学生自身心理特征是影响其政治价值观形成的一个突出原因。正确的相对稳定的政治价值观的形成，必然是建立在个体身体机能、情感意志、自我意识相对稳定成熟的基础上。然而大学生所处的年龄段的特殊性决定了他们的个性心理仍处于波动和不成熟的阶段，因此其政治价值观表现出多元性、波动性的特征。

一方面，新时代的大学生思维活跃，具有较强的自我意识和政治主体意识，对政治生活表现出较大的热情。首先，大学生求知欲望较强烈，会经常主动搜索、了解自己感兴趣的时政热点，这在一定程度上拓宽了他们的知识面，提高了大学生的政治认知水平。其次，大学生思维的独立性、批判性和创新性使得他们会以个体的价值标准来进行政治选择和政治评价，因而其敢于挑战权威，不受传统束缚，在政治价值观上表现出多样性、差异性的特征。前文所论述的"一元主导，多元并存""家国为重，兼顾个人""认知客观，夹杂模糊""评价理性，掺杂感性"的特征在某种程度上也受到了大学生个体心理差异性、不稳定性的影响。

另一方面，少部分大学生由于思想不成熟，自我意识较强，导致其政治价值观错位。大学生仍处于身心发展的阶段，他们的心理不够稳定，思想不够成熟，思辨能力欠缺，因而个别大学生在进行价值选择时难免让感性占上风，带有较主观的个人主义色彩，导致个人的政治价值观偏离主流价值观。此外，少部分大学生由于思想不成熟造成他们看待问题不全面，表现出困惑矛盾的特征，他们既关心我国的发展，又认可西方价值观。因此，我们可以看到不同的大学生表现出不同的个性心理特点，要因人施教，个性施教，同时要抓住大学生个性心理发展的规律，以此提高政治价值观教育的针对性和有效性。

第四节　新时代青年政治价值观引领与整合的策略

针对新时代大学生政治价值观的现状、呈现的特征以及存在的主要问题，在系统分析影响大学生政治价值观形成的各方面因素的情况下，从社会、学校、家庭、个人四个层面提出引领与整合大学生树立正确的政治价值观的有效对策。

一、创造良好社会环境，实现核心引领与整合

（一）加强网络新媒体的宣传和监管，弘扬良好社会风气

习近平总书记指出："网络空间是亿万民众共同的精神家园。"[①] 新时代大学生是伴随着网络新媒体成长起来的青年一代，对网络新媒体越来越

---

① 习近平. 在网络安全和信息化工作座谈会上的讲话［N］. 人民日报，2016-04-19.

依赖，他们利用网络新媒体获取信息、进行交流以及发表政治意见等。可以说，网络新媒体在大学生政治价值观的形成和教育中扮演着重要的角色，政治知识的获取、政治情感的形成和政治行为的选择等在一定程度上受到网络新媒体的影响。因此，注重网络新媒体的宣传和加强对其的监管，对于大学生政治价值观的培养具有十分重要的意义。

一方面，重视网络新媒体的宣传，发挥其价值引导的积极作用。网络新媒体是大学生接触信息最频繁的渠道，在影响大学生政治价值取向方面起着重要的作用，若网络新媒体传播科学健康、积极向上的内容，则有助于引导大学生树立正确科学的政治价值观，反之，则容易误导大学生，造成政治价值观出现一定程度的偏差。因此，网络新媒体应该大力宣传主流思想和主流文化，传播和谐健康、积极向上的信息，给大学生营造一个清朗的网络空间。首先，加强社会主义核心价值观的传播力度，坚定不移地倡导社会主旋律，让党的声音传得更开、传得更广、传得更深入，使得大学生在面对各种西方思潮时坚定地做出正确的政治价值判断，抵制西方思潮的迷惑与渗透。其次，网络新媒体应该紧跟时代发展的潮流，与时俱进，传播符合大学生兴趣和利益的信息，如：报道最新的关于大学生就业创业的政策、报道励志青年的事迹等，引导社会的良好风气。最后，建设好"红色网站"和广州官方媒体，如：广东电视台、广州电视台、《广州日报》、《南方周末》、《南方都市报》、《羊城晚报》等，利用官网、微信、微博、客户端等网络载体，宣传主流文化，宣传党最新的政策和广州40多年来改革开放取得的伟大成就，以积极健康的思想文化占领网络阵地，激发大学生的爱国热情和民族归属感，帮助他们形成正确的政治价值观。

另一方面，加强网络新媒体的监管，营造良好的网络政治生态。大数据时代的来临使得当今大学生受互联网的影响越来越深，他们比以往的大学生更早接触网络，更频繁地利用网络获取信息、分享信息、学习知识、交流感情，这在无形中拓宽了他们的知识面，改变了他们的学习生活方式、思维方式，对其价值观产生了一定程度的影响。习近平总书记深刻指出，"互联网不是法外之地，利用网络鼓吹推翻国家政权，煽动宗教极端主义，宣扬民族分裂思想，教唆暴力恐怖活动，等等，这样的行为要坚决制止和打击"[1]。因此，政府应该加强对网络新媒体的监管，善于规范和引导媒体行为，及时整顿和打击不法网站，营造清朗的网络空间。首先，政府要完善相关法律法规，以法治"网"，进一步规范网络行为。其次，政

---

① 习近平. 在网络安全和信息化工作座谈会上的讲话 [N]. 人民日报, 2016 – 04 – 26.

府要进一步加强对网络新媒体的管理和监督，创造积极健康的网络环境。习近平总书记深刻指出："互联网直接关系着我国意识形态安全和政权安全。"① 由此可见，网络上传播的各种西方思潮以及不良政治信息严重影响了大学生的政治导向，危害我国主流思想的传播。政府对此要高度重视，运用各种有效措施实行网上舆论监督、约束网络行为，严厉惩治和打击传播虚假反动政治信息的行为，营造一个良好的网络环境。最后，网络新媒体从业者要加强行业的自律，提高网络新媒体行业道德。在目前的社会环境下，某些不良媒体为了利益做虚假新闻，哗众取宠，造成了不良的社会影响。然而，网络新媒体作为价值引导、思想引领的重要一环，理应增强社会责任感，传播积极健康的信息。因此，应该加强行业的自律，强调互联网网站的自我克制、自我调节机制，推动网络通过自我约束，规范自身发展，赢得公众的信任，同时传播积极向上的价值观。

（二）整合各种社会资源，营造良好社会氛围

社会资源是一笔宝贵的财富，不仅承载了人类文明，而且为推动社会发展提供了精神动力。本书在此以广州为例，探讨整合各种社会资源的有效策略。广州，历史悠久，人文荟萃，2 200多年的深厚积淀，孕育了丰富宝贵的文化资源。如果把这些资源有效整合起来，用于大学生政治价值观教育上，必会产生积极效果。

一方面，借助广州物质文化资源，激发大学生的爱国热情。广州物质文化资源包括革命遗址和博物馆、广州标志性建筑、广州典型人物等，这些都蕴含着积极向上的价值观内容。如：南越王博物院、中山纪念堂、广州起义烈士陵园、广州农民运动讲习所旧址等历史遗迹凸显了"爱国奉献、自由平等"的政治价值观；如：广州沙面、中西合璧的骑楼、西式的教堂凸显了广州包容开放的文化，也体现了广州曾经的荣耀和屈辱；广州的历史名人洪秀全、邓世昌、孙中山等表现出来的爱国奉献、自强不息的精神也鼓舞着人们……依托广州丰富的物质文化资源，开展社会实践活动，使大学生在参观这些场馆时感受地方文化的熏陶，把这些物质文化资源传递出来的价值观内化于心，激发个体的爱国热情，帮助其形成正确的政治价值观。

另一方面，利用广州的精神文化资源，增强大学生的政治认同。精神文化资源作为无形的资源，表现为一种价值意识、思想形态、心理素质、

---

① 习近平. 习近平在全国宣传思想工作会议的讲话［Z］. 中国广播网，2013－08－21.

共同情感，对人产生潜移默化的影响。广州的精神文化资源主要凝聚在节庆活动、神话传说中，如：广府庙会、春节花市、端午节赛龙舟等。这些精神文化资源都体现着爱国爱家、团结和谐的价值观，如果将其充分用于大学生政治价值观教育中，能够引导大学生通过心理暗示、亲身体验的方式不知不觉地把精神资源内化为积极的价值观，增强大学生的政治认同感和社会责任感，有助于他们树立积极健康的政治价值观。

二、加强高校政治价值观教育，培养时代新人

（一）完善大学生政治价值观教育的内容

在社会发展进入"快车道"的背景下，"内容为王"成为当下的重要特征，当前大学生政治价值观的教育也必须根据新的形势、新的问题精心打造教育内容，使其不断完善和丰富，更适应大学生的健康成长和整个社会的发展，增强大学生的获得感。

（1）以爱国主义教育为核心激发大学生的爱国热情

中华民族历来重视民族精神教育，而民族精神的核心是爱国主义。"爱国主义是长期生活在一定疆域里的人民在历史上逐渐形成的对自己祖国的一种深厚的感情。这种感情集中表现为对自己祖国的炽烈热爱和无限忠诚，表现为民族自尊心和民族自信心，表现为人们争取自己祖国的独立富强而英勇献身的奋斗精神。"[1] 现阶段在我国，爱国主义同社会主义有机地统一于建设中国特色社会主义的实践中。在新时代，爱国主义教育更加成为高校一个响亮的主旋律。习近平总书记在全国教育大会上强调，要在厚植爱国主义情怀上下功夫，让爱国主义精神在学生心中牢牢扎根。因此，新时代高校应该以爱国主义教育为核心激发大学生的爱国热情，通过在课堂上充分展示广州改革开放40多年来取得的辉煌成就，激发大学生的爱国热情和民族归属感，强化大学生对中国特色社会主义制度的政治认同；通过组织大学生观看爱国主义的电影作品、参加爱国主义的活动来提高大学生对爱国的认知，加深大学生的爱国主义情感，使大学生自觉成为爱国主义精神最坚定的实践者、弘扬者和传播者。

（2）以理想信念教育为重点增强大学生对党的认同感

理想信念，是人对某一事物的未来发展状况有根据的、合理的、美好

---

① 陈万柏，张耀灿.思想政治教育学原理：第2版［M］.北京：高等教育出版社，2007：186.

的想象和希望，是对未来的向往和追求，是世界观、人生观和价值观的体现，是坚信自己的世界观、人生观和价值观无比正确因而不肯加以改变的思想观念。理想信念是人安身立命和精神寄托之本，一个人确立了正确的、科学的信仰、理想、信念，就有了精神支柱，对事业、对生活就有了明确的目标和奋斗的动力。反之，一个人如果没有信仰，没有理想信念，就没了主心骨，就会缺乏对事业和生活执着追求和奋斗进取的精神力量，也就谈不上焕发自己的潜能，实现自己的人生价值和人生理想。理想信念是"最好的营养剂"，能补足精神上的"钙"。习近平总书记指出，培养担当民族复兴大任的时代新人，重中之重是要以坚定的理想信念筑牢精神之基，坚定对马克思主义的信仰，对社会主义和共产主义的信念，对中国特色社会主义道路、理论、制度、文化的自信。因此，新时代高校应该以理想信念教育为重点，引导大学生牢固树立"中国梦"的远大理想，自觉把个人理想同中国梦结合起来，自觉坚定跟党走的政治选择，从而不断增强对中国共产党的认同感。

（3）以形势政策教育为关键提高大学生民主认知水平

"进行形势政策教育，就是要经常向人们分析国际国内形势的发展变化，宣传党的各项方针、政策。"[①] 在形势政策教育中，要注意引导人们运用马克思主义的立场、观点和方法来观察和分析形势，正确认识形势发展中的主流和支流、全局和局部、现象和本质的关系，正确把握党在现阶段的各项政策，认清现阶段政策和共产主义方向的一致性，从而正确处理个人利益和集体利益、国家利益以及眼前利益和长远利益的关系。形势政策教育的内容是极其丰富的，应该紧紧围绕党的中心工作，突出重点。为了帮助大学生端正认识，解决政治认知中存在的问题和偏差，抵制社会变革期的诸多问题和西方政治文化思潮对大学生政治价值观的冲击，高校要重点对大学生进行国内和国际形势与政策教育，帮助大学生准确把握、科学分析国际国内的政治形势与热点问题，了解认同党和政府的最新路线、方针政策，从而使其认同中国特色社会主义民主以及我国的社会主义民主制度，认识到西方民主与中国特色社会主义民主有本质上的区别，提高大学生的民主认知水平。

（4）以法制观教育为重心坚定大学生的法律信仰

法制观教育就是使人们自觉遵守国家法律和纪律，维护社会主义的法

---

① 陈万柏，张耀灿. 思想政治教育学原理：第 2 版 ［M］. 北京：高等教育出版社，2007：187.

制秩序。进行社会主义法制教育，要帮助人们形成明确的法治意识，引导人们树立宪法至上的意识，树立法律面前人人平等的意识，要引导人们"知法""守法""依法办事"。习近平总书记指出，"法律要发挥作用，需要全社会信仰法律"①。因此，"要深入开展法制宣传教育，弘扬社会主义法治精神，引导群众遇事找法、解决问题靠法、逐步改变社会上那种遇事不是找法而是找人的现象"②。新时代高校理应重视法制宣传教育，如通过开展普法宣传活动、课堂讲授系统的法律知识等方式，让法律知识深入学生头脑，推动大学生形成遵法、学法、守法、用法的观念，进一步坚定法律信仰，养成良好的行为习惯，从而使大学生掌握宪法法律知识，增强法律意识，成为宪法的忠实崇尚者、自觉遵守者、坚定捍卫者。

（5）以公正观教育为焦点提高大学生对公正评价的科学性

大学生公正观教育，就是采用多种教育方法和教育形式，让大学生树立科学正确的公正观。大学生公正观教育的作用在于大学生通过系统学习公正理论，结合一定的社会实践，树立科学的马克思主义公正观，提高自己的思想道德修养，明确作为一名大学生应该享受的正当权利和必须履行的义务，树立起正确的公正观。进入新时代，中国更加关注社会的公平正义，公正更是我国社会主义核心价值观的重要社会理念之一，因此，高校理应重视公正观教育。从本质上来说，公正观也是一种价值观教育。高校应该通过各种形式的教育实践活动促使大学生自觉理解并认同社会上认可、倡导的公正价值，关注社会公正情况，理性看待社会发展中出现的公正问题，愿意肩负起促进社会公正的责任，并能够在公正观念的引导和规范下做出公正的行为，进而维护和追求社会公正。

（二）创新大学生政治价值观教育的方法

如果政治价值观教育的方法使用得当，不仅能够起到吸引大学生的作用，还能够通过"圈粉"达到教育感化、价值同化的目的。毛泽东曾把"方法"比喻为"桥和船"，并且强调有了方法才能顺利完成任务。面对新时代我国出现的新变化、新问题、新挑战以及新时代大学生的新特点、新需求、新动态，高校应该创新政治价值观教育的方法，运用形式多样的方

---

① 中共中央文献研究室．习近平关于全面依法治国论述摘编［M］．北京：中央文献出版社，2015．

② 中共中央文献研究室．十八大以来重要文献选编：上［M］．北京：中央文献出版社，2014：721 - 722．

法进行教学，这样才能增强教育的实效性，确保思想政治教育落到实处。

一方面，政治价值观教育方法要结合大学生实际，体现针对性。新时代大学生在经济全球化、政治多极化、文化多元化的环境中成长，思维活跃，独立并具有创新精神，能较快地接受新鲜事物，求知欲望强烈，渴望被尊重、被理解、被肯定。因此，以往"满堂灌"的教学方法已不适应新时代大学生的需求，相反他们厌恶反感这种教学方式，对此感到枯燥无味，持拒绝、排斥的态度。高校应该结合新时代大学生的新特点、新需求，从实际出发，创新政治价值观教育方法，如运用榜样示范法树立榜样典型，通过"广州道德模范"评选、"自强之星"评选等活动来打造价值标杆，展现新时代榜样的新风采新面貌，向大学生传递正能量，感染鼓舞大学生，给他们以正确的示范引导；运用比较鉴别法使大学生更好地认识事物，从比较中提高辨别能力；运用咨询辅导法更好地疏导大学生的政治心理，解决他们内心对价值问题的困惑和矛盾，引导和帮助大学生做出合理的判断和选择。

另一方面，大学生政治价值观教育方法要与时俱进，体现时代性。高校思想政治工作要做到"因事而化、因时而进、因势而新"，政治价值观教育更是如此。然而，从本次调查来看，目前广州高校的思想政治课堂中，部分教师的教学方法和方式还比较传统，比如仍然存在"满堂灌"的教学方法。这种不恰当的教学方式扼杀了学生的兴趣和求知欲，难以发挥学生的主体性和能动性，造成学生对思想政治课堂产生厌恶、排斥心理，从而对大学生形成正确的政治价值观产生消极影响。因此，在科技迅猛发展、公共设施体系不断完善的背景下，高校应不断改进和优化教学方法，这样才能获得良好的教育效果。比如江苏的一些高校创新思想政治教育方法，借鉴比较火热的电视节目《世界青年说》《奇葩说》等，转变课堂授课方法，这样的课堂深受大学生喜爱。在课堂上，由传统的老师说、课上讲，转变为让青年说、青年演、青年唱，用青年人的语言、青年人接受的方式传播马克思主义，如让学生创作歌曲《马克思依旧活在我们身边》，课堂上让学生朗读《共产党宣言》、课后鼓励学生拍摄微视频《神会马克思》，等等，增强学生的代入感和亲切感，从而增强他们的政治认同。清华大学组织学生用文艺作品感受历史魅力，感受祖国的繁荣伟大。如绘画作品"列宁在十月"、手工作品"一带一路"、图画作品"春和景明"等。学生用自己喜欢的方式体验、感悟历史，积极参与到思政课堂当中，通过亲身体验的方式增强爱国情感和民族意识。华南理工大学让思政课教学"活"了起来，把探访"红色基地"作为必修内容，把"乡土中国"社会调查、"爱洒羊城"志愿服务、"我爱我工"校园文化建设这三个模块融入选修内容，让课程考核更多元。这些创新的教学方式大大增强了学生在思政课学习过程中的认同感、获得感、满足感，值得广大高校学习借鉴。在新时代背景下，高校应该把单向式灌输转化为参与式互动；尝试通过网络互动平台、翻转课堂、座谈讨论等方式让大学生踊跃发出自己的声音。同时也可尝试运用网络教学法实现远程教学和在校内建立实践活动基地，为大学生参加实践锻炼创造条件；同时注意在课堂上灵活运用情景模拟法、案例教学法、角色体验法等方式方法增强课堂吸引力和感染力。通过创新大学生政治价值观教育的方法，加深大学生的亲近感和认同感，让大学生都爱上思政课，让思政课成为大学生毕生难忘、终身受益的课程，从而培养大学生形成科学的政治价值观。

（三）丰富大学生政治价值观教育的载体

政治价值观教育载体能够传递能量、传导教育信息，具有纽带、反馈、强化、渗透等功能。面对新形势、新问题，科学选择恰当的政治价值观教育载体，才能加强和改进高校思想政治教育，从而更有效地达到教育目的。

第一，利用文化载体，引导大学生树立正确的价值导向。文化的核心是价值观，其本身蕴涵着丰富的思想政治教育信息，以文化为载体，无疑能对人产生深刻而持久的影响。广州是一座具有丰厚历史人文底蕴的城市，承载着许多优良的文化资源，如果能够进行有效的开发、挖掘以及恰当的使用，必然会使教育效果事半功倍。因此，广州高校可把广州历史文化资源的积极内容融入思想政治教育过程中，激活文化育人功能。如在课堂上解读、鉴赏广州的经典文学作品、粤剧等；观赏广州乞巧文化节剪纸艺术作品；讲述广州老字号的故事，等等，引发大学生的情感共鸣，有助于培育大学生爱国进取、艰苦奋斗的价值观，提升大学生对中华民族的政治认同、思想认同、情感认同。此外，高校应该营造积极健康的校园文化，通过学习优秀的文化使大学生在潜移默化中净化心灵，丰富大学生的精神文化生活，努力发挥文化育人、环境育人的独特功能。学校是立德树人的地方，这就强调了学校是学生品德养成的重要场所。因此，如果学校构建了和谐的校园政治文化环境，会更有利于大学生形成积极健康的价值观。一方面，加强物质文化载体的运用。高校可以充分利用校园内的文化长廊、教学楼显示屏、学生宿舍楼宣传栏、饭堂宣传栏等硬件设施为学生传递最新的政治信息。另一方面，加强精神文化载体的运用。利用校规、校纪规范师生行为，维护校园和谐稳定；利用校歌、校徽、校训等感染师生，激发团结向上的校园正能量。

第二，拓展社会实践载体，助推大学生作出正确的价值判断。实践是认识的来源和目的，是发展的动力和归宿。由于大学生欠缺社会实践经验，阅历不足，看待问题和理解问题不够成熟理性，因而容易导致政治价值观取向偏离主流。因此，高校应该在教育中注重拓展社会实践载体，创造更多机会和条件让大学生了解社会、深入社会、服务社会。具体来说，首先，开展丰富多彩的党团社团活动。在大学生的学习生活中，除了课堂学习，参加党团社团活动是一种重要的必不可少的课外活动，不仅能丰富大学生的课余生活，陶冶情操，还能拓展大学生的知识面，提高综合素质，增强大学生的社会责任感。因此，学校党委要注重发挥党团组织的独特作用，指导开展各种活动，通过报告会、研讨会、专题讲座等形式，加强理论学习，不断提高大学生的政治素养。其次，学校还应该指导社团组织开展各类活动，如暑假"三下乡"活动、大学生志愿者活动、参观调查活动等，增进大学生对国情、民情、乡情的了解，从而使其认识到在脱贫攻坚进入决胜阶段时需要广大青年投身基层，认识到实现中国梦需要广大青年担起时代责任。通过社会实践激发大学生自觉扛起社会责任，奉献新时代。同时创立如"马列研究会""马理论读书社""中国特色社会主义理论学习研究会"等理论学习型社团或组织，以此来提高大学生的政治认知，引导他们走理论联系实际的道路。再次，完善大学生政治价值观教育的实践教学。高校要多组织大学生到实践教学基地现场参观、学习与调研，如组织学生到博物馆、革命遗址、古建筑、纪念馆等实践教育基地进行参观学习，让学生在这个过程中亲身体验，在潜移默化中接受爱国主义教育。然后，学校应该结合本校的特色，利用本地区的特点，因地制宜，因势利导，建立富有自己特色的实践教学基地，如师范类教学基地、情感体验性实践活动基地、行为养成性实践活动基地等。最后，高校应加强与社区的联系与合作，推动大学生社会实践向社区延伸。例如，鼓励大学生加入社区的公益或福利机构做志愿者，通过参与社区的文化建设，参与社区的管理来体验和参与政治生活，感受中国政治文明建设的政策和发展方向，使他们对社会主义民主有更深刻的理解，从而助推他们形成正确的政治价值观。

三、营造良好家庭氛围，引导正确价值取向

家庭不只是人们身体的住处，更是人们心灵的归宿。习近平总书记指出："广大家庭都要重言传、重身教，教知识、育品德，身体力行、耳濡目染，帮助孩子扣好人生的第一粒扣子，迈好人生的第一个台阶。"① 因此，在新时代背景下，要重视家庭教育。家长要树立现代教育理念，坚持正确的家庭教育价值取向，同时要提高政治素质，为孩子树立人格榜样，营造良好的家庭氛围，助推大学生积极健康成长，形成正确的政治价值观。

（一）树立现代教育理念

"父母是孩子的第一任老师。家庭教育不仅关系到孩子的终身发展，而且关系到国家和民族的未来。"② 父母的教育理念影响着家庭教育工作的开展，教育理念科学正确能使孩子在积极健康的环境下成长，更易形成正确的价值导向。由于现代社会看重学历、追求成绩，部分家长存在不科学的教育理念，以孩子的成绩为中心，忽略对孩子政治素质的培养，缺乏引导孩子具备政治担当的能力，这些在一定程度上造成孩子只重视个人的发展而忽视个人政治素质的培养和国家的发展。因此，家长应该树立现代的教育理念。首先，重视孩子的全面发展。孩子的学习成绩不能衡量他们的综合素质，切忌因为成绩而忽略了孩子的全面成长，努力使孩子成为德、智、体、美、劳全面发展的人。其次，重视孩子政治素养的培养。家长应该摒弃"政治无用论"等思想，树立民主平等的教育理念，尊重孩子，理解孩子，鼓励孩子关心时事政治，关心国家大事，引导孩子积极参与到政治生活中来，主动与孩子讨论社会热点问题，在思想上多交流多沟通，提高孩子的政治认知水平，提高其价值判断与选择能力，帮助孩子树立科学健康的政治态度。最后，家长应该积极配合学校，加强与学校的联系。传统家庭认为教书育人是学校的任务，忽略了家庭应该担负的责任。家长应该端正思想，建立"学校—家庭"联合教育的模式，积极配合学校，加强与学校的沟通和交流，同时充分发挥家庭教育所特有的情感性、亲和性特

---

① 习近平. 习近平在会见第一届全国文明家庭代表时的讲话［N］. 人民日报，2016-12-12.
② 教育部关于加强家庭教育工作的指导意见（教基一〔2015〕10 号）［Z/OL］. 中华人民共和国教育部网，2015-10-16.

点，帮助学校更好地选择教育方法和确立教育目标，共同促进大学生确立起科学的政治价值观。

（二）提高家长自身素质

家长是孩子人生中的第一任老师，是孩子人生中的学习榜样，他们的思想观念、行为习惯等在孩子成长的过程中留下了深刻的烙印。因此，家长应该不断提高自身的素质，给孩子树立典范。首先，家长应该提高自身的政治素质。在日常工作生活中，关心国家大事、关心时事政治，通过自我教育、自我约束等提高政治认知，树立正确的政治立场，坚定理想信念，不断提高自身的思想觉悟和政治素质。当孩子在一些政治问题上感到困惑不解时，家长及时给予引导，使他们做出正确的价值判断与选择。其次，家长应该不断提高自身的道德品质。家长具有高尚的人格魅力无形中会影响孩子的处世态度，影响孩子人格的塑造。在日常生活中，家长应该以身作则，积极参加志愿服务活动、献爱心活动，带领子女践行社会主义社会所倡导的道德规范和核心价值观。最后，家长应该不断提高终身学习的能力，保持一颗"活到老学到老"的心。当今社会科技发展日新月异，知识推陈出新的周期不断缩短，只有不断学习，才能提高组织协调能力、沟通交流能力、创新能力等，才能适应社会发展的要求。新时代的大学生知识储备越来越丰富，不再局限于课本知识，因而家长更需要保持学习的心，不断学习，不断更新观念，不断促进自身素质的全面发展。在这个过程中，为子女做好示范，用自己已经掌握的理论知识、价值观念、道德品质等感染子女，使其树立远大的理想并培养其奋发向上的精神。

四、强化自我教育，发挥内省作用

苏联现代教育家苏霍姆林斯基强调："没有自我教育就没有真正的教育。"大学生正确政治价值观的形成不仅仅靠社会、学校、家庭形成合力，更关键的是依靠大学生主观能动性的发挥，主动进行自我教育。朱智贤在《心理学大词典》一书中提出，"自我教育是个人主动地提出道德修养目标，并以实际行动努力完善或培养自己的人格品质的过程"[①]。可以说，大学生只有加强自我教育，才能更好地把正确的价值观念内化

---

① 朱智贤．心理学大词典［M］．北京：北京师范大学出版社，1989：10．

于心、外化于行。

（一）自觉加强政治理论学习

根据调查发现，少部分大学生的政治理论知识薄弱，对一些政治问题、政治事件认知存在偏差，甚至产生偏激思想，对中国共产党的领导缺乏认同感，对社会主义制度产生怀疑否定，导致其形成了错误的政治价值观。理论是实践的依据，理论知识不足，会导致实践缺乏指导。因此，大学生要自觉加强政治理论学习，提高自身的政治素养。首先，大学生应该在"两课"上充分发挥主观能动性，积极接受教育。长期以来，在高校的思想政治理论课堂上，学生处于被支配的地位，教师讲什么，学生就听什么，无法体现学生的主体性地位。因此，学生应该主动参与课堂，对教师讲授的知识进行自我理解和独立思考，积极与教师或同学互动，充分发挥自身的主观能动性，在这个过程中提升自己的认知水平。其次，大学生应该在课外积极主动地学习政治理论知识。学习不能仅仅限于课堂，大学生应该把学习作为一项长期坚持的任务，在课余时间也要重视学习。通过网络新媒体、书籍、报刊等渠道不断学习习近平新时代中国特色社会主义思想，特别要学习党和国家提出的最新的大政方针，了解国内外时事动态等，不断拓展知识面，不断巩固已经理解的理论，并且内化于心，形成正确的政治价值观。

（二）积极参加各种实践活动

除了自觉加强政治理论学习外，大学生还应该积极参加各种实践活动，不断增强自身的动手能力，真正做到"知行合一"。参加实践活动不仅能让大学生在活动中深入社会、感知社会、体验社会，更能让大学生在活动中自觉抵制庸俗、消极的价值观，坚定理想信念，坚守正确的价值取向，增强社会责任感，从而不断修正、完善自己的价值观。首先，大学生应该主动参加党团社团活动，如"践行社会主义核心价值观"党团活动、"我的中国梦"党团活动、"学习十九大精神"党团活动以及"学雷锋"活动、"五四青年节"主题活动等，在这些活动中大学生能增进对党和国家的了解，更加理解党和国家的政策方针，同时能意识到作为新时代大学生的责任与担当。其次，大学生应该积极参与社会实践活动，如青年志愿者活动、暑假"三下乡"活动、基层调研学习活动、社区公益活动等。通过积极主动地投身社会实践活动，了解社会状况和社会动态，在实践中感受和体验，增强服务社会的意识，努力为社会主义现代化建设而奋斗，这有助于他们更新观念，不断提高自己，完善自己。最后，大学生应该积极参加政治实践活动。在社区和学校的管理中，大学生不应该置身事外，而应该积极行使权利、履行义务，发表自己的想法和意见，主动参与到社区和学校的民主选举、民主决策、民主管理、民主监督中，提高自己政治参与的积极性，从而成为政治价值观教育的主角，树立健康积极的政治价值观。

小　结

习近平总书记在党的十九大报告中作出中国特色社会主义进入新时代的重要判断，同时提出要以培养担当民族复兴大任的时代新人为着力点。新时代赋予新使命，新使命呼唤新作为。一代人有一代人的使命，一代人有一代人的担当。一代人有一代人的精神，一代人有一代人的价值观念。新时代，时代新人必须能够担当起民族复兴的大任，树立正确的政治价值观；应当具有自觉的国家意识、民族意识、责任意识，主动担当历史责任；应当爱国、力行，有情怀、有坚守；应当立志、为公，有理想、讲奉献；应当奋斗、创新，有本领、有担当。因而，作为时代新人，树立正确的政治价值观至关重要。

广州地区的大学生，身处改革前沿阵地，身处伟大的新时代、发展的黄金期，他们的政治价值观现状如何，反映着高校人才的培养质量，影响着中国梦能否顺利实现，关系着党和国家的前途和命运。因此，本章选取广州地区 20 所高校的大学生作为调查对象进行实证研究，分析新时代大学生政治价值观现状、特征以及存在的主要问题，同时阐述影响大学生政治价值观形成的因素，并在此基础上，提出引导大学生树立正确政治价值观的对策：

第一，实证调查分析得出新时代大学生政治价值观的现状。通过调查发现，总体上来说，新时代大学生的政治价值观现状基本良好，符合社会主流价值取向，呈现积极健康的良好态势。具体而言，首先，大学生总体上拥有积极健康的国家观，对爱国主义的认知趋于全面和理性，表现出强烈的爱国热情和民族意识，以及对国家未来发展充满信心。其次，大学生总体上拥有合理客观的政党观，对我国政党和政党制度有比较清晰的了解，对党的领导具有较高的认同感，同时具有较坚定的理想信念；再次，大学生总体上拥有全面理性的民主观，对民主和社会主义民主具有一定的了解，对我国社会主义民主政治制度认同感较高，对于追求社会主义民主具有较高的共识。另外，大学生总体上拥有正确科学的法制观，对我国法律体系有一定的了解，树立了法律重于人情的现代法律意识，形成了遵法、守法、用法的观念。最后，大学生总体上拥有客观理性的公正观，对公正的理解总体符合社会主流价值判断，对社会公正的评价较为理性客观，对我国公正建设满怀信心。

第二，阐述新时代大学生政治价值观呈现的特征。通过对现状的认真分析，总结出大学生政治价值观呈现出"一元主导，多元并存""家国为重，兼顾个人""认知客观，夹杂模糊""评价理性，掺杂感性"这四方面的特征。

第三，分析新时代少部分大学生政治价值观存在的主要问题及影响因素。一方面，从现状和特征中窥探出少部分大学生政治价值观存在的主要问题，包括：在国家观上，少数大学生爱国情感有待加强；在政党观上，少数大学生对党的认同感有待增强；在民主观上，少数大学生对民主认知的准确性有待提高；在法制观上，少数大学生对法律的信仰有待进一步坚定；在公正观上，少数大学生对公正评价的科学性有待提高。另一方面，深层次地挖掘影响大学生政治价值观形成的因素。一是社会主义市场经济快速发展带来的影响；二是全球化背景下多元文化的影响；三是网络新媒体迅猛发展带来的影响；四是高校思想政治教育的重要影响；五是家庭教育潜移默化的影响；六是大学生个体心理特征的影响。

第四，基于以上分析，本章有针对性地提出核心引领与整合的策略。首先是创造良好社会环境，引领核心价值观；其次是加强高校思想政治教育，培养时代新人；再次是营造良好的家庭氛围，引导正确价值取向；最后是强化自我教育，发挥内省作用。

第三章 新时代青年道德价值观的冲突与整合

道德价值观属于社会意识形态范畴，随着社会存在的变化而变化。某种程度而言，大学生是社会变化的窗口和晴雨表，他们往往对社会存在的变化是最敏感的，他们的道德价值观必然呈现出属于他们的时代特征。2016 年我国对全国高校大学生的思想政治状况进行了调研，研究显示，积极、向上与健康依旧是大学生的思想主流，但调查也发现，在大学生中存在一定的享乐主义倾向，对有关的思想理论问题认识不够清晰，道德意愿受社会不良风气的影响较大。实际上，部分大学生道德价值观出现问题，一是与他们所成长的社会大环境有关，二是与他们所接受的道德价值观教育有关。

一方面，世界政治的争夺与分化、经济的竞争与合作、文化的冲突与融合，深刻影响世界乃至当代中国政治、经济与文化的走势，同时也构成了大学生成长的时代环境和社会背景。成长于如此大环境中的大学生，其道德价值观念、思维方式和行为习惯必然呈现出属于他们的时代特征。大学生的道德价值观状况如何？出现了什么新变化？存在何种新问题？受到何种因素影响？呈现怎样的趋势？大学生道德价值观教育的载体、途径、方法、内容、理念等又需要发生何种改变？回答这些问题，不仅需要抽象的理论的指引，而且需要实证调查的检验。大学生群体是实现伟大复兴的中国梦的重要后备力量，他们会对国家的未来发展产生极大影响。基于此背景，对大学生道德价值观进行研究就显得尤为必要。

另一方面，长久以来，我国高校的大学生道德价值观教育，或多或少地存在轻实践、重理论；轻理解、重灌输；轻形式、重内容；轻客体、重主体；轻个人、重社会的现象。这种道德价值观教育是把道德原则、道德规范强加于人的，未能从人的本身、人的实际需要、人的全面发展出发，以致道德价值观教育完全背离初衷，演变成一种机械地遵循道德原则、无条件地按照道德规范行事的驯化式教育，人在道德规范面前是被动服从的。道德价值原则、道德价值规范、道德价值范畴没有真正被客体所理解、接受与内化。面对纷繁复杂的社会大潮，部分辨识能力弱的大学生的道德价值观就易陷入矛盾、困惑与迷茫状态。高校只有深刻把握大学生道德价值观的现状、嬗变规律与趋势，才能提出有针对性的建议以提高大学生道德价值观教育水平。

本章对于道德价值观的调研具有重要的意义和价值。首先，整体而言，当前我国大学生的思想道德水平较高，但仍有少部分大学生存在价值取向偏重自我、集体主义意识淡薄、行为西化、动机功利、对我国优秀传统文化认同度低、道德评价相对主义严重等问题。习近平总书记在全国高校思想政治工作会议上明确强调，高校要把立德树人作为中心环节，"必须围绕学生、关照学生、服务学生，不断提高学生思想水平、政治觉悟、道德品质、文化素养，让学生成为德才兼备、全面发展的人才"①。对大学生道德价值观展开调研，对提高大学生道德价值观大有裨益。

其次，通过对大学生道德价值观现状调研，能为高校道德价值观教育和引导实现有的放矢提供实践基础。高校只有充分认识与遵循大学生身心发展认知规律及思想政治教育规律，才能不断提高大学生道德价值观教育水平。目前，部分教师对大学生道德价值观的现实状况把握得不够透彻，这是导致高校道德价值观教育实效性一直差强人意的重要原因之一。本章以问卷调查和个别访谈相结合的形式，对大学生道德价值观现状、嬗变的轨迹、规律与趋势进行了详细的描述和深入的分析，有助于提高道德价值观教育和引导的针对性与科学性。

第一节　学界相关研究综述与本研究的理论基础

一、学界相关研究综述

（一）时代际遇中的大学生道德价值观

其一，对大学生道德价值观现状的研究。多数学者认为，虽然大学生道德价值观整体态势较好，但也出现了某些令人担忧的地方。闫斐从三个方面（社会公德价值观、学业道德价值观、家庭道德价值观）来研究大学生道德价值观，得出的结论是当代大学生道德价值观整体水平较高。② 宫敏燕指出：在现代性语境中，青年的道德价值观呈现出明显的多元性、差

---

①　习近平. 在全国高校思想政治工作会议上的讲话［N］. 新华网，2016 - 12 - 08.

②　闫斐. 大学生道德价值观研究［D］. 包头：内蒙古科技大学，2015：11 - 16.

异性、复杂性，即活跃的思维中掺杂着某种偏颇、平稳的情绪中隐藏着某种忧患、平衡的心理中暗藏着某种失衡。①

其二，大学生道德价值观出现问题的原因研究。纵览现有研究，可发现致使大学生道德价值观出现问题的影响因素是多元的。王锋认为：社会变革和转型、利益观念的转变、家庭教育的误导、社会恶劣现象的影响、西方文化的冲击等是造成部分大学生道德"失范"的重要原因。② 杜坤林则从主体探析、伦理诠释、文化审视、制度解析、教育反思五个方面，对大学生道德价值观产生的冲突进行动因分析，进而提出当代大学生道德价值观重建的基本要素预设及动力机制。③ 冯秀军通过问卷调研与访谈，从三个方面（原则性道德价值观、范畴性道德价值观、规范性道德价值观）对大学生道德价值观状况展开调研，并在探究影响因素的基础上，提出相应的对策和建议，以加强和改进高校大学生道德价值观教育水平。④

其三，提高大学生道德价值观教育水平的路径研究。黄海从教育学视角，指出应从学生和社会两个角度入手，采取相应措施以增强大学生道德价值观教育的实效性。⑤ 刘志伟通过问卷调研的方式，对湖南三所高校570名大学生的道德价值观进行实证研究，并以心理学为视角，提出培养大学生道德价值观的现实路径。⑥ 邵龙宝则从传统文化视角，指出大学生道德价值观体系的构建可充分借助儒家伦理的精华。⑦

（二）大学生道德价值观的对比研究

其一，从纵向对大学生道德价值观进行对比研究。从历史出发，对大学生道德价值观变迁的轨迹进行系统梳理，对大学生道德价值观变化的特征进行深入总结，以期更好地指导当前我国高校道德价值观教育实践。王丽丽、张森林在总结中华人民共和国成立以来大学生价值观演变特征的基础上，提出大学生价值观培育的有效路径。⑧ 杜坤林则将大学生道德价值

① 宫敏燕. 现代性语境中青年道德价值观之构建 [J]. 青年探索, 2015 (4)：79 – 83.
② 王锋. 当前大学生道德价值观研究 [D]. 武汉：武汉大学, 2005：32 – 39.
③ 杜坤林. 冲突与重建：当代大学生道德价值观研究 [M]. 上海：上海交通大学出版社, 2013.
④ 冯秀军. 社会变革时期中国大学生道德价值观调查 [M]. 北京：教育科学出版社, 2013.
⑤ 黄海. 浅谈当代大学生道德价值观教育 [J]. 教育探索, 2014 (3)：119.
⑥ 刘志伟. 道德心理学视域下的大学生道德价值观研究 [D]. 衡阳：南华大学, 2011：25.
⑦ 邵龙宝. 儒家伦理与当代大学生道德价值观体系的构建 [J]. 教育科学, 1997 (4)：52 – 56.
⑧ 王丽丽, 张森林. 建国后大学生价值观演变规律及其教育方法探究 [J]. 东北师范大学学报 (哲学社会科学版), 2011 (6)：177.

观的演变划分为四大阶段（主体觉醒、冲突迷茫、调整与反思、多元发展）。① 基于对大学生道德价值观变迁特征的系统分析，目前学界普遍认为，大学生道德价值观嬗变的轨迹为：由集体到个人；由言不及利到义利并重；由一元到多元；由理想到现实；由封闭到开放；由严格到宽容。

其二，对大学生道德价值观进行横向对比研究。纵观现有研究成果，可发现只有极少数学者会从横向上对大学生道德价值观进行对比研究。目前对大学生道德价值观进行横向对比研究的文章大体有两类：一类是大学生道德价值观的校际对比研究；另一类是大学生道德价值观的区域对比研究，如罗石、杨汉宁采用问卷调查的方式，对我国东西部大学生的道德价值观进行了异同分析。②

总体而言，国内学者已对大学生道德价值观展开了系统研究，并取得了大量成果，为本书提供了可借鉴的内容。但纵览现有成果，依旧存在以下三点不足。

第一，学者们对大学生道德价值观的跟踪对比研究明显不足。有关这方面的研究也仍存在一些问题，如龚惠香、汪益民对研究生道德价值观状况的前后对比只间隔了 4 年③，时间跨度较短。

第二，道德价值观研究对象多为当代大学生、"80 后"大学生、"90 后"大学生，对当今在校大学生道德价值观最新调查的一手资料为数不多。

第三，未曾有学界一致公认的大学生道德价值观测验量表。目前，由于缺乏学界普遍认可的大学生道德价值观测验量表，因此学者们在调研大学生道德价值观现状时所采用的维度各不相同，有的学者甚至只从道德价值观取向结构这方面来研究大学生道德价值观。

本研究将通过问卷调查与个别访谈，调研当今在校大学生道德价值观现状，发现道德价值观存在的问题，并分析原因，总结大学生道德价值观嬗变的规律与趋势，进而提出针对性建议，为提高大学生道德价值观教育水平、丰富高校道德价值观教育理论、改进高校道德价值观教育实践提供有价值的参考。

---

① 杜坤林. 冲突与重建：当代大学生道德价值观研究［M］. 上海：上海交通大学出版社，2013.

② 罗石，杨汉宁. 东西部大学生道德价值观比较分析［J］. 高教探索，2004（2）：74 - 77.

③ 龚惠香，汪益民. 演变中的研究生道德价值观——对两次问卷调查结果的比较分析［J］. 当代青年研究，2000（5）：25 - 27.

二、本研究的理论基础

为更好地提高新时代大学生道德价值观水平，增强高校道德价值观教育实效性，我们首先对大学生新时代际遇、价值观与道德价值观、价值观教育与引导三个方面进行了系统化、规范化的阐述。

（一）大学生的新时代际遇

时代际遇也即时代环境与社会背景，大学生的时代际遇也即大学生出生与成长的时代环境与社会背景。相比"85后"大学生，新时代大学生出生与成长的社会环境更为复杂，他们的想法也更令人难以捉摸。

第一，新时代大学生和"85后"大学生都经历了我国经济体制转变这一时期。在这一时期，国家对大众寻求个人物质利益给予的肯定与鼓励，使得他们在处理个人利益和集体利益时，往往不自觉地偏向个人利益。但是，由于"85后"大学生出生在改革开放后不久，对国人影响深远的集体主义意识还较为浓烈，因此，尽管"85后"大学生有个人主义倾向，但多数大学生还是以集体为重。新时代大学生出生于市场经济体制完全确立之后，成长于经济全球化加深及我国全面深化改革时期，人们对个人利益的强烈追求，使得社会上贪婪之风、浮躁之风、欺诈之风盛行。同时，西方国家凭借其经济、科技优势，不断加重对我国意识形态的渗透，越来越多的人思想与行为开始西化。总之，经济全球化加剧了社会意识形态的纷争，相对于"85后"大学生，新时代大学生道德价值观的选择与确立面临更为严峻的考验。

第二，"85后"大学生与新时代大学生都生活在我国物质财富不断丰富的时期，为过上更为优越的生活，他们的道德动机都充满务实因素。但是，一方面，新时代大学生成长于我国经济飞速发展阶段，优越的物质生活条件在淡化部分学生艰苦奋斗的意愿、强化其功利意识的同时，也令他们的精神世界变得贫乏。另一方面，由于我国计划生育政策的全面贯彻，绝大部分家庭的组成变为"4+2+1"模式。新时代大学生大都是独生子女，集家庭的宠爱于一身，对于他们的各类需求，父母几乎都是尽力满足，例如穿戴讲究名牌、生日聚会看重场面、饮食铺张浪费等。总之，生活世俗化加重，消费主义影响加深，这导致在部分大学生中出现了"放逐精神、削平价值、远离崇高"的现象。

第三，相比"85后"大学生，新时代大学生多是资深的网民，"网络原住民"是对他们最贴切的称谓，"生存网络化"是对他们生活最真实的描述。网络具有两面性，一方面，它给新时代大学生学习、交友与生活带来极大便利。另一方面，网络传播的碎片化减少了新时代大学生独立思考的时间，因而在对某些事件的评述上，他们便表现出人云亦云之态。网络信息的海量性使得辨识能力不高的新时代大学生往往不知如何选择，社会主流思想的影响在减弱。网络空间的虚拟性使得部分新时代大学生肆意在网络上发布与转载不真实的信息，严重削减了他们的道德责任感。总之，信息网络化的趋势加强增加了新兴媒体的挑战，"网络一代"如何做出正确的道德价值选择与理想追求面临艰巨考验。

第四，全球化、世俗化和网络化联袂带来一个多元化时代，个体原子化以及社会结构分化不断地蚕食和解构维系社会存在的价值共识，价值多元化加剧了新时代大学生道德价值选择的冲突，社会主流思想的感召力与影响力在减弱。

第五，教育大众化普及，增加了现实竞争压力，巨大的竞争压力导致的后果之一便是部分新时代大学生强烈的功利意识、浮躁的成功心态以及就业至上的务实道德价值取向。例如，部分新时代大学生为集体做事是为了在评优、保研中获得好处，道德行为的动机不再如"85后"大学生那般纯粹。

（二）价值观与道德价值观

（1）价值观

价值经常出现在哲学、经济学、伦理学等不同学科中，并被赋予不同的内涵。在哲学语境中，价值体现的是客体对于主体所具有的积极或者消极意义。"价值观是人们对价值问题所持有的根本立场、观点和态度的总和，本质上属于社会意识形态，是处于一定经济关系之中的人们的需要和利益的反映，是对经济基础的反映。"[①] 依据不同划分标准可将价值观分为多种类型：以主体为标准，有个人价值观和社会价值观；以重要性为标准，有主导价值观与非主导价值观；以性质为标准，有积极价值观与消极价值观；以内容为标准，有道德价值观、人际关系价值观、幸福价值观等。道德价值观居于价值观中的核心与关键位置，其他价值观的形成与发展都与其密切相关。

---

① 石海兵. 青年价值观研究［M］. 合肥：安徽人民出版社，2007：4.

（2）道德价值观

①道德价值观的内涵

李红指出："道德价值观是指个体对事物作出是否具有道德价值的判断时所持的内在尺度。"① 李伯黍指出：道德价值观就是道德信念，道德信念内涵价值意义。当人们愿意接受某一事物，他们必定是对该事物做出估量并赋予其一定价值的，同理当人们愿意接受某一道德规范，说明这一道德规范也已被他们赋予一定的价值，进而才将其内化为自身的道德价值信念。② 目前学术界对何为道德价值观尚无统一界定，迄今为止人们普遍接受、应用广泛的概念是由黄希庭、张进辅和李红提出的："道德价值观是主体根据自己的道德需要，对各种社会现象是否具有道德价值作出判断时所持有的内在尺度，是个体坚信不疑的各种道德规范所构成的道德信念的总和。"③ 笔者较为倾向黄希庭等学者对道德价值观内涵的界定。

②道德价值观的作用

"道德价值观对个体追求何种道德生活、崇尚何种道德信条、接受何种道德规范、作出何种道德判断和道德评价、欣赏何种道德行为、选择何种道德行为、如何实施其道德行为，以及产生何种道德情感体验等发挥支配、调节和控制的作用。"④ 当前社会上部分人出现道德取向以自我为中心、道德判断标准模糊、道德评价相对主义色彩浓厚、道德动机功利性强、道德行为失范等现象，这些往往与人们道德价值观出现问题有关。

（三）价值观教育与引导

（1）价值观教育

有学者认为，"价值教育"和"价值观教育"翻译成英文都是"Values Education"，但在中文语境里，"价值观教育"可能更倾向于价值观念的阐释与宣传，具有浓厚的认知主义色彩，而"价值教育"不仅关注观念形态的价值范畴的阐释和宣传，还注重更为广泛的教育目标的达成。⑤ 也有学者指出，价值观教育是指用人本主义的价值取向，引导受教育者用正确的价值标准来看待人生、社会及生命，教育他们正确看待人生的意义和社会的作用，准确理解生命的价值，形成坚定的信仰，使之具有健全的人

---

① 李红. 道德价值观的结构及其教育模式［J］. 教育研究，1994（10）：36 - 40.

② 王锋. 当前大学生道德价值观研究［D］. 武汉：武汉大学，2005：8.

③ 孙恩渠，曲悦. 国内道德价值观研究的现状与思考［J］. 教育探索，2011（4）：128.

④ 李红. 道德价值观的结构及其教育模式［J］. 教育研究，1994（10）：36 - 40.

⑤ 杨超. 当代西方价值教育思潮［M］. 广州：中山大学出版社，2011：37.

文精神,学会过现代文明生活。①

价值观教育与知识教育不同。知识教育侧重向受教育者传播一定的知识,目标是令其熟练掌握某个领域的知识及某项操作技能,注重培养知识性人才,体现的是求"真"。价值观教育则侧重培养人的价值自觉,追求在多维度的价值张力中陶冶人的生命,体现的是求"善"和求"美"。

(2)道德价值观教育与引导

道德价值观教育与引导是指以马克思列宁主义的道德价值为取向,教育引导人们用正确的道德价值尺度看待自己的人生、生命和社会,形成坚定的信仰,养成健全的人格,过好现代文明生活。加强道德价值观教育及引导意义重大,具体表现为以下两点。

第一,有助于完善大学生道德人格。道德价值观的重要功能是在人们处理各种复杂利益关系时提供道德价值准则。当前,部分大学生在道德评价、道德行为、道德动机、道德取向等方面存在偏差,最本质的原因是个体道德价值观出现了问题。因此,对大学生道德价值观进行教育与引导,有助于提高其道德价值观水平,进而完善其道德人格。

第二,是加强社会主义核心价值观教育的内在要求。习近平总书记指出:"核心价值观,承载着一个民族、一个国家的精神追求,体现着一个社会评判是非曲直的价值标准。"② 社会主义核心价值观是社会主义先进文化最集中的体现,是全党全国人民共同奋进的思想根基,对人民幸福安康、国家前途命运有至关重要的影响。在某种程度而言,青年的价值取向决定了未来整个社会的价值取向,而他们又处在价值观形成与确立的关键时期,抓好这一时期青年价值观的养成十分重要。因此,高校应积极引导大学生培育与践行社会主义核心价值观,始终把立德树人摆在教育的首要位置。道德价值观教育与引导的最终目的与社会主义核心价值观教育具有内在一致性。

(3)道德价值观教育内容

十八大报告指出:"加强社会公德、职业道德、家庭美德、个人品德教育,弘扬中华传统美德,弘扬时代新风。"③ 集体主义道德价值观旨在帮

① 李江波. 当代大学生道德价值观现状与教育对策研究 [D]. 呼和浩特:内蒙古农业大学,2012:3.

② 习近平. 青年要自觉践行社会主义核心价值观——在北京大学师生座谈会上的讲话 [N]. 人民日报,2014-05-04.

③ 在中国共产党第十八次全国代表大会上的报告 [EB/OL]. https://www.htu.edu.cn/hxxy/2012/1123/c3664a48533/page.psp,2012-11-08.

助人们正确处理个人与集体之间的关系，树立一种家国情怀，这与社会公德鼓励人们做一位好公民的要求相一致。义利道德价值观旨在帮助人们在义与利之间进行合理取舍，这有助于提高个人品德。婚恋道德价值观旨在帮助人们构建一个幸福的家园，这与家庭美德鼓励人们在家庭做一位好成员的要求相符。人生道德价值观旨在帮助人们树立远大的职业理想，实现个人的人生价值，这与职业道德鼓励人们在工作中做一位好的建设者要求相同。从这四个方面进行研究，有利于我们从整体上把握大学生道德价值观现状、问题与演变趋势。

①集体主义道德价值观

集体主义是我国道德建设的基本原则，是大学生道德教育的基本价值取向，对大学生生活目标及行为路线的选择有直接影响。马克思曾说："只有在共同体中，个人才能获得全面发展其才能的手段，也就是说，只有在共同体中才可能有个人自由。"① 列宁在苏联社会主义建设实践的基础上，提出"大家为一人，一人为大家"的道德准则。斯大林第一次明确提出集体主义概念。毛泽东在谈到个人、集体与国家的关系时指出，必须做到"军民兼顾""公私兼顾"。邓小平的重大贡献是提出了社会主义制度下实现集体利益与个人利益相统一的现实路径。集体主义所说的作为道德原则的"集体"是相对于个人而言的社会、国家和人民，也即马克思、恩格斯所说的"共同体"。

②义利道德价值观

义利关系问题是道德理论的基本问题，这也是一直以来我国伦理思想家争论的话题。孔孟主张"重义轻利""先义后利""义以为上""舍身取义"，把义看作道德行为目的本身。墨家认为"义，利也"（《墨子·经上》），只要是"利人""利天下"的行为就是道德，也即义。在对利的看法上，法家与儒家、墨家有共同之处，他们都主张人们应该舍弃个人利益，把国家与君主的利益摆在第一位。"义利"之争经过长久辩论，程、朱把义利问题纳入他们的伦理体系中，更加鲜明地将两者相互对立与割裂开来。二程主张"不论利害，惟看义当为与不当为"（《二程遗书》卷十七）。朱熹认为"义利之辨乃儒者第一义"（《朱子文集》卷二十四），并把义利关系归为天理与人欲的关系，认为去利存义的实质也即去人欲存天理。我国封建时期学者们对义利关系的主张，对近现代中国人的价值观念与行为选择产生了深远影响。那么大学生又是如何看待义与利之间的关

① 马克思，恩格斯. 马克思恩格斯选集：第1卷 [M]. 北京：人民出版社，2012：199.

系，他们的道德行为选择又是什么？研究此问题，可以让我们更为全面地解读大学生道德价值观的现状，更为深刻地洞悉大学生的思想道德境界。

③婚恋道德价值观

家庭是社会的重要组成部分，家庭生活温馨对社会良性发展意义重大。组建一个幸福美满的家庭需要男女双方都具有积极的婚恋道德价值观。婚恋道德价值观是指男女双方对恋爱、性、婚姻所持有的根本态度与看法，内含对择友标准、爱情本质、恋爱与婚姻的关系、婚姻道德和责任等问题的态度和看法。婚恋道德价值观直接影响人的恋爱行为、性行为和婚姻行为的价值取向，对青年的恋爱交友观、性爱观、婚姻观起到重要导向作用，甚至对其一生的幸福与发展有重大影响。

④人生道德价值观

人生观是人们对人生目的、态度与价值的根本观点与看法。人为什么而活是人生观的核心问题，诚如毛泽东所言："为什么人的问题，是一个根本的问题；这个问题不解决，其他许多问题也就不易解决。"[①] 人生价值问题反映的是个人对社会的贡献与索取问题，一个人的真正价值不是索取，而在于对他人和社会的贡献。虽然人生观和职业观处于不同层次，但两者是同一系列的问题，人生观包含职业观。人生观是职业观产生的指导思想，有什么样的人生观就会产生什么样的职业观。职业观是人生观的体现和完善条件。正确的职业观必然以科学的人生观为前提，科学的人生观又体现在正确的职业观及人的行为中。

第二节　新时代青年道德价值观的实证调查

集体主义道德价值观、义利道德价值观、婚恋道德价值观、人生道德价值观分别与十八大报告中提出的社会公德、个人品德、家庭美德与职业道德相对应。从这四个方面进行研究，有利于从整体上把握大学生道德价值观的现状、问题与演变趋势。

---

① 毛泽东. 毛泽东选集：第 3 卷［M］. 北京：人民出版社，1991：857 – 858.

一、研究方法

（一）研究对象

本研究选取 864 名华南理工大学四个年级的本科生为调研对象（如表 3-1 所示），其中男生 569 人，女生 295 人，男女占比分别为 65.9% 和 34.1%；大一 345 人，大二 178 人，大三 197 人，大四 144 人；文科 266 人，理科 90 人，工科 490 人，其他专业 18 人；选取 32 名华南理工大学四个年级的本科生为访谈对象（如表 3-2 所示），其中男生 18 人，女生 14 人，男女占比分别为 56.3% 和 43.7%；大一 10 人，大二 10 人，大三 7 人，大四 5 人；文科 11 人，理科 4 人，工科 14 人，其他专业 3 人。

表 3-1　大学生调研样本组成（$N=864$）

性别		年级				专业			
男	女	大一	大二	大三	大四	文科	理科	工科	其他
569 人	295 人	345 人	178 人	197 人	144 人	266 人	90 人	490 人	18 人
65.9%	34.1%	39.9%	20.6%	22.8%	16.7%	30.8%	10.4%	56.7%	2.1%

表 3-2　大学生访谈样本组成（$N=32$）

性别		年级				专业			
男	女	大一	大二	大三	大四	文科	理科	工科	其他
18 人	14 人	10 人	10 人	7 人	5 人	11 人	4 人	14 人	3 人
56.3%	43.8%	31.3%	31.3%	21.9%	15.6%	34.4%	12.5%	43.8%	9.4%

（二）抽样与施测方法

本研究采用分层随机抽样法选取华南理工大学大学生为研究对象。首先将华南理工大学大学生根据年级进行分层，然后根据专业划分进行随机抽样。问卷调查采用团体施测法，由任课教师在课堂上将问卷发放给学生，在课上完成对大学生的问卷调查。访谈采用一对一面谈的形式，每次谈话时间不超过 15 分钟。

（三）研究工具

本研究采用的研究工具是中山大学教育学院编制的《中国社会伦理变迁与公众道德状况调查问卷》（除对人口学变量进行简单修改外，问卷主体内容完全依据原问卷，见附录3）。修改后的问卷由三部分组成，共61道题目，主要从集体主义道德价值观、义利道德价值观、婚恋道德价值观、人生道德价值观四个维度对大学生的道德价值观展开调研。第一部分是人口学变量，题数由原问卷中的5题增至7题。第二部分是态度观点题，共24题，态度分为"不同意""基本不同意""中立""基本同意""同意"。第三部分是单项选择题，共30题。

（四）数据处理方法

研究数据采用SPSS 17.0进行描述统计分析，以探讨大学生道德价值观的整体状况。

二、研究结果

（一）集体主义道德价值观现状及对比分析

（1）集体主义道德价值观现状

在回答"您认为在当今社会中，多数人遵循的原则是"时，34.4%的大学生认为是"主观为自己，客观为别人"，39.0%的大学生认为是"为自己的利益而奋斗"，两项共占73.4%。数据表明，在个人利益与集体利益之间，大学生更倾向个人利益。但大学生在维护个人利益时，并没有走向自私自利与极端个人主义，他们中仍有42.5%的大学生认为人与人之间的关系应该是"责任关系"，45.3%的大学生认为是"互利关系"。在处理人与人之间的关系时，选择"给人更多的理解、同情和友爱"的大学生占45.1%，50.2%的大学生会遵循"己所不欲，勿施于人"的道德准则，仅有4.7%的大学生选择"各自打扫门前雪"。83.1%的大学生表示"我愿意为集体做些工作"，只有4.2%的大学生表示不愿意，另有12.7%的大学生持中立态度。回答"大河有水小河满，大河无水小河干"时，高达65.0%的大学生认可这一观点。综上分析，大学生在处理集体与个人关系时较为合理，既否定了无视自我利益的虚幻的集体主义，也扬弃了不讲集体利益的极端个人主义，使得个人与集体能在较高层次上达到辩证统一。

上述结果显示，就道德认知而言，虽然大学生更加关注自我利益，但在竞争日趋激烈的市场经济浪潮中，大学生还能保持对个人与集体关系的良好认知，实属不易。正是由于大学生怀有这种积极健康的集体主义道德价值观，一些体现社会正义精神的利他行为，常常也就成为大学生的主流道德价值选择。在"如果您独自拾到一个内有巨款的钱包，您将怎么做"一问中，高达86.2%的大学生会选择"交有关部门处理"。在物欲主义侵蚀、理想和信仰的感召力减弱的时代背景下，拾金不昧的传统美德还能在众多大学生身上体现，着实令人欣慰。在回答"如果歹徒在光天化日下持刀行凶，作为目击者您会"时，4.9%的大学生选择"挺身而出，阻止行凶"，80.4%的大学生选择"设法报警"。被问及"听到某地区由于自然灾害造成重大损失时您会"时，61.5%的大学生选择"尽力为灾区人民做些力所能及的事"。当被问到"先天下之忧而忧，后天下之乐而乐"这种精神在当今社会中是否值得提倡时，83.5%的大学生表示依旧值得提倡。

但调查表明，道德认知和道德行为相脱节现象在大学生中普遍存在。绝大部分大学生欣赏与推崇"先天下之忧而忧，后天下之乐而乐"这种高尚的道德情操，但被问及具体的道德行为选择时，这种崇高的正义精神、先人后己的良好道德品质却很难在其身上得到普遍体现。例如，在是否会买"赃车"这一事件上，竟有70.3%的大学生选择会购买，虽然这件事情不需要他们付出太多的个人利益，但正义意识在这里显得如此单薄。当涉及危害国家利益的场景时，这种正义意识、先人后己的品质更是显得脆弱，仅有4.6%的大学生认为"某银行女职员为保护国家钱款，与持刀歹徒英勇搏斗而致残"这种行为很可贵，自己也会那样做。

（2）集体主义道德价值观的对比分析

从大学生对"您认为在当今社会中，多数人遵循的原则是"这一问题的回答可知，选择"主观为自己，客观为别人"和"为自己的利益而奋斗"的学生共占73.4%，与2005年72.7%的比例相差不大（见表3-3）。虽然这一设问是大学生对社会人际道德状况的"实然"判断，但这种判断无疑折射出道德主体的道德价值选择。数据表明，大学生一直不变的道德价值选择是以个体为本位，注重个人利益实现。这种选择充分体现在大学生对"金钱、权力、人脉、道德、能力"在当今社会中的重要性认知排序中。笔者分别对32位各年级不同专业、不同性别的大学生进行访谈，访谈结果表明：绝大部分大学生都将"能力、道德"排在前两位，有着较高的道德情操。关注自我的同时也在寻求积极的人际关系，对"人脉、金钱与权力"的重要性认识参差不一。但是，仍有少量大学生将"金钱、权力或人脉"排在第一位。学生 A 说："虽然金钱不是万能的，但是在市场经济环境中，没有钱是万万不能的，有钱能打通一些关系。"学生 B 说："在一定程度上，有了权力就等于拥有一切。"学生 C 说："中国是人情社会，有人好办事，所以人脉最重要。"这部分大学生的道德认知是有问题的，如果不及时加以教育，将会对其未来发展产生不良影响。

表 3 - 3 集体主义道德价值观的对比分析（1）

		2005 年	2015 年
您认为在当今社会中，多数人遵循的原则是	克己奉公，为他人着想	3.5%	3.9%
	我为人人，人人为我	23.8%	22.7%
	主观为自己，客观为别人	31.7%	34.4%
	为自己的利益而奋斗	41.0%	39.0%

表 3 - 4 集体主义道德价值观的对比分析（2）

		同意	基本同意	中立	基本不同意	不同意
个人的事再大也是小事，国家的事再小也是大事	2005 年	19.1%	23.3%	24.2%	16.5%	16.9%
	2015 年	7.8%	22.2%	40.2%	20.8%	9.0%
大河有水小河满，大河无水小河干	2005 年	48.9%	19.8%	15.2%	7.2%	8.9%
	2015 年	14.2%	50.8%	25.2%	7.3%	2.5%

值得关注的是，大学生在思考个人与集体关系、权衡个人利益与集体利益时，显示出对集体更加深刻的认识，展现出一种更加现实、更富理性与更趋成熟的道德价值观。在"个人的事再大也是小事，国家的事再小也是大事"的调查中，同意该观点的大学生比例由 2005 年的 42.4% 下降到 2015 年的 30.0%，持中立态度的人数由 24.2% 上升到 40.2%。在"大河有水小河满，大河无水小河干"的调研中，同意的大学生比例由 2005 年的 68.7% 下降到 2015 年的 65.0%，持中立意见的大学生由 15.2% 上升到 25.2%（见表 3 - 4）。从这一升一降的对比中可知，大学生对集体的认知盲目减弱，理性意味变浓。

（二）义利道德价值观现状及对比分析

（1）义利道德价值观现状

君子不屑于谈利，小人总是唯利是图，这是我国传统社会公认的道德价值准则。那么何为君子何为小人，大学生又具有何种情感体验？在"君子喻于义，小人喻于利"这一设问中，2015 年同意与基本同意的大学生占52.6%，不同意与基本不同意的占13.9%。数据表明，大学生依然具有强烈的社会道义精神，在义与利的权重之间，他们中大部分仍会以道义标准而非利益来衡量儒家传统文化中所说的"君子"人格。这一论断首先可从他们面对金钱时的道德行为选择得到印证。高达86.2%的大学生会将独自拾到的内有巨款的钱包交给有关部门处理。此举说明绝大部分大学生在面对利益诱惑时，仍能坚守内心的道德底线，在不义之财与道义之间，他们终将选择道义。其次，这一论断还可从与他们进行的交谈中得到说明。在"金钱、权力、人脉、道德、能力"在当今社会的重要性排序中，近八成大学生会将道德放在金钱前面。他们普遍认为人无德不立，在社会中只有道德修养高的人才会得到他人认可，才能有更多机会实现自我价值。

然而，2015 年对"君子喻于义，小人喻于利"这一观点持中立态度的大学生比例竟达33.5%，说明大学生对"君子与义""小人与利"的看法已然超越了传统的局限，这从他们对"只关心自己的人是小人，以他人为重的才是君子"的回答中可见一斑。支持该观点的大学生占14.8%，不支持的大学生占42.0%，这一回答中同意与不同意的比例与前一设问截然相反。由此可见，大学生并不认为关注自我利益与小人直接挂钩，在维护社会道义的过程中，也并非要以牺牲自我利益为前提，他们正努力实现"取义"与"增加自我利益"两者之间的双赢。例如，面对歹徒在光天化日下持刀行凶，选择"挺身而出，阻止行凶"的大学生只有4.9%，而选择"设法报警"的大学生却达80.4%。总之，大学生在面对社会中的不义现象时，极少选择视而不见、听之任之，道义精神在他们身上得以彰显。同时他们中绝大部分也不会选择以牺牲自我利益为代价，而是以更加理性的方式来维护社会正义。可以这么说，大学生的这种义利判断与选择，无疑是一种具有现代智慧的、理性的"义利观"。

总体而言，在义利关系的权重上，大学生体现出的是一种现代社会的理性"义利观"：重义却不轻利，取义但不舍身，重他人和社会但不轻自我。大学生在义利问题上虽有较高的道德认知，然而他们在具体的道德行为选择上却表现出另一番状况。回答"考试时，如果发现前面座位上的同学作弊，您将会如何做"时，选择"内心看不起他，但又不表现出来"与"不管不问"两项的大学生共占81.6%。在购买"赃车"这一事件上，选择坚决不买的大学生仅占29.7%，这些都显示出大学生道德认知与道德行为之间的脱节。

（2）义利道德价值观的对比分析

对"君子喻于义，小人喻于利"这一观点，同意与基本同意的"85后"大学生占55.4%，新时代大学生占52.6%，均为一半多，变化不是很大，说明大学生在义利关系认知上仍然具有强烈的道义精神（见表3-5）。对待考试作弊和购买"赃车"行为，十年前后大学生在各项的选择上均无较大变化，说明道德认知与道德行为脱节是一个普遍现象。这一现象的客观存在也说明当前增强高校道德价值观教育实效性并非一件轻而易举的事情，需要教育工作者持之以恒的努力。

但"85后"大学生对"君子喻于义，小人喻于利"观点持中立态度的占20.1%，新时代大学生的数据为33.5%。对"只关心自己的人是小人，以他人为重的才是君子"观点持同意与基本同意态度的大学生比例下降近20个百分点，中立态度的大学生比例上升近24个百分点。从这些变化中可知，新时代大学生对义利关系的认识变得更为深刻，不再明确将小人与寻求个人利益实现对等，同时也反映出他们的道德判断标准变得愈加模糊。大学生道德判断标准模糊一定程度上是社会多元文化交融交锋、信息科技日新月异、经济全球化加速发展对其产生的客观影响。实际上，大学生道德判断标准的模糊并未阻碍其整体道德水平的提高。一方面，新时代大学生在独自拾到内有巨款的钱包时，选择归自己所有的人数占13.8%，2005年的比例是21.9%（见表3-6）。另一方面，在与大学生的交流中可知，大多数大学生都觉得当前大学生的整体道德水平与十年前相比是有所提高的，因为社会在进步，教育水平在提高。大学生对当前大学生整体道德水平变化的积极判断，一定程度上成为推动他们选择高尚道德行为的内部激励因素。

表3-5　义利道德价值观的对比分析（1）

		同意	基本同意	中立	基本不同意	不同意
君子喻于义，小人喻于利	2005 年	32.0%	23.4%	20.1%	13.7%	10.8%
	2015 年	10.9%	41.7%	33.5%	11.5%	2.4%

（续上表）

		同意	基本同意	中立	基本不同意	不同意
只关心自己的人是小人，以他人为重的才是君子	2005 年	12.9%	21.2%	19.0%	23.5%	23.4%
	2015 年	2.6%	12.2%	42.2%	30.8%	11.2%

表 3 - 6　义利道德价值观的对比分析（2）

		2005 年	2015 年
独自拾到一个内有巨款的钱包，您将会怎么做	交有关部门处理	40.1%	53.8%
	内心很矛盾，最后还是交了	38.0%	32.4%
	犹豫不决，最后不交	9.3%	4.5%
	如果没有人知道就归自己	12.6%	9.3%

（三）婚恋道德价值观现状及对比分析

（1）婚恋道德价值观现状

对封建因素较浓的传统贞操观念，新时代大学生是持否定态度的。在"视贞操为妇女之性命，是传统道德对人性的压抑"一题中，49.4%的大学生表示赞同，可见多数大学生对传统道德价值观中的不合理成分能坚决扬弃，追求主体人格自由。大学生在对有封建色彩的贞操观大胆否定时，也表现出对我国优秀传统道德的极大认可。对"人生不求天长地久，只求曾经拥有"这一观点，"同意"与"基本同意"的大学生只占29.2%，"不同意"的则占32.5%，表明大学生恋爱中注重情感的同时，更加希望能从一而终。这种恋爱中的责任意识、专一品质在大学生对待多角恋的态度中表现得更加明显。在"一个人同时对几个异性产生好感，并与其谈恋爱，您认为这种做法是"的问题中，近七成的大学生认为"脚踏两只船，不应该"。正是在积极理性的恋爱交友观推动下，多数大学生对婚姻道德的认知也显得健康良好。回答"婚外情是人类感情生活日益丰富的结果，无须大惊小怪"时，新时代大学生中"同意"与"基本同意"两项比例之和仅为7.8%。在"只要不是恶意地破坏别人的幸福，与第三者的关系纯属个人隐私，不应受到道德的谴责"的回答中，持同意观点的大学生人数也非常少，只占11.9%。大学生对"婚外情""第三者"的态度，显然和中华传统家庭美德的要求相一致（见表3-7）。总之，绝大部分新时代大学生能正确对待我国传统道德，其婚恋道德价值观整体上较为健康。

表3-7　婚恋道德价值观的对比分析（1）

		同意	基本同意	中立	基本不同意	不同意
婚外情是人类感情生活日益丰富的结果，无须大惊小怪	2005 年	8.7%	14.4%	13.6%	21.3%	42.0%
	2015 年	1.0%	6.8%	18.1%	39.9%	34.2%
只要不是恶意地破坏别人的幸福，与第三者的关系纯属个人隐私，不应受到道德的谴责	2005 年	14.4%	13.0%	17.2%	21.1%	34.3%
	2015 年	1.5%	10.4%	22.3%	38.3%	27.5%

　　虽然新时代大学生整体上有着较为健康的婚恋道德价值观，但在社会思潮多元的时代环境中，大学生的婚恋道德价值判断变得模糊与多元。在人生"不求天长地久，只求曾经拥有"的回答中，持中立态度的大学生占38.3%。对待"婚外情"与"第三者"，持中立态度的大学生分别占18.1%、22.3%。正如政治冷漠也是一种政治参与方式，大学生婚恋道德价值判断的模糊一定程度上可以说是其对失序的、不符合传统道德价值判断的婚恋观的不认同的反映。

　　道德评价十分宽容是大学生在婚恋道德价值观上的另一明显特征。对于过去深受道德舆论所影响的离婚问题，超过六成的大学生表示"离婚是私人生活领域的事，难以用传统道德来评判"。对一度难以被人接受的婚前性行为，59.8%的大学生认为"只要真心相爱，无须指责"，甚至有18.5%的大学生认为"只要两人同意，没有爱情也行"（见表3-8）。以上评论，充分凸显在当今大学生的道德价值观中，一些纯属私人生活安排、对他人不构成威胁的事，不再接受传统意义上的道德评价，个体私人生活空间的合法性及道德正当性不容置疑。同时，亦可看出大学生在恋爱、婚姻与性爱观上呈现注重自由、张扬个性的倾向，这一倾向在大学生对以下两个问题的回答中表现得尤为明显。73.1%的大学生基本同意或同意"婚姻是不需要任何形式的"，高达93.1%的大学生认为独身生活方式"可以理解"或"属于个人私事，无从评价"。

表3-8 婚恋道德价值观的对比分析（2）

		2005 年	2015 年
一个人同时对几个异性产生好感，并与其谈恋爱，您认为这种做法是	正常的，无可非议	15.8%	4.6%
	脚踏两只船，不应该	49.3%	67.7%
	只要合法，对方可以接受，他人不应干涉	34.9%	27.7%
一位年轻寡妇为了照顾年迈公婆和年幼孩子，决定永不改嫁，您认为这样做	品德高尚，值得提倡	13.7%	5.4%
	精神可贵，不值得效仿	31.3%	26.2%
	不切实际，过于古板	11.8%	7.4%
	属于个人生活安排，无须进行道德评价	43.2%	61.0%
对于婚前性行为，您的态度是	这是一种不道德的行为	9.6%	3.2%
	不道德，自己不做，但可以理解	21.8%	18.5%
	只要真心相爱，无须指责	58.0%	59.8%
	只要两人同意，没有爱情也行	10.7%	18.5%
某女大学生在一学期内交了好几个男朋友并与其中的两个发生了性关系，因此受到开除学籍的处分，一些人对此有不同的看法，您同意哪种看法	在恋爱中过分理智是对爱情的嘲弄，根本就不应该处理	2.8%	4.1%
	婚前性行为不值得大惊小怪，处理得太重了	17.6%	13.5%
	同时交几个朋友可以理解，但超越朋友关系就不好了，处理还是适当的	42.6%	28.4%
	对这种堕落现象就要严肃处理	13.5%	10.4%
	这是个人私事，学校无权干涉	23.6%	43.6%

（2）婚恋道德价值观的对比分析

第一，新时代大学生更加注重私人生活空间的道德正当性，追求自由，强调自我。很长一段时期，我国存在私人生活与公共生活不分的现象，道德判断一直以社会的规范为标准。随着私人生活与公共生活的分野，社会的道德规约逐渐退出私人领域，加之对传统道德的现代性解释不够，私人生活领域的道德判断越来越属于个人问题。在恋爱交友观中，新时代大学生对"某女大学生在一学期内交了好几个男朋友并与其中的两个发生了性关系,因此受到开除学籍的处分"的看法比"85 后"大学生更加宽容,更加注重维护私人生活的自由性与道德的正当性。43.6% 的新时代大学生认为"这是个人私事,学校无权干涉",而 2005 年这一比例仅有23.6%。在年轻寡妇改嫁问题上,新时代大学生中 61.0% 的人认为此种行为"属于个人生活安排,无须进行道德评价",2005 年这一比例只有 43.2%。

第二,新时代大学生的道德评价更为宽容。我国传统社会的一大特征是"政治伦理化""伦理政治化",在以道德主导的"伦理型"社会中,判断是非、善恶、美丑的标准是统一的,即社会的道德准则,个人观点若有一点不同便会被视为离经叛道。随着我国由"伦理型社会"转向"契约型社会"及对外开放日益深入,传统的道德准则逐渐退出历史舞台,道德判断标准变得多元复杂。大学生在道德评价上的宽容特性,是社会价值观念多元、冲突的必然结果。对婚前性行为,认为是不道德的大学生比例下降近了 10 个百分点,认为"只要两人同意,没有爱情也行"的大学生比例上升了近 8 个百分点。在对大学生进行访谈时,也可明显感到其道德评价的宽容。部分大学生对汶川地震中"范跑跑"的行为表示理解,认为这是人的本能反应,不应该用道德与否去衡量,对某些行为若是执意用道德的标准去判断,很难摆脱"道德绑架"的嫌疑。由此可见,大学生的道德评价越来越持价值中立的态度。

第三,新时代大学生对我国优秀传统道德的认知更加深刻。虽然他们愈加注重自我、追求人格独立、渴望自由、强调私人生活领域的道德正当性与道德评价宽容,但是其道德水平并没有因此而下降,道德生活并没有因此而变得腐败堕落。相反,新时代大学生对体现中国传统婚恋家庭美德的事物有着更加深入的理解。在对"婚外情"的看法上,新时代大学生中"同意"与"基本同意"的比例是 7.8%,2005 年的比例是 23.1%。在对"第三者"的看法上,"同意"与"基本同意"的大学生比例下降近 16 个百分点。在对"多角恋"的看法中,认为这是"脚踏两只船,不应该"的新时代大学生占 67.7%,2005 年是 49.3%。

(四) 人生道德价值观现状及对比分析
(1) 人生道德价值观现状
①关于人的本质的理解
一方面,新时代大学生既能认识到人本质的不可定义及其复杂性,又

能充分认识到人是社会的存在物，道德是人之为人的根本要求。在人的本质是什么的问题上，新时代大学生中坚持性善论观点的仅占22.5%，认为"人的本质是自私的"的占18.2%，认为"人的一半是天使，一半是魔鬼"和"人是不可被定义"的共占59.3%（见表3-9）。显然，在新时代大学生眼中，人性是不能被简单定义且复杂多变的。多数新时代大学生能充分认识到"道德是人之为人的根本要求"，即人是道德的存在物，人的社会属性将人与动物相分离。另一方面，新时代大学生对道德的认知相对主义色彩浓厚。近一半的新时代大学生认为"道德的性质是相对的，不同的人可以有不同的观点"，这是陷入了相对主义与主观主义的泥潭。

表3-9　人生道德价值观的对比分析（1）

		2005 年	2015 年
您认为人的本质是什么	人的本质是自私的	15.8%	18.2%
	人之初，性本善	25.7%	22.5%
	人的一半是天使，一半是魔鬼	32.9%	38.1%
	人是不可被定义的	25.7%	21.2%
在现实中人们对道德的认识各不相同，那么您倾向于下面哪一种观点	道德是人为实现某种目的的工具	7.5%	5.7%
	道德的本质是对人性的束缚	7.2%	8.9%
	道德是人之为人的根本要求	49.4%	39.2%
	道德的性质是相对的，不同的人可以有不同的观点	35.9%	46.2%
您推崇的处事、生活方式是	事业上不断奋斗、进取	23.7%	19.3%
	工作上过得去，着重发展自己的兴趣、爱好和特长	18.6%	20.5%
	多赚钱，生活优裕	9.7%	9.1%
	不断开拓创新，追求生活的丰富和意义	28.7%	26.7%
	建立一个美满舒适的小家庭	8.5%	14.0%
	宁静淡泊、与世无争，追求精神上的快乐平静	10.8%	10.4%

（续上表）

		2005 年	2015 年
毕业时您最希望去的部门是	三资企业	41.2%	16.4%
	党政部门	5.8%	8.9%
	国有企业	5.5%	21.5%
	私营企业	15.4%	23.6%
	科研机构	16.5%	13.8%
	教育部门	2.8%	4.9%
	其他	12.8%	10.9%

②关于生活方式的选择

首先，积极进取、勇于开拓、不懈奋斗、求新求变、注重自我、渴望成功是新时代大学生生活方式的主流价值选择。50.1%的新时代大学生赞同"勇于进取，不懈奋斗"，24.0%的大学生认可"走自己的路，让别人说去吧"。在"您推崇的处事、生活方式是"一问中，选择"事业上不断奋斗、进取""不断开拓创新，追求生活的丰富和意义"的新时代大学生共占46.0%。可见，大学生在强调自我价值、自我实现的同时，也在乎为达到目标而奋斗的整个过程的丰富与意义。因此，一元的生活方式与墨守成规、寻求安稳的生活态度被大多数新时代大学生所摒弃，相反希望生活富于变幻倒成为其主要选择。

其次，新时代大学生独立主体人格意识与个性价值张扬意识强烈。在个人与命运的关系上，超过半数的新时代大学生自信"每个人都可以掌握自己的命运"（见表 3 - 10），充分凸显其关注自我、期望独立、渴望成功的独立主体意识。在"大学就学期间，当您伸手向父母要钱，您感到"一问中，近九成新时代大学生感到"略有惭愧""期望尽快改变这种状况"，这无疑反映了新时代大学生追求独立、向往成熟的强烈愿望。在"您最希望得到哪方面的赞誉"一问中，36.8%的新时代大学生选择"被人称为是有才华的人"，由此更可看出新时代大学生注重自我价值与自我实现、开拓创新的精神。

最后，新时代大学生对人生价值观的理解越来越突破一元化与固定化范式，呈现出浓厚的相对主义色彩。在"个性就是要充分地显露和表现自己"的问题中，"同意"与"基本同意"的新时代大学生占15.9%，中立的占43.6%，"基本不同意"与"不同意"的占40.5%。在对人生目的与过程之间的价值权重上，"同意"与"基本同意"人生"不求天长地久，只求曾经拥有"观点的新时代大学生占29.2%，中立态度的占38.3%，"基本不同意"与"不同意"的占32.5%。在自我感觉对生活的意义看法上，32.0%的新时代大学生"同意"与"基本同意""跟着感觉走，使人活得更潇洒且无拘束"，42.3%的新时代大学生对此持中立态度，25.7%的新时代大学生"基本不同意"或"不同意"此观点。

表3-10　人生道德价值观的对比分析（2）

		同意	基本同意	中立	基本不同意	不同意
每个人都可以掌握自己的命运	2005年	35.9%	29.9%	16.5%	10.2%	7.5%
	2015年	16.6%	38.1%	34.5%	8.6%	2.2%
个性就是要充分地显露和表现自己	2005年	14.5%	23.3%	24.5%	21.5%	16.2%
	2015年	2.5%	13.4%	43.6%	32.6%	7.9%
对于人生"不求天长地久，只求曾经拥有"	2005年	15.7%	15.0%	22.7%	21.2%	25.5%
	2015年	5.6%	23.6%	38.3%	25.3%	7.2%
跟着感觉走，使人活得更洒脱且无拘束	2005年	12.9%	20.4%	23.0%	25.0%	18.7%
	2015年	5.8%	26.2%	42.3%	22.5%	3.2%

③关于职业观

新时代大学生就业选择与择业动机均呈现多元化趋势，择业动机趋于务实。在"毕业后您最希望去的部门是"一问中，他们选择"三资企业""国有企业""私营企业""科研机构""其他"的比例相差不是很大。社会的发展需要各式人才，同时我国现在亦能为大学生实现自我价值提供广阔的舞台，大学生的职业选择符合社会发展的必然趋势。在被问及择业动机时，30.6%的新时代大学生出于"充分发挥自己的才能与个性"的考虑，26.5%的新时代大学生出于符合自己的兴趣的缘故，另有19.7%的新时代大学生是因为收入比较高，17.3%的新时代大学生是因为工作较稳定。显然，新时代大学生的择业动机是务实的，这种务实性在与其交谈中也能有所体现。在回答"您为什么想加入中国共产党"时，只有极少数的新时代大学生是从为国家、为社会奉献的角度出发，多数都是从个人利益出发。学生D说："想加入中国共产党是家里要求，据说好就业，加入共产党也能提升自我能力。"学生 E 说："想加入，纯粹是为利益、找工作快一点、升职快一点。"

（2）人生道德价值观的对比分析

在对人的本质的理解上，新时代大学生比 2005 年的大学生更加现实，道德主观主义与相对主义越发明显（表 3 - 9）。认为"人的本质是自私的""人的一半是天使，一半是魔鬼"的大学生，占比共上升了近 8 个百分点，认为"人之初，性本善"的大学生，占比由 2005 年的 25.7% 下降至 2015 年的 22.5%。同样，认为"道德是人之为人的根本要求"的大学生占比由 2005 年的 49.4% 下降至 2015 年的 39.2%，认为"道德的性质是相对的，不同的人可以有不同的观点"的大学生占比由 2005 年的 35.9% 上升至 2015 年的 46.2%。网络负面信息泛滥、社会不良影响增多、文化多元碰撞加剧以及新时代大学生越来越高的道德理想与标准，使得他们在面对身边某些体现人性弱点的事例时，内心的冲突更为剧烈，因而对人性本质的理解不如 2005 年的大学生那般乐观。

在对生活方式的选择上，张扬个性、积极进取、勇于开拓、渴望成功依旧是大学生的主要精神风貌，但相比"85 后"大学生，新时代大学生更加注重实现目的过程中生活的多元与意义，生活更加随性，更加注重个人精神世界，道德评价更宽容。在"您推崇的处事、生活方式是"一问中，选择"工作上过得去，着重发展自己的兴趣、爱好和特长""不断开拓创新，追求生活的丰富和意义"的新时代大学生人数均有所增多，选择"建立一个美满舒适的小家庭"的新时代大学生比例则上升近 6 个百分点。只有 25.7% 的大学生不赞同"跟着感觉走，使人活得更潇洒且无拘束"，绝大部分学生都相信自己的感觉，普遍不喜欢被约束。由此可见，新时代大学生在保持进取创新精神的同时，也在乎奋斗过程的意义、自我感觉、才能的发展和家庭的幸福美满。同时，大学生的道德评价更加宽容，在对个人命运的把握、人生目的与过程的权衡、个性与表现自我的关系等看法上，持中立态度的新时代大学生人数均增多。

在职业观上，大学生的就业选择更加多元、择业动机更加务实。2005 年的大学生在择业时，有四成多的大学生选择"三资企业"，远远高于其他选项。2015 年选择"国有企业""私营企业"的大学生人数最多，且两者比例差距不大，也有相当一部分大学生选择"三资企业""科研机构"。在择业动机上，选择收入高、社会地位高、工作稳定的大学生均比 2005 年的大学生多。

第三节　新时代青年道德价值观的冲突及成因

一、道德认知冲突及成因

（一）更富理性，思维活跃但夹杂冲突

道德价值观的认知成分在道德价值观的深层结构中居于核心地位，对道德价值情感体验和行为倾向等具有重要影响。总体而言，在道德认知上，新时代大学生比"85后"大学生更加理性，思维更加活跃但掺杂着某种偏颇，具体表现为没有将良好的道德认知纳入自己的观念体系，作为独立思考的文化人的特征令其对某些主流价值观仍心存疑惑。

新时代，在个人与集体关系向度上，大学生积极探寻的是个人与集体在更高层次上的辩证统一。在义与利的关系认知中，大学生欣赏的是一种义利相合的道德价值观。在对婚恋的理解上，大学生憧憬的是恋爱的专一、婚姻的忠贞及家庭的和谐幸福。在对人生的把握中，大学生既能充分认识到人本质的复杂多元与不可定义，又能看到人是道德的人。

虽然新时代大学生道德认知更富理性，但是其活跃的思维中却夹杂着冲突，良好的道德认知没有成为其真实的信仰与追求。由于大学生没有将某些积极的道德认知纳入自己的态度体系，故而出现道德行为与道德认知相脱节的现象。调查结果显示，新时代大学生一方面渴望社会公平正义，另一方面又表现出道德冷漠。八成多大学生选择对考试作弊行为沉默不语；对待购买"赃车"行为，七成多大学生会以无所谓的心态随波逐流。大学生一方面渴望独立，向往成熟，另一方面依赖意识又强。当被问及大学期间向父母要钱的感受时，选择"心安理得""略有惭愧""无可奈何"的大学生比例共占44.1%。

（二）新时代大学生道德认知出现冲突之成因

（1）大学生对道德价值观教育内容认同度低

首先，大学生对道德价值观教育内容不是真知。认知是行为的前提和基础，只有具备深刻的道德认知才会产生相应的道德行为。对于国家提倡的24字社会主义核心价值观，虽然大部分学生能背诵出来，但这并不表示他们具有良好的道德认知。调研显示，部分大学生虽然知道"爱国、敬

业、诚信、友善"是公民层面的价值要求，但对为什么这是评价公民道德行为的价值准则、提出这些观点的社会背景与现实意义是什么等深层理论问题的把握不够。购买"赃车"与否体现的是诚信问题，因为不是真知，所以大学生便不自觉地降低了对自己的道德要求，在此事件上就表现出随波逐流之势。

其次，大学生对道德价值观教育内容不是真信。在个人与集体关系上，国家倡导民众应具有家国情怀，然而大学生对此要求并未完全信服。听到某地区由于自然灾害造成重大损失时，38.5%的大学生"觉得人有时候应该各安天命""除了震惊和同情，也感爱莫能助"。73.4%的大学生认为在当今社会中，多数人遵循的原则是"主观为自己，客观为别人"和"为自己的利益而奋斗"。

最后，大学生对道德价值观教育内容有个性化需求。当被问及通过思想政治教育获得了什么内容时，42%的大学生选择了"党的大政方针和上级的指示精神"，20%的大学生选择了"立身做人的道理"。但被问及通过目前思想政治教育最想获取什么内容时，"立身做人的道理""与切身利益相关的法规政策"等选项位居前列，选择"党的大政方针和上级的指示精神"的大学生仅占8%。由此可见，大学生不再满足于了解国家大政方针，他们更关注与自身利益相关的内容。

（2）道德价值观教育情感投入仍待加强

朱小蔓认为情感是"人区别于认识活动、有特定主观体验和外显表情、同人的特定需要（自然的或社会的）相联系的感情反映，它包含着情绪和情感的综合过程"[①]。在道德价值观教育过程中，情感是一个不容忽视的问题。但是在目前的道德价值观教育过程中，很少有辅导员与教师能够以情育情，用自己的积极情感去影响学生。

当前，在道德价值观教育过程中或多或少存在两种倾向：一是未能从大学生实际的道德生活和已有的道德经验出发，仅依靠改变道德价值信息的数量、质量、呈现方式来提高道德价值观教育的实效性；二是忽略了大学生自我学习的能力，未能发现道德价值观教育过程也是大学生自我学习的过程，将道德价值观教育变成了没有任何情感投入的统一规范和行为训练。道德价值观教育过程中教师和辅导员情感的缺乏，势必会严重影响学生的道德情感体验，进而淡化其对教师和辅导员传授知识的认同，阻碍其道德的良性发展。

---

① 朱小蔓. 情感教育论纲［M］. 3 版. 北京：人民出版社，2019：4.

二、道德行为冲突及成因

(一) 行为更为合理，但动机越发务实

道德行为是可用善恶加以评价的行为，指人以实践理性为指导，在一定道德意识、道德信息和道德情感支配下的社会活动。

整体而言，新时代大学生的道德行为比"85后"大学生更为合理。在个人与集体关系上，更多新时代大学生愿意为集体做些事情。在义利方面，新时代大学生独自拾到内有巨款的钱包时，选择私吞的人数减少。在婚恋方面，新时代大学生对不符合我国优秀传统家庭伦理的行为持否定态度的人数增多。在人生方面，支持"人怕出名猪怕壮，烦恼皆因强出头""走自己的路，让别人说去吧"的新时代大学生人数明显低于"85后"大学生。

虽然新时代大学生的道德行为更加合理，但其动机越发务实。调查结果显示，虽然新时代大学生与"85后"大学生一样都愿意为集体做些事情，但是新时代大学生更善于伪装自己的动机，部分新时代大学生为集体做事是为了在评奖评优、升学考研中获得好处。笔者在对32名大学生进行访谈时发现，不管入党与否，绝大多数学生的动机都是从对自身工作、职位晋升是否有帮助的角度出发，党员与非党员两者的看法不存在太大差异，崇高的社会理想与高尚的道德修养在此几乎很难显现。在择业动机中，选择"收入较高""工作较稳定""社会地位高"的新时代大学生人数均比"85后"大学生多，实惠主义、功利主义在这里得到明显反映。

马克思曾说："人们的奋斗所争取的一切，都同他们的利益有关。"[1]一方面，新时代大学生道德行为动机务实具有积极意义。道德行为动机务实展现出新时代大学生积极进取、奋力拼搏的现实图景。多数新时代大学生对自己的人生有较为清晰的规划，为了将来能找到满意的工作，他们会决定是否入党、是否学习某些技能、是否进入某个社交圈等，务实的动机成为推动大学生不懈努力的力量之源。另一方面，道德行为动机务实会强化大学生的功利意识，减弱大学生的集体荣誉感和社会责任感，阻碍大学生远大目标的确立。

---

①　马克思，恩格斯. 马克思恩格斯全集：第 1 卷［M］. 北京：人民出版社，1956：82.

（二）道德行为出现冲突之成因

（1）教育体制改革影响

新时代大学生经历了应试教育向素质教育转变、义务教育阶段全面实行免费、高等教育由精英化向大众化转变，可以说是历经教育改革最多的一代。应试教育注重学生成绩，素质教育更加看重学生综合素质的提高、个性的全面发展、身心潜能的开发，希望学生形成健全的个性。虽然我国一直在强调素质教育，但在现实生活中，应试教育的影响力并未减弱。随着招生考试制度改革、高等教育转向大众化，为了争得更好的教育资源，挤过高考"独木桥"，家长与教师往往更侧重应试教育。并且，高等教育大众化加重了新时代大学生的就业压力，为了提高自身求职竞争力，获得满意的工作，绝大多数新时代大学生的道德动机充满了务实因素。

（2）功利主义思潮影响

功利主义是一种以追求最大多数人的最大幸福为特征的规范伦理。社会主义市场经济的不断发展、改革开放的不断深入，为功利主义在我国的传播创造了有利条件。然而在传播过程中，人们往往背离了功利主义的初衷，面对汹涌而至的西方功利主义思潮，"在吸收其效益原则、求实原则等积极思想外，在大众行为的推崇下，其功利原则越发凸显，而公平原则却日渐趋微，大众对功利主义认识向纯粹物质功利倾斜"[①]。伴随我国改革进入攻坚期、步入深水区，诸多利益关系被重新调整，加上市场经济讲究效益与优胜劣汰的原则，社会风气变得日渐浮躁与功利。生活在此环境中，人们的道德价值观念极易受到功利化思潮的影响。正如北京大学钱理群教授所言："我们的一些大学，包括北京大学，正在培养一些'精致的利己主义者'，他们高智商，世俗，老到，善于表演，懂得配合，更善于利用体制达到自己的目的。这种人一旦掌握权力，比一般的贪官污吏危害更大。"[②] 本次调研中，部分新时代大学生入党是从自身利益出发，为班级做事是为在评奖评优中脱颖而出，这些都反映出部分新时代大学生道德动机趋于务实。

[①] 陆玲玲. 西方功利主义对大学生价值观的影响 [J]. 人民论坛，2010（11）：134 - 155.

[②] 钱理群. 北大清华再争状元就没有希望 [N]. 中国青年报，2012 - 05 - 03（3）.

三、道德评价冲突及成因

（一）更开放宽容，但易丧失道德准则

道德评价，指个人或社会根据一定的客观的社会道德原则、准则，以善恶的价值观念，对人的品质、思想感情、行为或社会某种现象进行评价、判断和评估。良心、荣辱观和社会舆论是道德评价的主要形式；评价的根据是动机和效果的统一；评价的标准是善与恶。通过道德评价，能促使个人接受一定的社会道德原则与规范，且可将其外化为道德实践，令个人形成一定的道德品质，令社会形成一定的社会风气。

一方面，新时代大学生在道德评价上愈显宽容，尤其表现在婚恋道德上。越来越多的新时代大学生对"独身"的生活方式表示理解；认为离婚、寡妇改嫁"属于个人生活安排，无须进行道德评价"；觉得婚前性行为只要两人真心相爱或是经双方同意，无须过多指责，可见新时代大学生在婚恋道德价值观上已然表现出极大的宽容。新时代大学生对一些社会问题的道德评价也逐渐由严格转向宽容，他们日渐成熟的心理与作为文化人的特征，促使他们独立思考与分析。

新时代大学生道德评价宽容是社会主义文化发展到一定阶段的产物，利于新时代大学生创新意识的培养及在全社会形成各种思想观念相互碰撞的局面。同时，由于新时代大学生道德评价宽容，在面对某些不良社会现象、接触某些极端思想时，部分新时代大学生会做出违背社会主义核心价值观要求的道德评价。

另一方面，新时代大学生道德价值观的相对主义和主观主义色彩浓烈。在对道德本质的理解上，近一半新时代大学生认为"道德是相对的，不同人有不同的观点"。越来越多的新时代大学生对汶川地震中"范跑跑"的行为表示理解，对年轻人坐地铁不让座有更多解读，对找工作托关系表示能接受。

（二）道德评价出现冲突之成因

（1）社会分层结构变迁

中国社科院在 2001 年发布的《当代中国社会阶层研究报告》中，将我国社会阶层结构划分为十大阶层。社会阶层结构的变迁引起了人们思想道德观念的极大变化。

首先，社会阶层结构变迁带来了人们观念的更新。寻求享乐、安于现状的人减少，积极进取、勇于探索的人变多；人们的主体意识、自由观念、平等观念、竞争意识、创新意识等逐渐增强，在竞争进取中寻求平等、公正的现代化市场精神和社会理念初步形成。

其次，社会阶层结构变迁使人们观念变得多元。马克思曾说："这个世界并不是某一种独特利益的天下，而是许许多多利益的天下。"① 当前我国社会分层的形成机制尚未健全，不同社会阶层都在充分运用自身优势在社会中谋求利益最大化，导致不同阶层间收入和地位差距拉大、矛盾加深，而引起矛盾冲突的最主要因素则是人们道德价值取向的差异。面对不同社会阶层的道德价值观带来的冲击，普遍的道德价值日渐丧失其合理性地位。"'所有价值都是相对的''道德只不过是比服装样式更为固定更有强制性的社会风习而已'。"② 人们不自觉地陷入道德虚无主义、主观主义与相对主义的泥潭，社会缺乏一种普遍的道德共识。

（2）多元文化共存

一方面，中国传统道德文化强调道义的重要性，忽视个人对物质利益的追求。伴随改革的全面推进、利益格局的深刻调整，物质观念已深深扎根于新时代大学生的心灵。西方文化强调不损害他人的合理利己主义，与市场经济发展要求相适应，就如马克斯·韦伯所说："在现代经济秩序中，只要干得合法，赚钱就是职业美德和能力的结果与表现——它是资本主义文化的社会伦理的最重要的特征，而现在，一定意义上也是资本主义文化的根本基础。"③ 并且，西方敌对势力往往以"自由、民主、人权"为突破口来传播西方社会思潮，妄图用西方的道德价值观取代我国的道德价值观。

另一方面，网络文化加剧了新时代大学生道德价值选择冲突；流行文化加重了新时代大学生道德价值认同危机；消费文化加深了新时代大学生道德行为的务实性。文化的"认同危机"可能是多元文化共存背景下的文化互动给我国发展带来的最大危机。由于部分新时代大学生对我国优秀传统道德文化认同度不高，因而置身在多元文化交融与交锋的环境中，辨识能力不够的他们便不知应以何种文化作为道德评价的准则，不自觉地陷入

---

① 马克思，恩格斯. 马克思恩格斯全集：第1卷 [M]. 北京：人民出版社，1956：165.

② 宾克莱. 理想的冲突：西方社会中变化着的价值观念 [M]. 马元德，译. 北京：商务印书馆，1988：9－10.

③ 韦伯. 新教伦理与资本主义精神 [M]. 于晓，陈维纲，译. 北京：生活·读书·新知三联书店，1987.

相对主义泥潭。

（3）大学生自身原因

第一，新时代大学生遇事有自己的见解，思想开放，但辨识能力弱。对"离婚""独身""婚前性行为"等私人生活领域里的事情，新时代大学生觉得是否用道德标准去评判仍值得商榷。对"坐公交不让座""不搀扶跌倒老人""中国式过马路"等社会现象，新时代大学生的看法不再一边倒，多数认为不能什么事情都扣上"道德"的帽子，需要具体问题具体分析。但他们的辨识能力不强，在面对某些不良社会现象时，其道德评价便相对宽容。

第二，新时代大学生对自己要求严格，对他人宽容。由于学业、就业压力较重，为了顺利毕业，找到满意的工作，他们会不断提升自身实力。但同时新时代大学生认为，每个人都有自己独特的生活方式，对他人的某些行为，虽然自己不认可，但也能接受。

四、道德取向冲突及成因

（一）更关注自我，生活随性，但社会责任感减弱

道德取向不是指个体对某种道德观念的取向，而是指个体道德观念体系的一种总体特征，是道德观念等级序列所体现出的主要趋势。新时代大学生的道德取向在本次调研中的突出表现是更加注重自我，生活随性，但社会责任感减弱。

一方面，新时代大学生往往从自身出发来思考问题，生活随性，理想目标层次较低。在自我与他人和社会关系的处理上，新时代大学生更倾向于维护自身利益。在义与利的取舍中，新时代大学生更推崇在获得自我利益的同时坚守道义。在婚恋道德的认知上，新时代大学生更注重私人生活领域的道德正当性与合理性。在人生观方面，新时代大学生更关注自我感觉、生活的丰富、才能的发挥与未来职业定位，普遍不喜欢被约束。

另一方面，新时代大学生以自我价值实现为人生的终极目标。终极目标是人们对生命价值的最高依托，是个体在精神上追求的最高境界，在道德结构中表现为主体意志的终极价值目标。新时代大学生以自我价值实现为人生终极目标的理解表现在以下三个方面：第一，推崇积极进取、不懈奋斗的生活方式，即使最终未能达成目的，整个奋斗过程也是有价值的。第二，追求个性的丰富与自由、个人才华与才能的发挥，认为每个人都可

以掌握自己的命运，用自己的能力创造有意义的人生是每个人对自己应尽的道德上的义务，也是每个个体的人生终极目标。第三，强调个人成就的获取与个体价值的实现，把个人成功视为人生的价值目标。总体而言，新时代大学生在人生终极目标上强调的是自我价值的实现，注重社会对自我价值的承认，而较少考虑社会的需要与国家的利益。

（二）道德取向出现冲突之成因

（1）家庭道德价值观教育的影响

首先，父母道德动机中过度的道德责任意识强化了新时代大学生的个人本位意识，但降低了其道德义务感。大学生成长于我国计划生育政策全面贯彻时期，严格的计划生育政策使得绝大部分家庭只有一个孩子。家庭组成是"4+2+1"模式，新时代大学生是家中的"公主"与"王子"，享受全家人无微不至的关爱。然而父母过度的爱和责任意识，令新时代大学生遇事总是从自身角度出发，当别人不能像父母一样为自己绝对服务或是陷入逆境时，其会表现出"反社会行为"。

其次，功利性的家庭道德价值观教育和公利性的学校道德价值观教育相矛盾。我国家长在对子女进行教育时，在个人功利与社会利益之间是优先考虑前者的。例如，在"教育是改变贫困代际相传"的观念下；在"分数是决定一切"的环境中；在生活压力增大、就业竞争激烈的时代背景里，我国家长往往只重视子女各方面能力的提高而较少关注其思想道德水平与心理健康水平。父母对子女情感投入的偏差，一定程度上降低了新时代大学生的道德自觉性。此外，在家庭利益与社会利益之间，我国父母往往教育新时代大学生要以家庭利益为重，一家人都要为家族的荣誉而努力，导致大学生的道德责任意识过于狭隘，主要为家庭利益奋斗，而忽视作为公民的社会责任。

最后，家长与教师之间缺乏交流与沟通。部分家长对学校开展的道德价值观教育不是很清楚，甚至有的家长连子女的班主任、辅导员是谁都不知道，客观上造成子女在校所接受的道德价值观教育与家庭道德价值观教育存有偏差。

（2）新自由主义思潮的影响

新自由主义是一种以抵制和反对凯恩斯主义为主要特征的经济学理论、思潮，在文化、意识形态上要求取消马克思主义的指导地位，消解主流意识形态，宣扬意识形态多样化；抨击集体主义，鼓吹个人主义。随着科技革命的兴起，资本主义国家开始向国际垄断发展，新自由主义成为其推行全球一体化理论体系的重要组成部分。新自由主义对自由、个性、私有化的主张，正好迎合了新时代大学生追求自我、特立独行、不爱受约束的需求，给新时代大学生道德价值观带来极大影响。54.7%的新时代大学生相信"每个人都可以掌握自己的命运"。50.1%的新时代大学生倾向"勇于进取，不懈奋斗"。24.0%的新时代大学生选择"走自己的路，让别人说去吧"。

（3）"互联网＋"时代的影响

新时代大学生是资深互联网"原住民"，他们的学习生活与人际交往越来越离不开互联网。在"您经常使用的互联网沟通方式有哪几种"问卷调查中，81.9%的新时代大学生选择"微信"，75.6%的新时代大学生选择"QQ"，32.4%的大学生选择"微博"，9.7%的新时代大学生选择"其他方式"。在"您使用最多的互联网沟通功能有哪几种"的调查中，"聊天功能"与"查看好友动态"排名最高，分别为82.3%和67.5%，接着是"评论、分享和转帖""发布个人动态"和"其他功能"。在"您每天使用互联网沟通的时间"调查中，选择"每天1~3个小时"的新时代大学生占27.9%，选择"每天3~5个小时"的新时代大学生占15.6%，选择"每天持续在线"的新时代大学生占56.5%。在"假如您的生活没有了网络，您会怎么样"一问中，高达67.3%的新时代大学生选择"有些不自在，感觉生活少了些什么"，21.8%的大学生选择"很焦虑，感觉无所适从"，8.6%的新时代大学生选择"无所谓"，仅有2.3%的新时代大学生选择"没有关系，感觉更好"。"互联网＋"时代背景下，人们进行聊天、评论、分享、转帖、发布个人动态等活动时，都是从自身出发，"以我为中心"向外辐射，以期获得他人的关注。这种互动模式较好地满足了新时代大学生独立意识强、渴望自由但又希望被关注、得到他人赞许的需求。

第四节　新时代青年道德价值观引领与整合的策略

一、加强文化建设，提高道德认知

大学生活跃的思维中之所以会掺杂某种偏颇，最主要的原因是其对社会主义核心价值观和我国优秀传统道德文化认同度不高。因而，高校可通过加强文化建设，增强大学生的民族文化认同感，进而提高大学生的道德认知水平。

（一）发挥社会主义核心价值观的价值引领作用

社会主义核心价值观是我国的主流价值观，是社会主义先进文化最集中的体现，是实现中华民族伟大复兴的中国梦的力量之源。在文化多元的时代环境里，只有加强社会主义核心价值观的价值引领作用，才能有效抵制各种消极腐朽思想观念的影响，为实现中华民族伟大复兴筑牢共同发展的精神根基。

保罗·弗莱雷说过："在灌输式教育中，知识是那些自以为知识渊博的人赐予在他们看来一无所知的人的一种恩赐。把他人想象成绝对的无知者，这是压迫意识的一个特征，他否认了教育与知识是探究的过程。"① 当前，部分高校在对大学生进行道德价值观教育时，往往采用的就是灌输式教育。为使大学生能熟背社会主义核心价值观，某些高校会不断抽查学生背诵的情况，一再强调社会主义核心价值观的重要性，完全违背道德价值观教育的最初目的，并且这种道德价值观教育方式很难被随性、自我的新时代大学生所接受。所以，虽然部分大学生能熟练背诵社会主义核心价值观，但他们不是真知与真信。多数大学生觉得意识形态的东西大多虚无缥缈，现实作用不强。因此，为发挥社会主义核心价值观的价值引领作用，就需要拉近师生距离，变显性教育为隐性教育。

首先，师生之间应建立良好的情感应答关系。比较理想的情感应答包括：呵护和关爱、鼓励和肯定、信任和期待、宽容和容忍、严格和严谨。当大学生进行情绪表达时，教师能够给予适当的反馈，这样才能激起学生的积极性与主动性，为日后开展道德价值观教育奠定基础。

其次，教师应树立"以生为本"的道德价值观教育理念。"以生为本"是指教育者要从学生实际出发，尊重学生主体地位，遵循学生认知发展规律，以促进学生全面发展为目标。道德价值观教育过程中，教师应在了解新时代大学生个性特征的基础上，摒弃"满堂灌"式的授课方式，创新道德价值观教育方式，丰富道德价值观教育内容，引导大学生正确认识哪些行为和观点与核心价值观要求相符，给予大学生充分的尊重，发挥其主体地位，引导其学会辨别多元社会思潮，令其在对比中深刻领悟社会主义核心价值观的价值和意义，进而自觉践行与传播社会主义核心价值观。例

---

① 保罗·弗莱雷. 被压迫者教育学［M］. 顾建新，赵友华，何曙荣，译. 上海：华东师范大学出版社，2001：31.

如，案例分析法、情景模拟法、讲故事、影视教育、分组讨论学习等是新时代大学生比较喜欢的道德价值观教育方法。访谈中，学生 F 说："我最喜欢的是一位教思想道德修养与法律基础课的老师，这位老师不仅幽默，而且很会讲课，比如讲到法律知识时，他会结合生活中一些生动的案例进行分析，我们都能听明白，而且印象深刻。"学生 G 说："我比较喜欢老师讲故事，上中国近现代史纲要课时，那位老师总能将历史以故事的形式呈现，我们班的绝大部分同学都很愿意听他讲课。"

（二）优秀传统道德文化与校园文化建设相结合

中国优秀传统道德文化是社会主义核心价值观的重要来源，对树立社会主义文化自信起到促进作用，对培育和践行社会主义核心价值观亦起到推动作用。在社会主义市场经济深入发展、西方对我国意识形态渗透加剧的背景下，新时代大学生思想行为日渐西化，对我国传统道德文化的认同感逐渐降低。

孔子思想中以"爱人"为核心的社会道德，"克己复礼"的道德修养论，"君子""仁者"与"圣人"多层次的理想人格，"先义后利"的义利观；墨家以"兼爱"为核心的思想、"以行为本"的道德修养论；道家"自然无为"和"超脱义利"的伦理思想等都可成为大学生道德价值观教育内容的重要来源。然而，高校不能将这些伦理思想直接灌输给新时代大学生，因为这样做成效不显著。校园文化因兼具思想性与趣味性，尤为受新时代大学生的关注与喜爱。在被问及最有效的道德价值观教育方法有哪五种时，多数新时代大学生都将"校风校训的熏陶"排在前五位。因此，高校可将优秀传统道德文化与校园文化建设相结合，增强大学生的民族文化认同感。例如，在"高雅艺术进校园"活动中，可将富有教育意义的京剧纳入其中；在校园人文景观布置上，可结合学校特色，放置传统人物塑像，撰写名言警句；在文化竞赛中，可组织"传统文化知识竞赛"等活动；在我国传统节日期间，如端午节，学校可免费给留校学生发放粽子。

二、注重实践养成，规范道德行为

良好道德行为的产生离不开实践。一方面，通过社会实践，能更好地指导大学生将个人利益实现与社会发展需求相结合，减少行为动机中的功利性，增强大学生的责任意识。另一方面，在实践中会产生一些可亲、可敬、可学的榜样人物，对大学生能起到示范作用。

（一）合理引导非正式组织

"高校中的非正式组织是指除学生会、班级、团支部以外的以共同的学术追求、兴趣爱好为基础，以网络虚拟交流和现实聚会讨论等为纽带的无形'朋友圈'。"[①] 随着高校人文情怀的加强，校园文化活动的丰富，非正式组织得以发展与成熟。社团协会、网络群体、学生宿舍等是大学生主要的非正式组织。

非正式组织在培养大学生的兴趣爱好、提高大学生综合素质、增强大学生归属感和集体荣誉等方面有着非常重要的作用。因此，一方面，高校可结合各类社团协会开展道德价值观教育。在各类社团协会中，学术型社团尤为值得关注。因为学术型社团能让大学生获得更为充分的科研实践机会和更为广阔的科研实践平台，是目前培育专业精英、创新人才的有效载体之一。例如，华南理工大学学术型社团占学生社团的20%，其中较具代表性的有创维学生创新俱乐部、微软俱乐部、腾讯创新俱乐部、诺基亚创新俱乐部、阿里巴巴高校技术联盟、华为高校学生联盟、TCL学生创新俱乐部、IBM技术俱乐部、UC移动互联网俱乐部、IEEE华工学生分会和IEEESMC华工学生分会等社团。这些学术型社团，对大学生综合素质的提高，职业规划、职业道德等的形成产生了十分重要的影响。

另一方面，高校应让道德价值观教育走进学生寝室。寝室是大学生课堂学习之外的重要生活场所，对大学生的人际交往能力、友爱包容精神、集体主义意识的培养起到重要作用。在被问及最有效的道德价值观教育方式有哪些时，七成以上的新时代大学生都将"课外阅读"排在第四位。因此，高校可开展诸如"文明寝室建设""寝室读书分享会""寝室联谊会"等形式多样的寝室文化活动。在创建文明寝室的过程中，道德价值观教育工作者应有意识地加强对大学生的纪律教育。

（二）拓宽道德价值观教育实践路径

社会实践是大学生认识道德价值、实现道德价值与巩固道德价值的有利途径。通过社会实践，能让大学生养成良好的行为习惯，进而形成积极与健康向上的道德价值观。

第一，开展志愿服务类的社会实践活动。"奉献、友爱、互助、进步"

---

① 张光慧. 大学生网络·思想政治教育机制创新研究［M］. 北京：中国言实出版社，2009.

是对志愿者精神的高度凝练，高校开展的各种志愿服务类社会实践活动，有助于强化大学生的道义精神，增强大学生的集体荣誉感、社会责任感与历史使命感。高校可以统一组织面向全校学生的寒暑假"三下乡"活动、"西部计划"、"春运志愿者"、"爱心进社区"等社会实践，各个学院亦可自行组织志愿服务团队。

第二，开展学术科研类社会实践。学术科研类社会实践能让大学生在调研基础上充分认识社会发展规律，坚定中国特色社会主义理想信念，自觉投身于伟大的社会主义现代化建设实践之中。高校可将某些学术科研类社会实践纳入大学生创新学分考核标准，以此激励大学生积极报名参加。

第三，开展实习培训类社会实践。高校应充分认识市场经济条件下的人才需求标准，结合本校办学特色与条件，为大学生提供多元实习培训机会，为其职业选择提供平台，为其增强求职竞争力奠定坚实基础。

（三）加强学生干部与党员建设

学生干部和党员是大学生道德价值观教育的重要依靠力量和得力助手。一方面，他们与普通学生一起学习和生活，接触较多，普通学生更愿意向他们吐露自己的心声。通过学生干部与党员，道德价值观教育工作者能更及时、准确地掌握大学生的思想状态与心理状况。另一方面，学生干部与党员起着桥梁作用。学校和院系的各项任务需要他们传达，也需要他们协助完成。所以，加强学生干部与党员建设，关系到高校道德价值观教育工作能否顺利开展及进展的好坏。笔者认为，可通过以下三个方面来加强班级学生干部与党员建设。

第一，严把入口关。辅导员在选择学生干部时，应综合考量学生各方面能力，选出德才兼备的学生担任学生干部。在发展党员的过程中，更应注重质量，做到选拔过程公平、公正，信息公开。

第二，加强培养关。学生干部和党员不仅是辅导员工作的重要助手，而且是辅导员需着重培养的对象。辅导员对学生干部与党员应做到"养用结合"，要为他们提供更多的实践机会，加强对他们工作方法的指导与工作技能的培训。同时，大学生兴趣爱好广泛，业余生活丰富，辅导员应给他们留出足够的时间与发展空间。

第三，注重使用关。辅导员在大学生中开展道德价值观教育时，应充分发挥学生干部与党员的模范带头作用，调动他们的积极主动性，令他们能够以身作则，为广大学生树立起可亲、可敬、值得学习的榜样。

三、重视网络教育，端正道德评价

新时代大学生是网络世界中的"原住民"，他们的生活、学习、交往越来越离不开网络，"网络化生存"是大学生最真实的写照。网络在给大学生学习生活带来便利的同时，多元复杂的网络环境也令辨识力弱的大学生道德评价日渐宽容，相对主义色彩浓厚。因此，重视网络教育，有助于端正大学生的道德评价。

（一）增强媒体人员职业道德

职业道德是社会主义道德建设的内容之一，指人们在从事本职工作中应该遵守的职业范围内的特殊道德要求和道德准则。新时期，大学生对信息的获取与网络密不可分，网络已然成为他们生活的一部分。因此，加强媒体人员职业道德建设，发挥社会舆论正面导向作用，对大学生的道德价值观教育意义重大。

首先，媒体工作者应有坚定的政治方向。习近平总书记在党的新闻舆论工作座谈会上强调，"党的新闻舆论工作是党的一项重要工作，是治国理政、定国安邦的大事，要适应国内外形势发展，从党的工作全局出发把握定位，坚持党的领导，坚持正确的政治方向，坚持以人民为中心的工作导向"①。因此，媒体工作者应树立马克思主义新闻观，所有工作都能贯彻党的意志，思想和行动能与党中央保持高度一致，坚持党性与人民性相统一，及时反映人民群众创造的丰富经验和面临的实际情况，用中国话语讲好中国故事。媒体工作者只有坚持正确的政治方向，才能准确揭示出当前我国社会面临的各种新问题、新挑战，真实客观地展现人类社会发展规律，合理道出我国走中国特色社会主义道路的历史必然性，进而增强大学生的道路自信、理论自信、制度自信与文化自信。

其次，媒体工作者应有崇高的职业理想。职业理想是人们在职业生涯中形成的，体现着从业者对美好职业目标的向往与追求，是从业者做好本职工作的精神支柱，也是实现个人人生价值的精神动力。具有崇高职业理想的媒体工作者，会始终将全心全意为人民服务作为工作的出发点与落脚点，既积极报道社会中体现真、善、美的人和事，不夸大、不虚造，也勇

---

① 坚持正确方向创新方法手段，提高新闻舆论传播力引导力 [EB/OL]. http: // politics. people. com. cn/n1/2016/0220/c1024 – 28136187. html.

于排除万难曝光社会中危害人民群众的事件，让大学生能够辩证地看待社会问题，正视社会发展面临的困境，看到社会发展拥有的机遇，增强社会发展越来越好的信心。

最后，媒体工作者应创新传播方法、手段。第一，通过群众喜闻乐见的方式进行传播。例如通过歌曲《我是黄土地的儿子》表达党的群众路线观；通过微电影《红色气质》揭示"人民就是江山，江山就是人民"这一主题；通过纪录片《舌尖上的中国》展示东方生活价值观等。第二，应创办精品栏目，如《家风是什么》《新春走基层》等，对人民群众进行正面引导。第三，通过"两微一端"等网络平台传播社会主义核心价值观。

（二）注重网络道德价值观教育

"网络化生存"已然成为新时代大学生学习、生活与人际交往的真实写照。一方面，网络丰富了新时代大学生的知识储备，令新时代大学生生活与交往更加便捷。另一方面，网络的虚拟开放性、资源共享性、泛化碎片性也给大学生道德价值观教育带来严峻挑战。因此，高校应在充分认识新时代大学生网络使用群体特征的基础上，扬长避短，利用网络道德价值观教育优势，加强网络道德价值观教育。

（1）充分运用网络社交平台

中国互联网络信息中心发布的数据显示，截至 2016 年 6 月，中国网民中学生群体的占比仍然最高（25.1%），而大学生占网民总数的 20.4%。在"哪方面使用网络最多"的调研中，大学生在人际交往方面使用网络最为频繁，然后是娱乐活动，与学业有关的活动相对较少。因此，高校可根据大学生的网络使用情况，充分运用网络社交平台，开展道德价值观教育。

目前，新时代大学生普遍喜爱的网络社交平台有微信、QQ、微博、贴吧、校园 BBS、易班等。多数大学生每天都会抽空看看微信公众号、刷刷朋友圈与微博、逛逛论坛，这已成为他们生活的重要组成部分。高校道德价值观教育工作者在收集大学生的电话号码时，应注意同时搜集他们的微信号、QQ 号等社交账号，然后建立微信群、QQ 群、微博话题组、豆瓣兴趣小组等。高校道德价值观教育工作者在向学生宣传国家大政方针的同时，应注意向社交群组推送一些与大学生学习、交友、择业等相关的内容。同时，道德价值观教育工作者应有意识地学习网络流行语，浏览学生论坛聊天记录，关注学生的朋友圈，及时发现学生中存在的错误思想并加以教育引导。

（2）强化校园网监督与管理

当前，我国大部分高校都建立了规模不一的校园网，但在运用校园网进行道德价值观教育的过程中，计算机网络安全问题日益突出。为给大学生道德价值观教育创建良好的校园网络环境，高校应着重从安全管理、制度防范、技术措施等方面入手，建立校园网络安全保障体系，令校园网络安全管理工作能沿着规范化、制度化轨道运行。

四、转变教育观念，摆正道德取向

大学生道德取向出现问题的重要原因之一是家庭道德价值观教育与学校道德价值观教育存在弊端。家庭在对大学生进行道德价值观教育时，往往使得大学生以自我为中心。学校在对大学生进行道德价值观教育时，往往侧重科学教育，而轻人文教育。

（一）强化家庭道德价值观教育

笔者在与大学生交谈中发现，近八成大学生认为对其道德价值观形成影响最大的是"家长身教"。可见，家庭道德价值观教育在大学生成长成才过程中起着至关重要的作用。美国家庭在学生的品格教育方面扮演了十分重要的角色，相关经验可对我国家庭开展道德价值观教育起到借鉴作用。

美国有效品格教育的 11 条原则中提到，有效的品格教育必须有家庭与社区的参与，并且要有持续性。在多数学校中都会建立家长教师组织或家长教师协会，举办家长为师计划、家庭教育年等活动，向家长提供教育孩子的有关课程和教育孩子的知识。"学校还会举办面向家长的校园开放活动，向家长递送品格教育大纲，给家庭布置家庭作业，成立家长支持性社团、设立家长听课日、签订家长道德合约等活动。"[①] 家长还可通过控制电视、电影的负面影响对孩子进行道德价值观教育。这些经验我们不可能一一采纳，但其中共通的道德价值观教育理念及某些道德价值观教育实践仍值得我们思考与借鉴。

首先，家长应增强对孩子进行道德价值观教育的意识。在我国，多数家长关注的只是孩子的学习情况，很少有父母能与孩子敞开心扉地进行交

---

① 闫惠威．托马斯·里克纳品格教育思想之研究［D］．北京：首都师范大学，2012：22.

流，从而了解孩子内心的想法。有的家长还要求孩子学习各种乐器、舞蹈、书法等，对孩子真正的兴趣爱好甚少关心。因此，当孩子在家时，父母应及时召开家庭例会，运用谈话谈心技巧，耐心地引导孩子将近期生活、学习、工作中遇到的问题说出来，给孩子提供一些建设性意见。同时，家长应注意在引导孩子的过程中培养孩子的社会责任意识。当孩子不在家时，父母应注意通过社交软件及时获悉他们的思想道德状况，如微信朋友圈、QQ 空间、微博、贴吧等，以便及时纠正大学生错误的思想认知。

其次，在学校与家长之间建立联系。第一，可建立家长教师群，由辅导员、班干部与家长代表共同管理，及时向家长发布有关大学生的信息。第二，家长应主动浏览学校网站，了解学校在道德价值观教育方面的主张。第三，学校可举办相应活动，增加父母与子女接触的机会，如通过寒假社会实践中的"全家福"活动、"家庭新惊喜"活动，加深家庭成员之间的感情，陶冶大学生的道德情操。

（二）科学教育与人文教育相融合

英国学者斯诺于 20 世纪中期提出"两种文化"命题，引起人们广泛关注。至此，加强两种文化的沟通便成为现代大学教育中备受瞩目的一个现实问题。

科学教育与人文教育之间融合，最重要的是在课程设置体系上进行改革。美国加州洛杉矶大学实施的围绕主题的知识串通识教育课程模式就是一个典型。这种模式鼓励学生在选修不同主题的知识串基础上，"把来自不同学科的知识有机地整合为一个整体，并把这些知识内化到个人的知识结构之中，掌握人文科学、社会科学、自然科学及工程科学等不同学科的思维方式和方法，弥补不同学科领域之间的隔阂"[①]。目前国内有的学校明确规定，在毕业时所达到的总学分中，理工科学生选修的人文学科课程所得学分必须占到一定比例，文科学生选修的理工科课程所得学分也要达到一定比例，且这个比例有不断上升之势，目前有的学校这个比例已经达到或超过总学分的30％。科学教育与人文教育之间实现融合，有利于完善大学生的知识体系，培育大学生的人文情怀，进而增强大学生的社会责任意识。

科学教育与人文教育之间的融合，校园文化也起到了重要作用。开展

---

① 莫亮金，刘少雪. 从通识课程改革看人文教育与科学教育融合［J］. 中国高等教育，2010（2）：49.

好校园文化活动，能让大学生在紧张的学习之余，置身科学因素与人文因素并存的文化氛围之中，感受到人文教育的重要性。高校可依托班级、党支部、团支部、学生社团、团委等组织，开展形式多样的包含理科与文科、兼具娱乐和文化因素的系列活动，如座谈会、知识讲座、文艺活动、读书交流会、校友面对面等。

小　结

本章主要通过问卷调查与个别访谈相结合的方式，从集体主义道德价值观、义利道德价值观、婚恋道德价值观、人生道德价值观四方面调研了新时代大学生道德价值观现状，并将问卷调查数据与 2005 年的同所高校大学生道德价值观问卷调查数据进行了对比分析，进而发现大学生道德价值观嬗变的特征为：道德认知更富理性，思维活跃但夹杂某种偏颇；道德行为更为合理，动机越发务实；道德评价更开放宽容，相对主义色彩浓厚但易丧失道德准则；道德取向更关注自我，生活随性，但社会责任感减弱。新时代大学生道德价值观出现冲突问题的原因包括：新时代大学生对道德价值观教育内容认同度低；学校与家庭道德价值观教育存在弊端；新自由主义思潮、功利主义思潮及多元文化的影响；"互联网＋"时代的影响；教育体制改革的影响；社会分层结构变迁的影响。

在把握新时代大学生道德价值观嬗变规律的基础上，从四方面提出加强新时代大学生道德价值观教育核心引领与整合的策略。第一是加强文化建设，提高道德认知：发挥社会主义核心价值观的价值引领作用；把优秀传统道德文化与校园文化建设相结合。第二是注重实践养成，规范道德行为：合理引导非正式组织；拓宽道德价值观教育实践路径；加强学生干部与党员建设。第三是重视网络教育，端正道德评价：增强媒体人员职业道德；注重网络道德价值观教育。第四是转变教育观念，摆正道德取向：强化家庭道德价值观教育；把科学教育与人文教育相融合。

第四章　新时代青年职业价值观的
冲突与整合

　　自中国共产党成立以来，党的领导集体就高度重视对青年的培养，并把希望寄托于青年身上。党的十九大，习近平总书记正式宣布："经过长期努力，中国特色社会主义进入了新时代，这是我国发展新的历史方位。"① 这一重大判断，开启了建设社会主义现代化强国、实现中华民族伟大复兴的新征程。新时代赋予新使命，新征程昭示新未来。与此同时，新时代也提出了新诉求——"要培养担当民族复兴大任的时代新人"，习近平总书记也多次殷切寄语青年"要坚定理想信念，志存高远，脚踏实地，勇做时代的弄潮儿"。

　　"青年兴则国家兴，青年强则国家强，青年一代有理想、有担当，国家就有前途，民族就有希望。"职业价值观是人的价值观体系的重要组成部分，是价值观在职业领域的具体表现。青年大学生的价值倾向是现实功利还是有理想、有担当、心系家国，我们可以通过考察其职业价值观得到答案。然而，当前不少青年大学生却在一定程度上存在功利主义、利己主义、享乐主义的职业价值观倾向，与新时代党和国家对青年提出的要求相距甚远。试问，这样的青年大学生如何能从先辈的手中，接过建设富强民主文明和谐美丽的社会主义现代化强国的担子，助推中华民族早日实现伟大复兴的中国梦呢？

　　就业是民生之本，大学生的就业问题是整个社会就业体系中一个非常重要的组成部分，大学生以就业为主要载体，获取自身的社会身份，而大学生的就业问题，不仅关系到每一位大学生自我价值的实现，也关系到每一个家庭的和谐与稳定，更关系到新时代中国特色社会主义现代化强国的建设大局，引起了社会各界的共同关注。

　　改革开放以来，市场经济的负面效应，西方个人主义、享乐主义等思想的侵蚀，教育以及制度等方面存在的偏差等，新时代大学生的职业价值

---

　　① 习近平.决胜全面建成小康社会　夺取新时代中国特色社会主义伟大胜利——在中国共产党第十九次全国代表大会上的报告［N］.人民日报，2017－10－28.

观深受其负面影响。有网友表示，新时代大学生的职业价值观自我意识突出，个人功利主义色彩浓重；也有网友表示，新时代大学生的职业价值观过于追求物质和享乐；还有网友表示，新时代大学生的职业价值观不仅没有集体意识，还缺乏敬业精神。以上言论不得不引起人们的忧思。

　　对青年大学生职业价值观的现状、问题以及对策展开研究，把握其价值观的冲突，从而进行有效的核心引领与整合，有利于新时代大学生树立正确的职业价值观，既能拥有远大的理想，又能脚踏实地、努力奋斗，做担当民族复兴大任的时代新人；有利于推动新时代大学生职业价值观的培育与践行，促进新时代大学生社会化的良性发展；有利于完善高校、家庭、社会合力育人的方法和路径，助推新时代大学生成长成才。

第一节　学界相关研究综述与本研究的理论基础

一、学界相关研究综述

　　国外学者对于职业价值观的研究开始于 20 世纪 20 年代，近百年来，他们对于此问题的研究兴趣有增无减。结合所搜集到的材料以及本书的写作需要，笔者主要梳理了国外学者对于职业价值观的三大块研究内容：职业价值观的概念、职业价值观的结构、职业价值观的影响因素。

　　关于职业价值观的概念研究。通常来说，"work values" 是国外学者对于职业价值观的称呼，但因为研究的视角与出发点不同，他们对职业价值观的概念做过各种界定和阐释，并无统一的定论。从职业价值观的概念起源来说，它最早由 Super 提出，并用于美国生涯发展理论的相关研究和应用之中，他认为职业价值观是个人与工作相关的目标追求，是个人的内在需求及从事活动时所追求的工作特质的具体反映。[①] Elizur 认为，职业价值观是人们的工作行为以及他们在工作环境中获得的某种结果的价值判断，是一种直接影响个体行为的内在思想体系。[②] Schwartz 认为，职业价值观是价值观在职业选择中的体现，具体是指人们在工作过程中达到或获取的目

---

①　SUPER D E. Manual for the work values inventory [M]. Chicago: Riverside Publishing Company, 1970.

②　ELIZUR D，SAGIE A. Facts of personal values: a structural analysis of life and work values [J]. Applied psychology review, an international review, 1999, 48 (1): 73–87.

标和报酬。①

关于职业价值观的结构研究。职业价值观的结构研究作为一项职业价值观理论与应用领域的基础研究，引起了国外很多学者的关注与研究。但是，不同的学者对于职业价值观结构的划分具有不同的观点，其中影响较大的主要是两分法、三分法以及四分法。最早提出职业价值观两分法的学者是 Herzberg，他认为对职业价值观进行研究，需要从内在与外在两个维度进行分析，这一观点的提出使职业价值观结构的研究走向深入，对后续的相关研究有很好的指导意义。② Super 率先提出了职业价值观结构的三分法，他认为职业价值观结构可以分为内在价值、外在价值和外在报酬三类，共计十五个职业价值观维度。③ Schwartz 则认为职业价值观结构应该分为四个维度，分别是内在价值、外在价值、社会价值和威望价值。④

关于职业价值观的影响因素研究。国外学者基于各自研究的理论模型不同，尝试着通过各种研究方法来探究职业价值观的影响因素，其中比较有代表性的有 Holland 和 Super。Holland 认为个体职业的选择是自身人格特征的表现，不同的人格特征将对应与其相适应的职业类型。据此，他将人格特征大致划分为六种：社会型（S）、企业型（E）、研究型（I）、艺术型（A）、传统型（C）与现实型（R）。Super 根据职业价值观结构的三分法，编制了由三类、十五个职业价值观维度构成的"职业价值观量表"（Super Work Values Inventory，简称 WVI），用以了解影响人们职业价值观的因素的重要性程度。具体来说，内在价值包含七个维度，分别是智力激发维度、利他主义维度、创造性维度、独立性维度、美感维度、成就维度、管理维度；外在价值包含四个维度，分别是工作环境维度、同事关系维度、监督关系维度、变动性维度；外在报酬包含四个维度，分别是声誉维度、安全性维度、经济报酬维度和生活方式维度。

关于大学生职业价值观的研究。国内学术界对于职业价值观的研究起步较晚，开始于 20 世纪 80 年代，笔者以"职业价值观"为篇名在中国知

① SCHWARTZ S H. A theory of cultural values and some implications for work ［J］. Applied psychology: an international review, 1999, 48（1）: 23 – 47.

② HERZBERG F, MAUSNER B, SNYDERMAN B. The motivation to work ［M］. New York: Wiley, 1959.

③ SUPER D E. The structure of work values in relation to status, achievement, interests, and adjustment ［J］. Journal of applied psychology, 1962（46）: 231 – 239.

④ SCHWARTZ S H., SURKISS S. Basic individual values, work values, and the meaning of work ［J］. Applied psychology: an international review, 1999, 48（1）, 49 – 71.

网（CNKI）上进行相关文献检索，最早的一篇论文发表于1990年，作者为秦金环等①。笔者进一步缩小范围，以"大学生职业价值观"为篇名在中国知网进行相关文献检索，最早的一篇论文则发表于1992年，作者为尹海法②。截至2021年，共检索到包括硕士、博士学位论文以及期刊论文在内的文献867篇。1992年至2007年，每年论文发表的篇数较少，2008年开始，论文数量开始激增，至今一直是较为热门的研究领域。对此，笔者认为主要原因有两个：其一，1999年开始的大学扩招，使精英化教育向大众化教育逐步推进，由此带来的就业政策也发生了翻天覆地的变化，从先前的包分配走向了自主就业，大学生的就业问题逐渐浮出水面；其二，2008年的全球性金融危机给大学生的就业形势带来了强烈的冲击，大学生"就业难"的问题日益突显，使得学者对此问题有了更多的关注。概括而言，国内对于大学生职业价值观的研究主要表现出四个特点：对象不断细化、视角不断多样化、方法不断创新、内容不断深化。

首先，对象不断细化。近年来，我国学者对于大学生职业价值观的研究从笼统地以大学生为主体逐步细化为以性别、年龄、地域、学校类型、特殊群体等为依据划分的大学生主体为研究对象，均取得了较为丰硕的研究成果。如以性别为依据划分的，杨贞③、刘曼曼④、白蓉⑤等都以女大学生为研究对象，对她们的职业价值观进行了调研；如以年龄为依据划分的，王雅静⑥、石玥⑦分别对"90后"大学生的职业价值观进行了调研；如以地域为依据划分的，张存库、李英荣⑧从整体上对我国东西部大学生

---

① 秦金环，王建华，周秀章．中学生学习和职业价值观的调查研究［J］．心理发展与教育，1990（2）：110－114.

② 尹海法．专业意识在悄悄淡化——理工科大学生职业价值观演变［J］．当代青年研究，1992（2）：26－27.

③ 杨贞．当代女大学生职业价值观形成原因及对策研究［J］．内蒙古师范大学学报（教育科学版），2011，24（1）：70－72.

④ 刘曼曼．论当前女大学生职业价值观及其教育［J］．西安文理学院学报（社会科学版），2013，16（1）：83－87.

⑤ 白蓉．女大学生职业价值观的调查研究［J］．教育现代化，2017，4（49）：362－366.

⑥ 王雅静．"90后"大学生职业价值观现状的实证研究［D］．成都：西南交通大学，2016.

⑦ 石玥．"95后"大学生职业价值观培育路径研究［J］．文教资料，2017（13）：148－149.

⑧ 张存库，李英荣．我国东西部大学生职业价值观比较分析［J］．高等工程教育研究，2008（6）：78－81＋88.

的职业价值观进行了比较研究，而鄢然①、王晨怡②则从具体的地域出发，分别研究了湖北、上海两地的大学生职业价值观。他们的研究对于大学生职业价值观研究对象的细化都有重要作用。

其次，视角不断多样化。起初，国内学者对于大学生职业价值观的研究主要以国外的心理学量表为借鉴，多采用心理学的视角或职业探索与发展的视角来研究。随后，在思想政治教育不断发展的过程中，学者们开始转变研究视角，从思想政治教育的研究视角出发，对大学生职业价值观进行研究。2009 年，教育部办公厅专门下发了《关于加强普通高等学校学生就业思想政治教育的通知》，此后，学者们对于大学生职业价值观进行了更加深入的研究。

再次，方法不断创新。国内学者对于大学生职业价值观的研究从单一向国外借鉴，再到引用与本土化创新相结合的方法，不断使之适应我国的国情与具体实践。最初研究大学生职业价值观是沿用西方的量表法进行实证性研究，采取了实证测量和调查研究，后期则逐渐采用多种方式进行研究，如文献研究法、问卷调查法、典型案例法、个案访谈法等。

最后，内容不断深化。总而言之，国内学者对于大学生职业价值观的研究内容逐渐深入。从最初对大学生职业价值观内涵的一般性描述到解决具体问题的深入探讨，从最初的定向研究到现在的静态研究与动态研究相结合，从单一研究到现在的单一研究与比较研究相结合，都体现了由自发到自觉、由表及里、走向系统化的过程。

关于大学生职业价值观的对策研究，不同的学者根据自己的研究，提出了相应的对策。李颖、王文杰认为要从媒体、家庭和高校三方面来培育大学生积极向上的职业价值观，助力学生择业成功。③ 赵海莹、骆雁南认为要强化高校的教育作用、发挥社会力量的调节作用、重视家庭的引导作用。④ 邱丽华则站在更高的维度上，认为要充分发挥社会主义核心价值观引领高校大学生职业价值观教育的作用；此外还要媒体、家庭、高校、企业多方协同联动，共同参与大学生职业价值观教育。⑤ 通过现有文献，可以看出国内的学者们围绕"大学生职业价值观培育"这一主题做了大量的

---

① 鄢然. 当前湖北大学生职业价值观教育研究 [D]. 武汉：武汉工程大学，2012.

② 王晨怡. 上海大学生职业价值观调查研究 [D]. 上海：上海师范大学，2015.

③ 李颖，王文杰. 大学生职业价值观现状及其培育——基于北京地区 5 所高校大学生的调查研究 [J]. 思想教育研究，2017（2）：118 - 121.

④ 赵海莹，骆雁南. 大学生职业价值观教育研究 [J]. 中国成人教育，2015（7）：14 - 16.

⑤ 邱丽华. 大学生职业价值观教育现状与对策分析 [J]. 继续教育研究，2016（3）：100 - 102.

研究，虽然培育的方式各不相同，但大多数都是从不同的主体出发进行论述，并强调多主体相互配合。

二、本研究的理论基础

（一）新时代青年职业价值观的内涵与发展

（1）大学生职业价值观的内涵

职业价值观是人的价值观体系的重要组成部分，是价值观在职业领域的具体表现。国内学术界对于职业价值观的研究起步较晚，但近年来，该问题越来越受到学者们的关注。对于职业价值观的内涵研究，虽然学术界未形成统一的结论，但各领域学者仍提出了一些有代表性的观点：如，黄希庭认为，职业价值观产生于人的内部需要，从根本上说，它是人生价值观在职业上的表现。[①] 凌文铨等人在此基础上进一步指出，职业价值观是人们在职业问题上的一种价值取向，更多地说明了人们对某种职业的看法和态度。[②] 余华等人则更为具体地指出，职业价值观是人们衡量社会上某种职业优劣和重要性的内心尺度，它是个人对待职业的一种理解，并为其职业选择、努力实现工作目的提供导向作用。[③]

综上所述，职业价值观就是个体依据自身需要以及已有的价值观或认知结构，对职业的优劣、重要性所作出的判断和总体评价，既包括人们在选择职业时表现出来的价值取向，同时也包括个体从事职业活动时所持有的信念、态度，是个人内在的动力与引导系统，影响职业选择以及其从业行为。

大学生作为高等教育系统培训过的特殊群体，他们持有的职业价值观一直以来都是社会各界关注的热点。依据上述职业价值观的内涵，可知大学生职业价值观就是以大学生这一社会特殊群体为研究对象，是大学生依据自身需要以及已有的价值观或认知结构，对职业的优劣、重要性所作出的判断和总体评价，它既包括大学生在选择职业时表现出来的价值取向，同时也包括大学生从事职业活动时的信念、态度等，是大学生内在的动力

---

① 黄希庭，张进辅，李红，等. 当代中国青年价值观与教育［M］. 成都：四川教育出版社，1994.

② 凌文铨，方俐洛，白利刚. 我国大学生的职业价值观研究［J］. 心理学报，1999（3）：342 - 348.

③ 余华，黄希庭. 大学生与内地企业员工职业价值观的比较研究［J］. 心理科学，2000（6）：739 - 740.

与引导系统，影响职业选择以及其从业行为。

（2）大学生职业价值观的形成

①大学生职业价值观的萌芽期

大学生职业价值观的萌芽期主要产生于高考结束后，并持续到大学入学的初期阶段。由于我国的教育体制还属于应试教育，高考的指挥棒在中学起着至关重要的作用。高中生通常在高考前都只是埋头读书，较少时间思考自己未来的职业道路。待高考后，高考志愿的填报真正将专业和未来职业选择迫切地放在了高中生们的面前，他们才开始认真思考。经过慎重的高考志愿填报以及确定录取的专业后，通过一定时间的学习，他们逐渐对自己所学的专业有了一定的认识，对自己大学毕业后可能从事的职业类型也有了初步的判断，并且意识到所选的职业将陪伴自己走完一段漫长的人生旅程。在这一阶段，他们怀着对新鲜事物的好奇，愿意花时间思考自己未来可能从事的职业。

②大学生职业价值观的发展期

大学生职业价值观的发展期主要指大学低年级和中高年级这两个阶段。在大学低年级这个阶段的大学生，在完成学校专业课的学习任务之外，有了更多的时间搜集与职业相关的资讯，同时也会结合自身的实际情况，探索自己喜欢并适合自己的职业。但是由于主客观条件的限制，此阶段的大学生对于未来职业更多的是憧憬和期盼，理想化色彩较为浓重，不能客观地作出评价。到大学中高年级后，随着对所学专业有了更加深入的了解，大学生对专业前景和未来可能从事的职业也有了更加清晰的认识，同时，他们对自我的探索也进行到较为深入的部分，能更加全面地看待自己未来的职业发展方向。并且在此阶段，越来越多的大学生愿意通过社会实践或兼职实习的方式，不断进行尝试，提前体验自己想要从事的职业。在实践的磨砺下，助推他们更快地形成自己的职业价值观。

③大学生职业价值观的稳定期

大学生职业价值观的稳定期主要是大学毕业年级到初步走上工作岗位这个阶段。在这个阶段，大学生的生理特征和心理特征都开始成熟并趋于稳定，世界观、人生观和价值观的塑造也逐渐成形。大学生将正式从学校这个象牙塔走向社会，他们开始制作简历，积极参加招聘会，逐步走向自己的职业生涯大门。在求职阶段结束后，真正走上工作岗位的大学生对于自我和职业都有了更加深刻的认知，理想化色彩减退，现实性色彩增强。此外，他们对于职业的考量也愈发精准，并能尽快根据职业的需求，及时调整自己的职业价值取向，以求得个人职业生涯更好的发展。

（3）大学生职业价值观的特点

①主观性

大学生在依据自身需要对职业进行价值判断和个性选择时，总是遵循着自己内在的评价标准和个性倾向。由于每个大学生的需求都是主观的，他们的评价标准和个性倾向也是主观的，因此，大学生的职业价值观必然具有主观性的特点。此外，大学生的职业价值观都是建立在个体自我需要的基础之上，一旦需要发生了改变，其职业价值观也会自然而然地发生相应的变化。同时，大学生的职业价值观具有主观能动性，在一定程度上也会对大学生的自我需要发挥调节作用。具体表现为当职业不能完全满足他们的自我需要，而又受到外部环境和条件的限制，无法做出更好的职业选择时，他们会自觉降低其部分内在需要的强度，暂时接受和适应职业，以待寻求其他的机会。

②差异性

大学生受其性格气质、自我认知、成长环境、接触人群、学校教育、社会实践等多方面的影响，形成了他们各具差异性的职业价值观。加上大学生正处于职业价值观发展的关键时期，朋辈间的交往以及任何突发性的事件，也容易使大学生的职业价值观发生颠覆性的变化，从而呈现出差异性特点。此外，现实社会中各种各样的职业，就其属性而言，也是各具特色并各有侧重的，如教师更侧重教书育人，医生更侧重救死扶伤，警察更侧重维护社会的和谐稳定。大学生在依据自身需要，对现实社会中各种职业进行判断和选择时，其职业价值观的具体表现必然是形式多样、各具差异的。

③多元性

社会经济体制的变革促使大学生职业价值观也发生了相应的改变，由最初呈现的一元化特点演变到现在的多元化特点。在早期计划经济体制下，我国经济成分单一，大学生在选择职业的过程中，较为看重职业的名声、地位以及稳定性，他们通常会优先选择去国家机关、国营单位或是科教文卫等事业单位。随着社会经济体制的逐步完善，市场上供大学生选择的单位也呈现多样化的特点，越来越多的外资企业、民营企业、NGO组织、互联网创业型公司受到大学生群体的青睐。这强烈冲击了原有的求稳定"铁饭碗"的职业价值观，大学生群体开始意识到，在这个时代，"最大的不变就是变化"，只要自己能力够强，在哪里都是会发光的"金子"。另外，社会文化背景多元化的趋势愈发明显，大学生的自主意识不断增强，实现自我价值的想法也更被重视，他们愿意花更多的时间探索自己真正喜欢的工作，"干一行，爱一行"的传统职业价值观念被摒弃，而"爱一行，干一行"的新型职业价值观被大多数大学生所推崇。在工作过程中，若他们发现该职业不符合自己原本的预期，则不愿意委屈将就，而是敢于放弃，重新做选择。

④可塑性

价值观作为一种意识，是物质世界发展到一定阶段的产物，是人脑对客观物质世界的反映。大学生职业价值观就是大学生的价值观在职业活动中的具体反映。大学生职业价值观的形成必然遵循着马克思主义认识论发展的一般过程，由实践到认识，再由认识到实践，不断反复，螺旋上升。而大学生正处于一个成长和发展的阶段，他们的职业价值观正处于形成的关键时期，在此阶段，他们对新鲜事物充满了好奇心，学习能力与接受能力也特别强，此时对他们进行系统的职业价值观培育，引导他们在学习实践中提高自己的认知能力，拓展自己的认知广度，强化自己的认知深度，有助于他们塑造科学正确的职业价值观。也正因为大学生职业价值观具有可塑性的特点，才为社会各界对大学生进行职业价值观培育提供了可能和基础。

（二）大学生职业价值观的理论依据

（1）马克思《青年在选择职业时的考虑》的基本思想

职业选择对于每个即将步入社会的大学生而言尤为重要，这是他们从学生转变为社会人的重要转折，也是他们人生道路上所面临的关键转变。1835 年 8 月 12 日，刚中学毕业的青年马克思就作了一篇精彩的毕业论文《青年在选择职业时的考虑》。他在这篇论文中，围绕着为什么选择、怎样选择、选择什么样的职业以及如何实现这样的职业选择等问题作了认真而又深刻的思索，系统阐述了马克思对于青年在选择职业问题上的基本看法。

青年时期的马克思说："如果我们生活的条件容许我们选择任何一种职业；那么我们就可以选择一种能使我们最有尊严的职业；选择一种建立在我们深信其正确的思想上的职业；选择一种能给我们提供广阔场所来为人类进行活动、接近共同目标（对于这个目标来说，一切职业只不过是手段）即完美境地的职业。"① 从马克思的这句论述中，我们可以看出他对于青年的职业选择强调了三点：首先是这项职业是有尊严的，所谓有尊严的

---

① 马克思，恩格斯. 马克思恩格斯全集：第 1 卷 ［M］. 北京：人民出版社，1995.

职业是能使人高尚的，有崇高品质的职业，他不需要有不体面的行动，另外它可能不是最高的职业，却是我们可以在自己的领域内，根据自己的想法，有独立性地进行创造的职业。其二，我们所选择的职业应该是有正确的思想的职业，不会让我们在错误的思想中感到压抑。其三，要选择能为人类进行工作，实现人类共同目标的职业。只有拥有这样坚定的理想，不可动摇的信念，才能在职业活动中，竭尽全力，实现自己的价值。

那么，如何实现这样的职业选择呢？他认为，"在选择职业时，我们应该遵循的主要指针是人类的幸福和我们自身的完美。"① 他进一步解释道："不应认为，这两种利益是敌对的，互相冲突的，一种利益必须消灭另一种的；人类的天性本来就是这样的：人们只有为同时代人的完美、为他们的幸福而工作，才能使自己也达到完美。"② 从这些论述中，我们可以发现，中学时期的马克思对于职业的选择就有高尚的理想，也有正确科学的人生观和价值观，能够将实现人类的幸福这个大的目标与实现自身的价值完美结合，也为新时代大学生树立正确科学的职业价值观做了明确的示范和启迪。

（2）马克思《青年在选择职业时的考虑》的指导意义

根据马克思所撰写的《青年在选择职业时的考虑》一文中的阐述，青年在自己的职业选择中，应该坚持个人理想与社会理想的统一。对于个人理想而言，我们每一个生活在社会中的人都有自己的理想，这是在一定历史条件或是一定社会关系中的个体，对于自己未来的物质生活和精神生活所产生的憧憬和向往。而社会理想则是一定的社会阶级或是全体社会成员所共同期待的理想，这是全体社会中"最大公约数"的共同奋斗目标，从大局上来看，就是对未来社会的政治、经济、文化、社会、生态五位一体的追求和向往。对于每一个鲜活具体的个人理想而言，社会理想则凝聚着每个个体都为之奋斗的崇高目标，是具有家国情怀的大爱，指向全人类的幸福以及全社会的福祉，在社会中鼓励大家树立崇高的社会理想，可以成为全体社会成员凝心聚力、奋发向上的精神支柱。个人理想与社会理想是辩证统一、相辅相成的。一方面，社会理想制约着个人理想的实现。个人作为社会成员中的有机体，只有将个人理想与国家的前途相结合，与社会的目标相协调，与民族的复兴共进退，才有可能实现。由此，大学生的职业价值判断要把自己对于个人的理想追求与其对美好社会生活的向往有机

---

① 马克思，恩格斯. 马克思恩格斯全集：第1卷［M］. 北京：人民出版社，1995.
② 马克思，恩格斯. 马克思恩格斯全集：第1卷［M］. 北京：人民出版社，1995.

结合起来，才能使个人的理想追求具有真正的价值。另一方面，社会理想包含着个人理想，是由无数个人理想构成的，反映和融汇着每一个具体鲜活的个人理想。所以，社会也应该提供各种平台和帮扶，最大限度地支持和保障大学生追求自己的个人理想。同样，在社会的支持下，大学生更应该明确自己的使命，努力发挥个体的聪明才智，为社会多做贡献，以此才能在社会理想的指引下，早日实现中华民族伟大复兴的中国梦。

第二节　新时代青年职业价值观的现状调研

一、研究方法

（1）研究对象与抽样方式

本研究采取分层抽样与整群抽样相结合的方式，调查访问了来自广州市 50 多所高校的 1 500 名大学生，涉及 985 大学、211 大学、普通本科以及高职类院校四种基本类型高校，并包括理工科、文史哲、经管商、农科、艺体、医学等专业，按照电子版与纸质版问卷的形式先后进行发放，共发放问卷 1 500 份，回收问卷 1 428 份，问卷回收率 95.2%，剔除无效问卷 116 份，回收有效问卷 1 312 份，问卷有效回收率 91.88%。受访者的基本情况见表 4-1。

表 4-1　新时代大学生职业价值观现状调研的受访者基本情况（$N = 1\ 312$）

变量	类别	人数	百分比/%	有效百分比/%
性别	男	512	39.0	39.0
	女	800	61.0	61.0
学校	985 大学	601	45.8	45.8
	211 大学	206	15.7	15.7
	普通本科	367	28.0	28.0
	高职类院校	138	10.5	10.5
专业	理工科	476	36.3	36.3
	文史哲	339	25.8	25.8
	经管商	313	23.9	23.9

（续上表）

变量	类别	人数	百分比/%	有效百分比/%
专业	农科	6	0.5	0.5
	艺体	56	4.3	4.3
	医学	13	1.0	1.0
	其他	109	8.3	8.3
年级	大一	515	39.3	39.3
	大二	255	19.4	19.4
	大三	184	14.0	14.0
	大四	88	6.7	6.7
	大五	8	0.6	0.6
	硕士研究生	194	14.8	14.8
	博士研究生	19	1.4	1.4
	毕业生	49	3.7	3.7
生源地	城镇	722	55.0	55.0
	农村	590	45.0	45.0
是否独生子女	是	444	33.8	33.8
	否	868	66.2	66.2
政治面貌	中共党员	162	12.3	12.3
	共青团员	1 054	80.3	80.3
	群众	93	7.1	7.1
	其他党派人士	3	0.2	0.2
是否上过职业指导课	是	540	41.2	41.2
	否	772	58.8	58.8
工作经历	有实习/兼职经历	723	55.1	55.1
	无实习/兼职经历	530	40.4	40.4
	有正式工作经历	59	4.5	4.5

（2）研究工具

本研究中的研究工具由两部分构成，第一部分是受访者的基本信息，包括性别、学校类型、专业、年级、生源地、是否独生子女、政治面貌、是否上过职业指导课、工作经历。

第二部分是本研究工具的主体，即《职业价值观问卷》（WVI），该问卷由西南交通大学宁维卫教授以国外学者 Super 编制的《职业价值观量表》为基础，结合我国的实际情况修订而成的本土化《职业价值观问卷》①。

修订后的《职业价值观问卷》共有 60 个题目，4 个题目对应一个维度，共 15 个维度，分别是：智力激发维度、利他主义维度、变动性维度、独立性维度、声誉维度、经济报酬维度、美感维度、同事关系维度、安全性维度、生活方式维度、监督关系维度、工作环境维度、成就维度、管理维度、创造性维度。具体情况如下：

智力激发维度，即愿意积极开动大脑，激发自己的智力，善于学习，喜欢钻研新鲜事物，能主动接受挑战，解决工作中遇到的新问题。包括 4 个问题：题 1，工作中能经常面对新问题；题 23，能经常接触新事物；题 38，能经常感到学习的紧迫性；题 46，能感到工作有新意。

利他主义维度，即能积极承担个体的社会责任，愿意为公众利益贡献自己的力量。包括 4 个问题：题 2，有益于人民；题 30，能感到自己对他人有用；题 31，能使他人幸福；题 47，能更多地对社会负责。

变动性维度，即期望工作内容能经常变动，有新意，并且不拘泥于同一种单调乏味重复性的工作。包括 4 个问题：题 3，工作有变化；题 29，不是一种经常重复的工作；题 32，工作具有多样性；题 49，不是一种单调的工作。

独立性维度，即对待工作能充分调动自己的主观能动性，可以按照自己的意愿或方式来做事，不被他人指挥。包括 4 个问题：题 4，工作中能够独当一面；题 21，自己能支配自己的工作；题 40，能够坚持自己的想法；题 50，能较自由地安排自己的工作时间。

声誉维度，即所做的工作在社会上有较高的声望，能被他人重视，并能得到他人的尊重与好评。包括 4 个问题：题 5，能成为工作权威；题 28，自己的工作能被他人看重；题 33，能受到他人尊重；题 51，能获得他人的好评。

经济报酬维度，即工作有较好的晋升通道，并能为自己带来丰厚的报酬，让自己生活得轻松富足。包括 4 个问题：题 6，能有提升的机会；题

---

① 宁维卫. 中国城市青年职业价值观研究［J］. 成都大学学报（社会科学版），1996（4）：10 – 12，20.

22，能有丰厚的经济收入；题39，所得收入足以使自己过着安稳的生活；题48，能有较高的职位。

美感维度，即在工作中发现美，热爱美，创造美，并且能在工作中获得美的愉悦享受。包括4个问题：题7，能发挥自己的艺术能力；题20，能给周围带来美；题41，能够创造出有吸引力的产品或作品；题52，能常有一种愉悦的感觉。

同事关系维度，即期待一起共事的同事相互间能友好相处，在工作的过程中有轻松简单的工作氛围。包括4个问题：题8，工作中能结交上许多朋友；题27，能有许多亲密的同事；题34，跟同事有良好的交往；题53，和同事在一起时感到心情愉快。

安全性维度，即工作的稳定性较好，不会随时担心自己将失去工作。包括4个问题：题9，深信自己将不失去工作；题19，工作有保障；题42，能有一个稳定的职业；题54，能在事业单位工作。

生活方式维度，即不被工作绑架过多业余时间，可以按照自己的意愿生活，做自己生活的主人。包括4个问题：题10，能成为自己想成为的人；题26，下班后能从事自己喜爱的业余活动；题35，能有一种最快乐的生活方式；题55，下班后能做自己喜欢做的事。

监督关系维度，即重视领导的品质，如能公正、关怀、体贴下属，并且能倾听下属的意见，让下属可以依靠。包括4个问题：题11，能有一个很公正的领导；题18，能有一个可以依靠的领导；题43，能有一个关怀、体贴的领导；题56，能有一个常倾听意见的领导。

工作环境维度，即对工作环境的要求较高，追求舒适、安逸的工作环境。包括4个问题：题12，能有一个舒适的工作环境；题25，能在大城市工作；题36，能在宽敞明净的环境工作；题57，有舒适的休息场所。

成就维度，即工作中能充分发挥自己的才能，圆满完成自己的工作任务，内心有成就感。包括4个问题：题13，能圆满完成自己的工作任务；题17，能发挥自己的专长有所作为；题44，能够知道自己努力的结果；题58，能主动积极地完成一天的工作任务。

管理维度，即能统领和调配一定范围内的个人或事物，拥有管理支配的权限。包括4个问题：题14，能显示出领导他人的能力；题24，能显示出具有影响他人的能力；题37，能显示出有组织他人的能力；题59，能具有更多的社会活动。

创造性维度，即工作中能发挥自己的想象力，有创造性地完成自己的工作。包括4个问题：题15，会经常产生一些新的想法或启示；题16，能创造一些新东西；题45，能够实现自己独特的想法；题60，能进行丰富的想象。

问卷采用李克特式5点量表，1是极不重要，2是不重要，3是不确定，4是重要，5是极为重要。

所有题目均采用正向计分，即受访者回答1、2、3、4、5分别计1、2、3、4、5分。将每一维度内相应的4道题目得分相加，即为该受访者在此维度的总分。而各维度均分＝各维度总分÷4，得分越高的维度，则说明该受访者在职业选择时对此维度的重视程度越高。

修订后的问卷具有良好的信度和效度①，被国内学者广泛使用，可以用来测量新时代大学生的职业价值观现状。

（3）施测方法

线上采用问卷星编制的电子版问卷进行测试，线下采用打印好的纸质版问卷进行团体测试。具体而言，线上电子版问卷主要通过广州市高校辅导员之家平台的老师进行转发，并指导受访者根据个人的真实情况作答。而线下纸质版问卷则是由施测人员向受访者宣读统一的指导语，按统一的程序施测，由受访者根据个人实际情况作答，以确保所采集的数据具有真实性和有效性。

（4）数据处理方法

将电子版问卷与纸质版问卷回收以后，剔除无效问卷，并对回收后的有效问卷进行编码，继而使用SPSS 22.0建立数据库，并进行数据的录入与统计分析。

二、研究结果

（1）新时代大学生职业价值观的总体现状

不同的个体对于职业价值观各项维度的重视程度都有自己的标准，经过调查表明，新时代大学生职业价值观各维度的描述统计见表4-2，通过该描述统计可以得出以下结论：对于新时代大学生而言，他们的15项职业价值观排序依次是生活方式、成就、经济报酬、独立性、同事关系、声誉、监督关系、创造性、利他主义、工作环境、美感、智力激发、管理、安全性以及变动性。

---

① 王雅静．"90后"大学生职业价值观现状的实证研究［D］．成都：西南交通大学，2016．

表 4 - 2　新时代大学生职业价值观的总体现状排序（$N = 1\ 312$）

排序	维度	均值	标准差
1	生活方式	4. 210 6	0. 713 90
2	成就	4. 171 7	0. 699 80
3	经济报酬	4. 063 3	0. 715 02
4	独立性	4. 013 7	0. 681 50
5	同事关系	3. 999 4	0. 726 03
6	声誉	3. 966 7	0. 703 99
7	监督关系	3. 957 7	0. 747 12
8	创造性	3. 946 6	0. 751 37
9	利他主义	3. 928 7	0. 730 04
10	工作环境	3. 925 3	0. 703 49
11	美感	3. 868 7	0. 705 39
12	智力激发	3. 795 5	0. 670 90
13	管理	3. 744 7	0. 759 36
14	安全性	3. 735 9	0. 741 52
15	变动性	3. 702 2	0. 713 58

　　从职业价值观的十五项维度排序中，不难发现，新时代大学生的职业价值观有三大特点：

　　①功利色彩浓重

　　他们将生活方式、成就、经济报酬以及声誉排在了前面的位置，说明他们追求较高的报酬，看重自己的物质生活，追求个人的成功与声誉。

　　②利他精神不足

　　他们将利他主义这项职业价值观放在了第九位，将管理放在了倒数第三位。说明在工作中，他们更多地关注自己的感受，缺少为他人服务的意识。

　　③敬业精神缺乏

　　这从两方面可以看出，一方面，他们过度看重生活方式，将工作和生活的界限分得特别清楚，不希望工作时间过长，影响自己的生活品质；另一方面，他们将创造性和智力激发放在了靠后的位置，说明他们对于工作并不想花费自己太多的精力，不愿意对工作进行过多的钻研。

由此可以看出，新时代大学生职业价值观功利性、现实性的现状不容忽视，亟须引起社会各部门的广泛关注，同时，它也对新时代大学生职业价值观的培育敲响了警钟。

（2）新时代大学生职业价值观的差异现状

①新时代大学生职业价值观的性别差异

研究结果如表4-3所示，新时代不同性别的大学生职业价值观倾向基本一致，在职业活动中，普遍认为最重要的职业价值观前三项维度依次是生活方式、成就、经济报酬，而第四项和第五项维度则存在差异，男性认为同事关系和独立性较为重要，而女性认为独立性和监督关系较为重要。对于职业活动中最不重要的职业价值观，他们意见一致，都认为是变动性、安全性、管理、智力激发与美感。

为进一步探究新时代大学生职业价值观的性别差异情况，以性别为自变量，进行独立样本 t 检验，结果表明，在经济报酬、变动性、声誉、独立性、美感、成就维度上，性别差异显著（$p < 0.05$），在生活方式、监督关系、工作环境维度上，性别差异非常显著（$p < 0.01$），说明女性比男性在职业价值观上更关注以上的维度（见表4-3）。

表4-3　新时代大学生职业价值观的性别差异

维度	性别	均值	标准差	t	p
智力激发	男	3.772 0	0.702 51	-1.018	0.309
	女	3.810 6	0.649 86		
利他主义	男	3.888 7	0.767 85	-1.591	0.112
	女	3.954 4	0.704 08		
经济报酬	男	4.010 7	0.767 26	-2.131	0.033
	女	4.096 9	0.677 84		
变动性	男	3.648 4	0.749 88	-2.185	0.029
	女	3.736 6	0.687 63		
声誉	男	3.913 6	0.773 35	-2.188	0.029
	女	4.000 6	0.654 00		

（续上表）

维度	性别	均值	标准差	t	p
独立性	男	3.954 6	0.723 53	−2.519	0.012
	女	4.051 6	0.650 83		
美感	男	3.809 1	0.717 44	−2.454	0.014
	女	3.906 9	0.695 34		
同事关系	男	4.003 4	0.769 47	0.159	0.874
	女	3.996 9	0.697 30		
安全性	男	3.695 3	0.779 63	−1.587	0.113
	女	3.761 9	0.715 37		
生活方式	男	4.131 3	0.753 63	−3.227	0.001
	女	4.261 3	0.682 93		
监督关系	男	3.885 3	0.812 33	−2.817	0.005
	女	4.004 1	0.698 80		
工作环境	男	3.809 6	0.755 68	−4.807	0.000
	女	3.999 4	0.657 82		
成就	男	4.117 2	0.739 20	−2.260	0.024
	女	4.206 6	0.671 52		
管理	男	3.706 5	0.799 46	−1.455	0.146
	女	3.769 1	0.732 02		
创造性	男	3.932 6	0.783 80	−0.541	0.589
	女	3.955 6	0.730 23		

这一结果出现的原因可能在于：首先，随着社会的进步，新时代的到来，女性在不断觉醒，地位也在不断上升，开始从幕后慢慢走向台前，与男性一样在职场中磨炼打拼，实现自己的价值。但是由于职场还是存在一定程度的性别歧视问题，因此女性会选择更加有声望的工作，以此引起他人的重视，得到他人的尊重与好评。与此同时，她们也会更加全力以赴地投入工作，希望能按照自己的意愿，用自己的才华与能力，完成手头的工作，并且尽可能做到有美感，以此取得相应的经济报酬。其次，女性与男性相比，她们会更加感性，会希望自己有舒适的工作环境，有良好的监督

关系,比如公正体贴的上司,引导他们走好职业发展的路径。最后,"男主外,女主内"的传统思想根深蒂固、影响深远,女性即使走向职场,也会把很多的注意力放在家庭中,如何平衡好职场与生活的关系是每一个职场女性都将面对的问题,因此,她们会特别看重生活方式这项职业价值观维度,这也意味着她们想要按照自己的意愿生活,做好自己喜欢的事情。

②新时代大学生职业价值观的学校类型差异

研究结果如表4-4所示,新时代不同学校类型的大学生职业价值观呈现出不一样的特点。对于985大学的大学生而言,他们认为最重要的五项职业价值观是生活方式、成就、经济报酬、同事关系、独立性;最不重要的五项职业价值观是安全性、管理、变动性、智力激发、美感。对于211大学的大学生而言,他们认为最重要的五项职业价值观是生活方式、成就、独立性、经济报酬、创造性;最不重要的五项职业价值观是管理、变动性、安全性、智力激发、同事关系。对于普通本科的大学生而言,他们认为最重要的五项职业价值观是生活方式、成就、经济报酬、独立性、同事关系;最不重要的五项职业价值观是变动性、安全性、管理、智力激发、美感。对于高职类院校的大学生而言,他们认为最重要的五项职业价值观是生活方式、成就、独立性、同事关系、创造性;最不重要的五项职业价值观是变动性、安全性、智力激发、工作环境、管理。

为进一步探究新时代大学生职业价值观的学校类型差异情况,以学校类型为自变量,进行单因素方差分析,结果表明,在智力激发、利他主义、经济报酬、声誉、创造性维度,学校类型差异显著($p < 0.05$),在独立性、美感、安全性、生活方式、监督关系、工作环境、管理维度,学校类型差异非常显著($p < 0.01$)。

表4-4　新时代大学生职业价值观的学校类型差异

维度	学校类型	均值	标准差	F	p
智力激发	985大学	3.744 2	0.669 24	3.437	0.016
	211大学	3.767 0	0.673 33		
	普通本科	3.880 1	0.643 06		
	高职类院校	3.837 0	0.727 24		
利他主义	985大学	3.870 2	0.718 22	2.635	0.048
	211大学	3.997 6	0.701 04		

（续上表）

维度	学校类型	均值	标准差	F	p
利他主义	普通本科	3.985 0	0.738 84	2.635	0.048
	高职类院校	3.931 2	0.785 22		
经济报酬	985 大学	4.051 2	0.682 35	2.864	0.036
	211 大学	4.066 7	0.659 43		
	普通本科	4.132 2	0.718 06		
	高职类院校	3.927 5	0.890 54		
变动性	985 大学	3.668 5	0.684 35	1.334	0.262
	211 大学	3.680 8	0.736 10		
	普通本科	3.744 6	0.706 12		
	高职类院校	3.768 1	0.814 80		
声誉	985 大学	3.909 3	0.688 97	3.279	0.020
	211 大学	3.989 1	0.666 86		
	普通本科	4.053 1	0.683 71		
	高职类院校	3.952 9	0.844 99		
独立性	985 大学	3.946 8	0.649 74	4.181	0.006
	211 大学	4.082 5	0.681 99		
	普通本科	4.089 2	0.662 50		
	高职类院校	4.001 8	0.827 50		
美感	985 大学	3.764 6	0.666 06	8.622	0.000
	211 大学	3.996 4	0.687 20		
	普通本科	3.951 6	0.701 68		
	高职类院校	3.911 2	0.839 16		
同事关系	985 大学	3.980 4	0.700 25	1.503	0.212
	211 大学	3.943 0	0.719 98		
	普通本科	4.063 4	0.715 20		
	高职类院校	3.996 4	0.858 61		
安全性	985 大学	3.648 1	0.729 24	6.860	0.000

（续上表）

维度	学校类型	均值	标准差	F	p
安全性	211 大学	3.718 4	0.702 50	6.860	0.000
	普通本科	3.859 0	0.711 47		
	高职类院校	3.817 0	0.872 08		
生活方式	985 大学	4.182 2	0.676 14	3.881	0.009
	211 大学	4.299 8	0.680 93		
	普通本科	4.260 9	0.690 65		
	高职类院校	4.067 0	0.929 32		
监督关系	985 大学	3.901 8	0.744 38	3.835	0.009
	211 大学	3.970 9	0.706 07		
	普通本科	4.062 7	0.713 47		
	高职类院校	3.902 2	0.873 07		
工作环境	985 大学	3.864 8	0.675 87	4.005	0.008
	211 大学	3.974 5	0.630 73		
	普通本科	4.014 3	0.696 38		
	高职类院校	3.878 6	0.895 16		
成就	985 大学	4.162 2	0.656 45	1.972	0.116
	211 大学	4.233 0	0.687 66		
	普通本科	4.196 2	0.687 51		
	高职类院校	4.056 2	0.898 61		
管理	985 大学	3.657 7	0.753 19	8.389	0.000
	211 大学	3.676 0	0.780 66		
	普通本科	3.874 0	0.716 43		
	高职类院校	3.882 2	0.803 84		
创造性	985 大学	3.877 7	0.731 31	3.659	0.012
	211 大学	4.059 5	0.712 55		
	普通本科	3.987 1	0.746 12		
	高职类院校	3.971 0	0.876 54		

　　进一步两两比较，在智力激发维度，985 大学与普通本科差异显著，表现为普通本科比 985 大学更注重智力激发维度。在利他主义维度，985 大学与 211 大学、普通本科差异显著，表现为 211 大学与普通本科更注重利他主义维度。在经济报酬维度，普通本科与高职类院校差异显著，表现为普通本科比高职类院校更看重经济报酬。在声誉维度，985 大学与普通本科差异显著，表现为普通本科比 985 大学更看重声誉维度。在创造性维度，985 大学与 211 大学、普通本科差异显著，表现为 211 大学与普通本科比 985 大学更注重创造性。

　　在独立性、美感、安全性、生活方式、监督关系、工作环境、管理维度上，学校类型差异非常显著。在独立性维度，985 大学与 211 大学、普通本科差异非常显著，表现为 211 大学与普通本科比 985 大学更注重独立性。在美感维度，表现为 985 大学与 211 大学、普通本科、高职类院校差异非常显著，表现为 211 大学、普通本科与高职类院校比 985 大学更注重美感。在安全性维度，985 大学与普通本科、高职类院校差异非常显著，表现为普通本科与高职类院校比 985 大学更注重安全性维度。211 大学与普通本科差异也非常显著，表现为普通本科比 211 大学更注重安全性维度。在生活方式维度，985 大学与 211 大学差异非常显著，表现为 211 大学更注重生活方式维度；高职类院校与 211 大学、普通本科差异非常显著，表现为 211 大学与普通本科更注重生活方式维度。在监督关系维度，普通本科与 985 大学、高职类院校差异非常显著，表现为普通本科比 985 大学、高职类院校更注重监督关系。在工作环境维度，985 大学与普通本科差异非常显著，表现为普通本科比 985 大学更注重工作环境。在管理维度，985 大学与普通本科、高职类院校差异显著，表现为普通本科、高职类院校比 985 大学更注重管理维度；211 大学与普通本科、高职类院校差异非常显著，表现为普通本科与高职类院校更注重管理维度。

　　这一结果出现的原因可能在于，学校类型不同，学生的生源质量与培养目标的侧重点也不同，自然而然，不同学校的学生在职业价值观上也呈现出不同的特点。相对而言，985 大学与 211 大学的学生，他们自身的功底较好，加上拥有较好的硬件资源与软件资源，在看重“学历”这个敲门砖的现代社会，无疑是市场争抢的“香饽饽”，因此他们更加关注的是生活方式与工作环境，更加追求工作的幸福感。而高职类院校的大学生，他们主要以学习操作类技术为主，学历相对较低，找到轻松的好工作的机会比较少，这使得他们在找工作的过程中，更加关注工作的安全性维度。而对于未来的职业发展，他们不会眼高手低，能结合自身实际与社会实际，愿意从基层的技术工人做起，通过自己的努力，慢慢晋升到管理层，因此在职业价值观上，他们会更加看重管理。普通本科的大学生夹在985大学、211大学与高职类院校的大学生中间，在学历上，没有985大学、211大学的大学生占优势；在动手操作能力上，也不如高职类院校的大学生强，反而在职业竞争中处于眼高手低、较为劣势的位置，因此，他们会特别关注职业外在条件与职业发展密切相关的维度。

③新时代大学生职业价值观的专业差异

研究结果如表4-5所示，新时代不同专业的大学生职业价值观呈现出各自的特点。对于理工农艺体医专业的大学生而言，他们认为最重要的五项职业价值观是生活方式、成就、经济报酬、同事关系、独立性；最不重要的五项职业价值观是变动性、安全性、管理、智力激发、美感。对于文史哲经管商专业的大学生而言，他们认为最重要的五项职业价值观是生活方式、成就、经济报酬、独立性、同事关系；最不重要的五项职业价值观与理工农艺体医专业的大学生一致，依次是变动性、安全性、管理、智力激发、美感。对于其他专业类别的大学生而言，最重要的五项职业价值观是生活方式、成就、经济报酬、声誉、独立性；最不重要的五项职业价值观是变动性、管理、智力激发、安全性、监督关系。

为进一步探究新时代大学生职业价值观的专业差异情况，以专业为自变量，进行单因素方差分析，结果表明，在智力激发、美感维度，专业差异显著（$p < 0.05$)，在利他主义、经济报酬、独立性、同事关系、生活方式、监督关系、工作环境、成就维度，专业差异非常显著（$p < 0.01$)。

表4-5 新时代大学生职业价值观的专业差异

维度	专业类别	均值	标准差	F	p
智力激发	理工农艺体医	3.772 2	0.690 41	3.558	0.029
	文史哲经管商	3.836 7	0.625 99		
	其他专业	3.667 4	0.802 96		
利他主义	理工农艺体医	3.879 3	0.726 42	5.898	0.003
	文史哲经管商	3.993 9	0.701 35		
	其他专业	3.789 0	0.871 47		
经济报酬	理工农艺体医	4.037 7	0.710 35	5.797	0.003
	文史哲经管商	4.115 8	0.673 60		

（续上表）

维度	专业类别	均值	标准差	F	p
经济报酬	其他专业	3.878 4	0.920 20	5.79 7	0.003
变动性	理工农艺体医	3.701 5	0.717 97	1.126	0.325
	文史哲经管商	3.718 6	0.696 69		
	其他专业	3.607 8	0.787 17		
声誉	理工农艺体医	3.937 4	0.704 49	2.924	0.054
	文史哲经管商	4.009 2	0.663 62		
	其他专业	3.860 1	0.898 45		
独立性	理工农艺体医	3.987 3	0.668 66	5.517	0.004
	文史哲经管商	4.064 0	0.649 52		
	其他专业	3.846 3	0.877 91		
美感	理工农艺体医	3.823 0	0.697 39	3.500	0.030
	文史哲经管商	3.919 9	0.679 69		
	其他专业	3.793 6	0.863 91		
同事关系	理工农艺体医	3.998 6	0.719 14	4.722	0.009
	文史哲经管商	4.033 0	0.687 88		
	其他专业	3.802 8	0.931 12		
安全性	理工农艺体医	3.702 8	0.751 69	1.663	0.190
	文史哲经管商	3.773 0	0.708 63		
	其他专业	3.681 2	0.867 94		
生活方式	理工农艺体医	4.176 5	0.707 14	9.674	0.000
	文史哲经管商	4.278 8	0.664 72		
	其他专业	3.974 8	0.941 55		
监督关系	理工农艺体医	3.913 8	0.755 92	7.642	0.001
	文史哲经管商	4.027 6	0.705 07		
	其他专业	3.761 5	0.889 36		
工作环境	理工农艺体医	3.877 0	0.708 69	6.693	0.001
	文史哲经管商	3.991 2	0.648 33		
	其他专业	3.775 2	0.924 80		

（续上表）

维度	专业类别	均值	标准差	F	p
成就	理工农艺体医	4.149 7	0.687 42	9.434	0.000
	文史哲经管商	4.231 2	0.645 15		
	其他专业	3.926 6	0.972 01		
管理	理工农艺体医	3.717 3	0.774 93	1.705	0.182
	文史哲经管商	3.781 1	0.723 28		
	其他专业	3.665 1	0.877 46		
创造性	理工农艺体医	3.942 4	0.764 98	1.444	0.236
	文史哲经管商	3.968 6	0.707 63		
	其他专业	3.837 2	0.916 27		

调查结果表明，在智力激发、美感维度，专业差异显著。通过进一步两两比较，发现在智力激发维度，文史哲经管商与其他专业差异显著，表现为文史哲经管商比其他专业更注重此维度。在美感维度，理工农艺体医与文史哲经管商差异显著，表现为文史哲经管商比理工农艺体医更关注此维度。在利他主义、监督关系、工作环境维度，文史哲经管商与理工农艺体医、其他专业差异非常显著，表现为文史哲经管商比理工农艺体医与其他专业更注重这些维度。在经济报酬、独立性与同事关系维度，其他专业与理工农艺体医、文史哲经管商专业差异非常显著，表现为理工农艺体医、文史哲经管商比其他专业更注重这些维度。在生活方式与成就维度，这三大类专业两两都差异非常显著，表现为文史哲经管商最注重此维度，其次是理工农艺体医，最后是其他专业。

该结果出现的原因可能是，文史哲经管商专业的学生需要扎实的理论功底，又要能结合生活实际，努力提高自身的实践能力，此外，除了需要缜密的逻辑思维能力，还需要有感性的发现美、感受美的能力。仔细观察以上这些维度，可以发现它们几乎属于人与人交往的"社会性"维度，这恰巧与文史哲经管商专业的特点有密切的关系。与其他专业相比，文史哲经管商专业更需要与人进行交往、互动，从事更多的社会性活动，这也使得他们更加注重职业活动中的"软"条件。

④新时代大学生职业价值观的年级差异

研究结果如表4-6所示，新时代不同年级大学生的职业价值观特点不同，本科低年级（大一、大二）大学生认为最重要的五项职业价值观是生活方式、成就、经济报酬、同事关系、独立性；最不重要的五项职业价值观是变动性、管理、安全性、智力激发、工作环境。本科高年级（大三、大四、大五）大学生认为最重要的五项职业价值观是生活方式、成就、经济报酬、独立性、监督关系；最不重要的五项职业价值观是安全性、变动性、管理、智力激发、美感。研究生（硕士、博士）认为最重要的五项职业价值观是生活方式、成就、经济报酬、独立性、声誉；最不重要的五项职业价值观是变动性、智力激发、美感、安全性、管理。毕业生则与前三组有较为显著的差异，他们认为最重要的五项职业价值观是成就、声誉、独立性、利他主义、经济报酬；最不重要的五项职业价值观是变动性、安全性、管理、美感、创造性。

为进一步探究新时代大学生职业价值观的年级差异情况，以年级为自变量，进行单因素方差分析，结果表明，在智力激发维度，年级差异显著（$p < 0.05$），在利他主义、经济报酬、声誉、独立性、美感、同事关系、生活方式、成就、创造性维度，年级差异非常显著（$p < 0.01$）。

表 4 - 6　新时代大学生职业价值观的年级差异

维度	学校类型	均值	标准差	F	p
智力激发	本科低年级	3.825 6	0.647 12	2.927	0.033
	本科高年级	3.754 5	0.695 43		
	研究生	3.706 6	0.722 89		
	毕业生	3.943 9	0.619 28		
利他主义	本科低年级	3.989 6	0.716 51	6.196	0.000
	本科高年级	3.784 8	0.741 07		
	研究生	3.874 4	0.754 56		
	毕业生	4.030 6	0.648 78		
经济报酬	本科低年级	4.116 9	0.660 62	4.256	0.005
	本科高年级	3.943 8	0.783 00		
	研究生	4.038 7	0.765 15		
	毕业生	4.010 2	0.829 09		

（续上表）

维度	学校类型	均值	标准差	F	p
变动性	本科低年级	3.733 8	0.673 36	1.351	0.256
	本科高年级	3.666 1	0.739 99		
	研究生	3.636 2	0.771 09		
	毕业生	3.699 0	0.889 73		
声誉	本科低年级	4.011 0	0.665 94	4.566	0.003
	本科高年级	3.840 2	0.768 82		
	研究生	3.946 0	0.740 12		
	毕业生	4.081 6	0.660 23		
独立性	本科低年级	4.068 5	0.630 50	4.836	0.002
	本科高年级	3.899 1	0.763 09		
	研究生	3.958 9	0.726 29		
	毕业生	4.045 9	0.680 21		
美感	本科低年级	3.944 8	0.651 63	7.692	0.000
	本科高年级	3.761 6	0.793 45		
	研究生	3.738 3	0.727 15		
	毕业生	3.852 0	0.746 38		
同事关系	本科低年级	4.090 3	0.693 62	10.794	0.000
	本科高年级	3.825 0	0.772 34		
	研究生	3.908 5	0.736 40		
	毕业生	3.964 3	0.692 22		
安全性	本科低年级	3.765 9	0.714 30	2.583	0.052
	本科高年级	3.626 8	0.794 52		
	研究生	3.761 7	0.739 62		
	毕业生	3.775 5	0.818 48		
生活方式	本科低年级	4.287 0	0.651 42	8.605	0.000
	本科高年级	4.070 5	0.795 19		
	研究生	4.171 4	0.744 46		
	毕业生	3.979 6	0.853 66		

（续上表）

维度	学校类型	均值	标准差	*F*	*p*
监督关系	本科低年级	3.992 5	0.722 14	1.513	0.209
	本科高年级	3.887 5	0.783 07		
	研究生	3.926 1	0.770 62		
	毕业生	3.949 0	0.806 84		
工作环境	本科低年级	3.943 5	0.681 87	1.098	0.349
	本科高年级	3.858 9	0.744 58		
	研究生	3.935 4	0.704 77		
	毕业生	3.974 5	0.786 02		
成就	本科低年级	4.237 0	0.638 61	6.724	0.000
	本科高年级	4.023 2	0.809 83		
	研究生	4.139 7	0.735 01		
	毕业生	4.132 7	0.663 60		
管理	本科低年级	3.753 6	0.748 47	0.864	0.459
	本科高年级	3.689 3	0.764 57		
	研究生	3.761 7	0.775 04		
	毕业生	3.846 9	0.832 00		
创造性	本科低年级	4.007 5	0.725 51	4.114	0.006
	本科高年级	3.866 1	0.808 45		
	研究生	3.852 1	0.751 47		
	毕业生	3.862 2	0.741 38		

调查结果表明，在智力激发维度，年级差异显著。研究生与本科低年级、毕业生差异显著，表现为本科低年级与毕业生比研究生更注重此维度。在利他主义、经济报酬、声誉、独立性、美感、同事关系、生活方式、成就、创造性维度，年级差异非常显著。在利他主义维度，本科低年级与本科高年级、研究生差异非常显著，表现为本科低年级比本科高年级、研究生更注重此维度；本科高年级与毕业生差异非常显著，表现为毕业生比本科高年级更注重此维度。在经济报酬维度，本科低年级与本科高年级差异非常显著，表现为本科低年级比本科高年级更注重此维度。在声

誉维度，本科高年级与本科低年级、毕业生差异非常显著，表现为本科低年级与毕业生比本科高年级更注重此维度。在独立性、美感、同事关系以及创造性维度，本科低年级与本科高年级、研究生差异非常显著，表现为本科低年级比本科高年级、研究生更注重这四项维度。在生活方式维度，本科低年级与本科高年级、研究生、毕业生差异非常显著，表现为本科低年级比本科高年级、研究生、毕业生更注重此维度。在成就维度，本科低年级与本科高年级差异非常显著，表现为本科低年级比本科高年级更注重此维度。

这一结果出现的原因可能在于，不同年级的大学生对于学习与工作的关注点与侧重点各有不同，这使得他们的职业价值观也较为不同。相对而言，本科低年级比本科高年级、研究生、毕业生的职业价值观更加理想化，也更加关注自我。究其根源，一方面是因为本科低年级大学生初入大学，对于新生的事物充满着新鲜感与好奇心，他们初生牛犊不怕虎，充满激情与力量，渐渐从依赖走向独立，想要大展拳脚，积极去发现并解决问题，证明自己的价值，从而为社会做出自己的贡献；另一方面，本科低年级的学生几乎是"95后"大学生，他们对于职场的真正认知较为匮乏，比较理想化，加上大多数大学生从小家庭生活条件比较优越，集万千宠爱于一身，这也使得他们在职业活动中更加关注自我，敢于表达自己的需求。

⑤新时代大学生职业价值观的生源地差异

研究结果如表4-7所示，新时代不同生源地的大学生职业价值观特点基本一致，不管生源地是城镇还是农村的大学生，他们都认为最重要的五项职业价值观分别是生活方式、成就、经济报酬、独立性和同事关系；不重要的五项职业价值观内容一致，但在排序上存在轻微差异，生源地是城镇的大学生认为依次是安全性、变动性、管理、智力激发、美感，而生源地是农村的大学生认为依次是变动性、管理、安全性、智力激发、美感。

为进一步探究新时代大学生职业价值观的生源地差异情况，以生源地为自变量，进行独立样本 t 检验，结果表明，在安全性维度，生源地差异显著（$p < 0.05$），表现为生源地为农村的大学生比生源地为城镇的大学生更关注安全性维度。

表 4-7　新时代大学生职业价值观的生源地差异

维度	生源地	均值	标准差	t	p
智力激发	城镇	3.787 0	0.676 48	-0.507	0.612
	农村	3.805 9	0.664 44		
利他主义	城镇	3.912 4	0.754 46	-0.897	0.370
	农村	3.948 7	0.699 12		
经济报酬	城镇	4.064 8	0.704 81	0.083	0.934
	农村	4.061 4	0.727 91		
变动性	城镇	3.697 0	0.722 66	-0.289	0.773
	农村	3.708 5	0.702 87		
声誉	城镇	3.953 3	0.704 76	-0.763	0.446
	农村	3.983 1	0.703 29		
独立性	城镇	4.005 5	0.682 63	-0.481	0.631
	农村	4.023 7	0.680 55		
美感	城镇	3.874 7	0.710 56	0.337	0.736
	农村	3.861 4	0.699 55		
同事关系	城镇	3.982 7	0.735 15	-0.924	0.356
	农村	4.019 9	0.714 81		
安全性	城镇	3.692 2	0.755 84	-2.367	0.018
	农村	3.789 4	0.720 66		
生活方式	城镇	4.218 8	0.712 53	0.465	0.642
	农村	4.200 4	0.716 04		
监督关系	城镇	3.951 9	0.748 34	-0.312	0.755
	农村	3.964 8	0.746 19		
工作环境	城镇	3.931 4	0.709 90	0.349	0.727
	农村	3.917 8	0.696 08		
成就	城镇	4.161 0	0.709 53	-0.611	0.541
	农村	4.184 7	0.688 08		
管理	城镇	3.722 6	0.762 91	-1.162	0.245
	农村	3.771 6	0.754 77		

（续上表）

维度	生源地	均值	标准差	t	p
创造性	城镇	3.949 8	0.774 72	0.168	0.867
	农村	3.942 8	0.722 41		

调查结果表明，新时代不同生源地的大学生在15种职业价值观维度的排序上基本一致，在经济报酬、美感、生活方式、工作环境、创造性维度上，虽生源地差异不显著，但表现为生源地为城镇的大学生比生源地为农村的大学生更关注以上维度。此外，则表现为生源地为农村的大学生比生源地为城镇的大学生更关注其他价值观维度，尤其是在安全性这项维度上，生源地差异显著。

这一结果出现的原因可能在于，随着时代发展，城镇的经济水平较高，消费水平比较高，消费对象与消费方式也更加多样，生源地为城镇的大学生从小就习惯了优渥的生活条件，他们希望获得更高的经济报酬，能有更好的生活方式与工作环境，同时，对美感与创造性也很有自己的想法。而生源地为农村的大学生，他们的生活环境较为艰苦，生活方式也较为简单质朴，他们通过学习改变命运，大学毕业后，他们更加渴望找到安全、稳定、有保障的工作，以便让他们尽快在城市立足。

⑥新时代大学生职业价值观的家庭情况差异

研究结果如表4-8所示，新时代不同家庭情况的大学生职业价值观特点基本一致，不管是独生子女家庭还是非独生子女家庭的大学生，他们都认为最重要的五项职业价值观是生活方式、成就、经济报酬、独立性和同事关系；不重要的五项职业价值观内容一致，但在排序上存在轻微差异，独生子女家庭的大学生认为依次是安全性、变动性、管理、智力激发、美感，而非独生子女家庭的大学生认为依次是变动性、管理、安全性、智力激发、美感。

为进一步探究新时代大学生职业价值观的家庭情况差异情况，以家庭情况为自变量，进行独立样本 t 检验，结果表明，在智力激发、利他主义、变动性、声誉、独立性、同事关系维度，家庭情况差异显著（$p < 0.05$），在安全性、管理维度，家庭情况差异非常显著（$p < 0.01$），并且表现为家庭情况为非独生子女的大学生比家庭情况为独生子女的大学生更关注安全性与管理维度。

表 4 - 8　新时代大学生职业价值观的家庭情况差异

维度	是否独生子女	均值	标准差	t	p
智力激发	是	3.732 5	0.704 39	-2.437	0.015
	否	3.827 8	0.651 17		
利他主义	是	3.871 6	0.783 66	-2.029	0.043
	否	3.957 9	0.699 70		
经济报酬	是	4.028 7	0.737 11	-1.252	0.211
	否	4.080 9	0.703 22		
变动性	是	3.638 5	0.740 03	-2.315	0.021
	否	3.734 7	0.697 86		
声誉	是	3.904 3	0.729 59	-2.299	0.022
	否	3.998 6	0.688 77		
独立性	是	3.957 8	0.691 81	-2.130	0.033
	否	4.042 3	0.674 77		
美感	是	3.841 2	0.722 59	-1.010	0.313
	否	3.882 8	0.696 43		
同事关系	是	3.931 9	0.787 71	-2.415	0.016
	否	4.034 0	0.690 29		
安全性	是	3.636 3	0.785 39	-3.496	0.000
	否	3.786 9	0.713 15		
生活方式	是	4.178 5	0.736 11	-1.164	0.245
	否	4.227 0	0.702 13		
监督关系	是	3.918 4	0.779 76	-1.365	0.173
	否	3.977 8	0.729 50		
工作环境	是	3.887 4	0.728 52	-1.397	0.163
	否	3.944 7	0.689 95		
成就	是	4.146 4	0.725 98	-0.936	0.349
	否	4.184 6	0.686 08		
管理	是	3.663 3	0.780 56	-2.783	0.005
	否	3.786 3	0.745 31		

（续上表）

维度	是否独生子女	均值	标准差	t	p
创造性	是	3.925 1	0.769 70	-0.742	0.458
	否	3.957 7	0.742 03		

　　调查结果表明，在智力激发、利他主义、变动性、声誉、独立性、同事关系维度，家庭情况差异显著，在安全性、管理维度，家庭情况差异非常显著，以上都表现为家庭情况为非独生子女的大学生比家庭情况为独生子女的大学生更关注以上维度。

　　这一结果出现的主要原因可能在于，新时代大学生的职业价值观与自己的成长环境、家庭环境紧密相关，家庭情况差异也是来源于这样的客观现实。家庭情况为非独生子女的大学生，由于家庭人口较多，要养活家人则需要较为稳定的工作，他们会倾向于安全性较高的职业和工作，以此增加自己内心的安全感。此外，由于家中孩子较多，年长的孩子都需要承担更多的家庭责任，需要帮助父母管理好自己的弟弟妹妹，在这个过程中，增加了他们的管理意识，锻炼了他们的管理能力，因此在职业上，他们对管理这项职业价值观维度也会比较看重。对于其他职业价值观维度而言，由于兄弟姐妹多，父母无法随时照顾到每一个人，他们学会了独立，可以自己面对挑战，但同时，在与兄弟姐妹相处的过程中，他们也会开动脑筋，自己创造有意思的游戏与大家一起玩耍，学习分享，学会利他，知道如何与他人更好地相处。

　　⑦新时代大学生职业价值观的工作经历差异

　　研究结果如表4-9所示，新时代不同工作经历的大学生职业价值观呈现出各自的特点。对于有实习/兼职经历的大学生而言，他们认为最重要的五项职业价值观是生活方式、成就、经济报酬、独立性、同事关系；最不重要的五项职业价值观是变动性、安全性、管理、智力激发、美感。对于无实习/兼职经历的大学生而言，他们认为最重要的五项职业价值观是生活方式、成就、经济报酬、同事关系、独立性；最不重要的五项职业价值观是变动性、管理、安全性、智力激发、工作环境。对于有正式工作经历的大学生而言，最重要的五项职业价值观是成就、独立性、声誉、同事关系、利他主义；最不重要的五项职业价值观是变动性、安全性、美感、智力激发、创造性。

　　为进一步探究新时代大学生职业价值观的工作经历差异情况，以工作经历为自变量，进行单因素方差分析，结果表明，在经济报酬、变动性维度，工作经历差异显著（$p \leqslant 0.05$），在生活方式、管理维度，工作经历差异非常显著（$p \leqslant 0.01$）。

表4-9　新时代大学生职业价值观的工作经历差异

维度	工作经历	均值	标准差	F	p
智力激发	有实习/兼职经历	3.821 2	0.656 80	1.210	0.299
	无实习/兼职经历	3.761 8	0.686 58		
	有正式工作经历	3.783 9	0.697 07		
利他主义	有实习/兼职经历	3.925 0	0.714 89	0.065	0.937
	无实习/兼职经历	3.936 3	0.741 57		
	有正式工作经历	3.906 8	0.817 24		
经济报酬	有实习/兼职经历	4.094 1	0.716 45	3.080	0.046
	无实习/兼职经历	4.042 9	0.687 74		
	有正式工作经历	3.868 6	0.893 41		
变动性	有实习/兼职经历	3.743 4	0.698 52	3.154	0.043
	无实习/兼职经历	3.660 8	0.699 51		
	有正式工作经历	3.567 8	0.957 99		
声誉	有实习/兼职经历	3.993 1	0.702 16	1.150	0.317
	无实习/兼职经历	3.932 5	0.692 97		
	有正式工作经历	3.949 2	0.815 77		
独立性	有实习/兼职经历	4.034 9	0.678 55	0.843	0.431
	无实习/兼职经历	3.991 0	0.663 52		
	有正式工作经历	3.957 6	0.858 72		
美感	有实习/兼职经历	3.866 9	0.716 59	0.554	0.575
	无实习/兼职经历	3.881 1	0.672 88		
	有正式工作经历	3.779 7	0.845 99		
同事关系	有实习/兼职经历	3.996 2	0.727 91	0.260	0.771
	无实习/兼职经历	4.010 4	0.720 77		
	有正式工作经历	3.940 7	0.759 05		

（续上表）

维度	工作经历	均值	标准差	F	p
安全性	有实习/兼职经历	3.756 6	0.747 83	0.637	0.529
	无实习/兼职经历	3.709 0	0.724 66		
	有正式工作经历	3.724 6	0.815 65		
生活方式	有实习/兼职经历	4.227 5	0.707 18	7.887	0.000
	无实习/兼职经历	4.227 4	0.680 69		
	有正式工作经历	3.851 7	0.965 03		
监督关系	有实习/兼职经历	3.980 3	0.740 15	1.223	0.295
	无实习/兼职经历	3.940 1	0.737 42		
	有正式工作经历	3.839 0	0.902 30		
工作环境	有实习/兼职经历	3.966 5	0.677 98	2.813	0.060
	无实习/兼职经历	3.877 8	0.709 64		
	有正式工作经历	3.847 5	0.907 37		
成就	有实习/兼职经历	4.178 8	0.695 34	2.054	0.129
	无实习/兼职经历	4.182 1	0.685 12		
	有正式工作经历	3.991 5	0.857 23		
管理	有实习/兼职经历	3.792 2	0.731 15	4.655	0.010
	无实习/兼职经历	3.668 4	0.781 44		
	有正式工作经历	3.847 5	0.847 18		
创造性	有实习/兼职经历	3.968 2	0.734 74	1.271	0.281
	无实习/兼职经历	3.931 6	0.764 23		
	有正式工作经历	3.817 8	0.830 23		

调查结果表明，在经济报酬、变动性维度，工作经历差异显著，通过进一步两两比较，发现在经济报酬维度，有实习/兼职经历与有正式工作经历这两个组别间存在显著差异，具体表现为有实习/兼职经历的组别比有正式工作经历的组别更看重经济报酬。在变动性维度，有实习/兼职经历与无实习/兼职经历这两个组别间存在显著差异，具体表现为有实习/兼职经历的组别比无实习/兼职经历的组别更看重变动性维度。在生活方式、管理维度，工作经历差异非常显著，进一步两两比较，发现在生活方式维

度，有实习/兼职经历的组别与无实习/兼职经历的组别差异不显著，但是有实习/兼职经历的组别与有正式工作经历的组别的差异非常显著，无实习/兼职经历的组别与有正式工作经历的组别的差异也非常显著，均表现为有实习/兼职经历的组别与无实习/兼职经历的组别比有正式工作经历的组别更加看重生活方式维度。在管理维度，有实习/兼职经历的组别与无实习/兼职经历的组别差异非常显著，具体表现为有实习/兼职经历的组别比无实习/兼职经历的组别更看重管理维度。

这一结果出现的原因可能在于，实习/兼职这样的经历对于大学生而言，是从校园人转化为社会人的一个非常重要的实践环节，他们通过实习/兼职的体会，不断清晰自己的职业定位，塑造自己的职业价值观。但是实习/兼职这样的工作经历与成为真正的职场人，进入职场打拼的经历之间，还是存在较大的差异，部分大学生比较盲目，未真正认清客观的职场形势，因此在职业价值观上，他们也会比有正式工作经历的毕业生表现得更加理想化。而对于无实习/兼职经历的大学生而言，他们对于职业活动的相关信息主要来自多媒体以及家人、朋友、学长的讲述，在职业价值观上表现得较为模糊，也较为理想化。而对于有正式工作经历的大学生，经过"大浪淘沙"般的社会历练，已经更加成熟稳重，在不断实践中更能明晰自己的职业价值观，知道自己最需要的是什么，最喜欢什么，最擅长什么，渐渐在工作中崭露头角，独当一面。

⑧新时代大学生职业价值观的职业指导课背景差异

研究结果如表4-10所示，新时代不同职业指导课背景的大学生职业价值观特点基本一致，上过职业指导课的大学生认为最重要的五项职业价值观是生活方式、成就、经济报酬、同事关系、声誉；不重要的五项职业价值观是变动性、安全性、智力激发、管理、美感。而没上过职业指导课的大学生认为最重要的五项职业价值观是生活方式、成就、经济报酬、独立性、同事关系；不重要的五项职业价值观是管理、变动性、安全性、智力激发、美感。

表4-10 新时代大学生职业价值观的职业指导课背景差异

维度	是否上过职业指导课	均值	标准差	t	p
智力激发	是	3.810 6	0.686 41	0.682	0.495
	否	3.785 0	0.660 08		

（续上表）

维度	是否上过职业指导课	均值	标准差	t	p
利他主义	是	3.949 5	0.731 69	0.863	0.388
	否	3.914 2	0.729 01		
经济报酬	是	4.075 5	0.725 86	0.517	0.605
	否	4.054 7	0.707 68		
变动性	是	3.716 2	0.731 70	0.596	0.552
	否	3.692 4	0.700 94		
声誉	是	3.997 2	0.708 90	1.316	0.188
	否	3.945 3	0.700 19		
独立性	是	3.992 6	0.689 13	−0.939	0.348
	否	4.028 5	0.676 16		
美感	是	3.873 6	0.726 76	0.210	0.833
	否	3.865 3	0.698 76		
同事关系	是	4.014 4	0.726 30	0.623	0.534
	否	3.989 0	0.726 14		
安全性	是	3.783 8	0.750 78	1.959	0.050
	否	3.702 4	0.733 61		
生活方式	是	4.213 9	0.716 94	0.141	0.888
	否	4.208 2	0.712 22		
监督关系	是	3.997 2	0.740 27	1.604	0.109
	否	3.930 1	0.751 11		
工作环境	是	3.961 6	0.709 26	1.563	0.118
	否	3.899 9	0.690 51		
成就	是	4.169 4	0.716 71	−0.097	0.923
	否	4.173 3	0.688 18		
管理	是	3.819 4	0.765 56	2.992	0.003
	否	3.692 4	0.751 08		
创造性	是	3.946 8	0.750 12	0.005	0.996
	否	3.946 6	0.752 74		

为进一步探究新时代大学生职业价值观的职业指导课背景差异情况，以职业指导课背景为自变量，进行独立样本 t 检验，结果表明，在安全性维度，职业指导课背景差异显著（$p \leqslant 0.05$），表现为上过职业指导课的大学生比没有上过职业指导课的大学生更关注安全性维度。在管理维度，职业指导课背景差异非常显著（$p \leqslant 0.01$），表现为上过职业指导课的大学生比没有上过职业指导课的大学生更关注管理维度。

这一结果出现的原因可能在于，在大学中，职业指导课教师基本由辅导员老师担任，虽然辅导员老师取得过相应的职业指导资格证，但其依旧是在体制内工作，因此在上课的过程中，可能会潜移默化地将安全性这个因素传递给所教授的大学生。此外，也可能是大学生自身对职业发展没有清晰的定位，对社会的职业形势也缺乏必要的认识，因此他们也会追求较为安稳和安全性较高的工作。另外，在职业指导课上，大多数教师会采用小组合作的教学模式，带领大学生进行职业探索，在这样的活动体验中，锻炼了大学生的管理能力，这也会让他们增强自信心，将管理放在较前的位置。

第三节 新时代青年职业价值观的冲突及成因

一、职业价值观存在的总体冲突

（一）功利色彩浓重，利他精神不足

随着市场经济体制的建立和发展，社会转型的过程中大学生的就业形势越来越严峻，所面临的就业压力也越来越大，体现在职业价值观上就是功利色彩浓重，利他精神不足。从本次新时代大学生职业价值观的现状调研结果就可以发现，大学生将成就、经济报酬这两个职业价值观维度放在了前三位，而利他主义放在了第九位。此外，纵观历年各机构所做的大学生就业报告，我们可以发现，大学生去西部、乡镇、农村等基层一线服务人民的岗位就业率持续走低。取而代之的是盲目追求功利，哪里有高起点、高职位、高薪水，就去哪里，较少会优先考虑祖国的需要和人民的需要。以至于网络中出现了不少嘲讽大学生职业价值观的歌谣，如"钱多事少离家近，位高权重责任轻，睡觉睡到自然醒，数钱数到手抽筋"，"逢年过节拿奖金，别人做事我加薪"，"秘书美丽属下拼，有过你扛功我领"

等。试问，新时代大学生若是以这样的职业价值观行事，如何能成为时代新人，担当起民族复兴的伟大重任呢？

（二）自我意识突出，集体意识淡薄

随着时代的进步，市场经济的发展，互联网的普及，多元文化不断冲击着国人的价值观念，在此背景下，新时代大学生的自我意识也愈发突出，不断追求自身发展与自我实现，这在一定程度上是积极的表现，然而过度的自我意识，就会导致以自我为中心，集体意识淡薄。如从本次新时代大学生职业价值观现状调研结果可以看出，新时代大学生将"生活方式""独立性"这两项职业价值观维度列为他们职业活动中最为看重与第四看重的职业价值观。也就是说，在他们的职业选择与职业生活中，更加关注自我的意愿，以自我为中心，不希望被别人干涉。此外，新时代大学生将"独立性"这项职业价值观维度列为他们职业活动中第四看重的职业价值观，将"管理"这项职业价值观维度列为他们职业活动中倒数第三看重的职业价值观（见表4-2）。这也体现出新时代大学生希望自己在工作中可以更加独立地处理事情，不太喜欢被他人管理与支配，同样，他们也不喜欢管理与支配他人，这样的观念，也使得他们的集体意识较为淡薄。

（三）享乐主义过度，敬业精神缺乏

享乐主义是一种以追求物质与精神上的快乐作为人生唯一的崇高目标的思想。自改革开放以来，我国经济发展水平与人们生活水平得到了极大的提高，生活的富足使得人们对于美好生活的向往越来越深，享乐主义也在此时不断滋生蔓延。大学生作为社会中的特殊群体，正处于价值观形成的关键时期，享乐主义与我国大力宣扬的主流价值观——社会主义核心价值观相背离，其蔓延对大学生尚未成型的价值观产生了较大的冲击。从本次对新时代大学生职业价值观现状的调研中可以发现，新时代大学生将生活方式放在了自己职业价值观的首位，以此表达了对自己所喜爱的充满快乐的生活方式的推崇，不希望自己的生活被工作绑架。此外，新时代大学生将创造性、智力激发、变动性分别放在了职业价值观排序的第八、第十二以及最后一位（见表4-2）。由此可以看出，新时代大学生对于工作不够积极主动，缺乏敬业精神。他们希望自己的工作可以尽量简单，不需要花费太多的时间和精力去进行"头脑风暴"就能解决问题，此外，他们希望工作内容不要有太多的变化，以便自己可以得心应手、游刃有余地处理完工作。这样追求享乐主义，缺乏敬业精神的现状，如何能帮助我们的祖

国在新时代解决社会主义现代化建设中所面临的新问题与新困难呢？这个问题值得每一个人深思。

二、新时代大学生职业价值观存在差异之成因

（一）职业指导课效果欠佳

高校职业指导课程的开设以及各项与之相关的服务工作的实施，对大学生的职业发展与终身幸福、学校人才培养质量的提高以及社会人力资源的开发都有着极其深远的影响。然而现实却是，不少高校的职业指导课都流于形式，或是沉迷于方法与技巧的传授，对于大学生职业价值观的培育收效甚微。在本次的问卷调查中，通过对新时代大学生职业价值观作职业指导课背景差异的分析，研究结果表明大学生职业指导课背景的差异在职业价值观的 15 项维度中，安全性差异显著，管理维度差异非常显著，表现为上过职业指导课的大学生比没有上过职业指导课的大学生更关注以上两个维度（见表 4－10）。由此可以看出，上过职业指导课的大学生并没有比未上过职业指导课的大学生在职业价值观上有更加崇高的精神，如利他精神、集体精神、敬业精神，这与新时代党和国家对青年的要求还存有较大的差距。因此，高校职业指导课对于大学生职业价值观培育效果欠佳的问题值得进一步深思。

（二）过度追求安全与稳定

在计划经济时代，大学生的就业是采用"统包统配"的方式，当时的大学生对于安全稳定的"铁饭碗"有着执着的追求。但是，随着改革开放的不断深入，我国社会主义市场经济制度的确立与不断完善，大学生的就业方式也经历着日新月异的变化。从最早的"统包统配"到"供需见面，双向选择"再到"双向选择，自主择业"以及目前的"自主择业与自主创业"。这些变化和发展对大学生的职业价值、职业判断以及职业选择都造成了较深的影响。但是，从此次调查结果来看，虽然时代发生了巨大的变化，制度也跟着发生了巨大的变化，但大学生依然过度追求安全与稳定，具体来说，在调查中的表现就是安全性维度有四次显示差异显著或差异非常显著，仔细分析，主要是学校类型差异、生源地差异、家庭情况差异以及职业指导课背景差异。造成这样的结果，一半源于家庭环境，一半源于高校教育，而其背后的原因值得进一步深究。

（三）社会实践大环境浮躁

在当下中国，"浮躁"不仅仅描绘了个人的情绪和心理状态，更是一种整个社会的状态，是一种群体性的公众情绪，或者说是一种普遍性的思维方式和行为方式。从个人的急躁、惶恐，到社会整体对立杆见影的过度追求、对速成快富的推崇，再到制度层面对经济效率的倾向性引导及社会整体安全感的缺乏，浮躁突破了阶层、行业的藩篱，已经渗透到社会的方方面面。[①] 通过对新时代大学生职业价值观作工作经历差异的研究，分析发现，大学生的职业价值观在经济报酬、工作经历维度差异显著。由此可以看出，大学生职业价值观在社会实践的过程中受到社会环境浮躁的影响较为明显。这种浮躁不仅仅存在于大学生个体或是接触的人群，还渗透于整个社会实践环境。党的十八大以来，我国政府在就业制度保障等方面做了诸多努力，一定程度上浮躁得以纾解，但并未消除。从长远来看，浮躁的氛围必然带来全体社会的焦虑，若继续恶性循环，将对大学生的职业价值观带来严重的负面影响，也会给我国建设富强民主文明和谐美丽的社会主义现代化强国带来深深的阻碍。

三、新时代大学生职业价值观存在冲突的反思

（一）大学生自身的理想信念价值追求有待进一步提高

大学生作为职业价值观培育的主体，要积极发挥自身的能动性，自觉提高自己的理想信念与价值追求。然而通过新时代大学生职业价值观现状调查，却发现新时代大学生职业价值观存在着功利色彩浓重，利他精神不足；自我意识突出，集体意识淡薄；享乐主义过度，敬业精神缺乏的问题。此外，不少大学生中共党员在职业价值观上也存在着党员先进性意识不强的问题，这些问题的出现，无一不折射出大学生的理想信念不坚定、自身的价值追求不高的现状。究其原因，主要有以下三点。

首先，大学生内心的职业理想模糊。职业理想是一个人职业生涯过程中的目标旗帜和职业生涯发展的内在驱动力。当大学生树立了明确的职业理想，就会推动他发自内心地热爱自己所选择的职业，也会有源源不断的热情以及精力投入所从事的工作中，愿意为职业理想披荆斩棘。然而现实

---

① 佚名.社会浮躁深层原因 [J]. 人民论坛，2014 (20)：6-7.

却是，不少大学生没有明确的职业理想和清晰的职业价值观，因此他们在选择职业的过程中往往缺乏目标性，东一榔头、西一棒槌，一旦发现自己做得不开心，就会选择辞职、跳槽。

其次，大学生的职业使命意识不足。受功利主义以及精致利己主义的影响，不少大学生对于职业发展，更多以自身角度为考量，从自己的个人利益出发，对社会利益以及社会责任的认知较为淡薄，他们对于社会责任的认同以及践履就存在更大的差距。因此，大学生必须时刻牢记党和国家对于新时代大学生的要求，转变自身的观念，树立职业使命意识，担当起民族复兴的伟大重任。

最后，大学生的敬业精神有待加强。新时代大学生生活环境较好，条件较优渥，从小受父母的宠爱长大，这使得他们的性格也更加以自我为中心，抗挫折能力比较差，心理承受能力也不够强，在工作中就容易表现出不能吃苦、不能受委屈的特质。他们遇到工作中的问题或困难时，通常不愿意主动迎难而上，这也从侧面反映出不少大学生职业能力较弱的现状。

（二）高校对大学生职业价值观的培育有待进一步改进

通过本次新时代大学生职业价值观调查发现，高校的职业指导课对于大学生职业价值观的培育效果有效性和实效性不强，使得理应发挥大学生职业价值观培育主导作用的高校力量并没有发挥本该有的作用，高校针对大学生职业价值观的培育还有需要进一步改进的地方。

首先，高校对于大学生职业价值观的思想引领不够。大学生职业价值观教育归根结底是大学生价值观培育的特殊形式，是高校思想政治教育的基本内容。而高校的职业指导课通常是为了高校的就业率服务的，因此课程的内容大多数是用以解决大学生求职过程中的技术性问题，例如职业规划、简历制作、面试礼仪、商务规范等，对于职业价值观的思想指引不足，导致部分职业指导课流于形式，并未从根源上解决大学生职业价值观上的问题，也并未给大学生进行更多关于家国情怀、崇高职业理想的有效指引。

其次，高校对于大学生职业价值观培育的合力不足。如在人力资源上，通常主要是职业生涯课教师以及毕业班的班主任对大学生的职业价值观进行引导，而职业生涯课程通常以选修课的形式开设，教师与学生的联系并未像专业课程的教师那样与学生联系密切；此外，辅导员的工作压力大，工作任务较为烦琐，需要管理的学生数量也比较多，没有办法顾及每一位学生的职业价值观培育，这就给高校的大学生职业价值观培育带来了较大的挑战。而在教育资源平台以及组织部门的整合上，通常都是各平台和各部门各司其职，相互间的联系较少，这些因素都导致了高校对大学生职业价值观培育的效果不足，因此高校要努力整合教育资源，形成培育合力，促使大学生职业价值观培育的效果最大化。

再次，高校对于大学生职业价值观培育的针对性不足。根据本次新时代大学生职业价值观现状调研结果，我们可以清晰地看到，不同的性别、不同的学校类型、不同的专业、不同的年级、不同的家庭情况的大学生，他们的职业价值观会有不同。这就需要高校利用"大数据"等先进的方式，对大学生的基本情况进行摸查，并在此基础上，根据大学生的认知发展规律以及年级学科特点，有针对性地制定出适应不同层次、不同阶段特点的教育目标与教学方式。然而现实却是，高校专职的职业生涯辅导老师人手不足，无法充分做到因人施教，只能在大课堂中对大学生普遍存在的职业价值观问题进行指导。

最后，高校对于大学生职业价值观培育的方法与形式创新性不足。随着时代的发展，社会的进步，大学生职业价值观也呈现出新的特点，高校没有及时主动地改进和创新培育方法与形式，仍然采用理论灌输与强化说服的方式，使得大学生的接受效果较差。另外，高校对于大学生职业价值观的培育较多停留在理论的空洞说教上，没有与实践相结合，因此要加强实践养成教育，帮助大学生将科学正确的职业价值观更好地内化于心、外化于行。

（三）家庭对大学生职业价值观的指引有待进一步提升

家庭是每一位大学生个体成长的首要环境，也是每一个人社会化的最主要场所，作为长期而又权威的地方，其在大学生个体早期社会化的过程中发挥着极为重要的作用，在大学生职业价值观的指引上也留下了不可磨灭的影响。

首先，父母所从事的职业以及他们对于社会中各种职业的看法，在生活中有意或无意地会传达给子女，当子女主动或被动地接受了父母对于职业价值的看法，那么这些来自父母的职业价值观念也将影响到子女未来的职业价值观、职业理想、职业选择、职业行为等。都说"子女是父母的镜子"，当父母在所从事的职业中勤勤恳恳、兢兢业业、乐于助人、勤于奉献时，他们的孩子也会潜移默化地受到影响，并以父母为榜样。若父母追求功利、不顾大局、谋取私利，他们的行为也将对子女的职业价值观造成恶劣的影响。

其次，父母对子女的教养模式也会对子女的职业价值观指引产生很大的影响。通常父母对子女的教养模式有三种，分别是权威型、忽视型和民主型。权威型的父母对子女的期望特别高，他们相信"棍棒底下出天才"，因此会对子女严加管教，在职业指引上，他们也要求子女按照他们认定好的职业规划路线前进。而忽视型的父母对于子女而言属于放任不管型，对子女漠不关心，在职业指引上，他们也不过问，随意子女选择。而民主型的父母通常会为子女营造平等的氛围，重视沟通，鼓励子女说出自己内心的真实想法，在职业指引上，他们会设身处地地站在子女的角度，引导子女做出最适合自己的职业选择。

最后，父母对职业的教育观念以及教育能力对子女职业价值观的形成也会带来重要的影响。不少父母由于受到传统思想的束缚，以及对于子女的偏爱，不想子女受苦，因此他们希望子女可以从事安全、稳定的职业，这也使得不少大学生的职业价值观过度倾向安全与稳定，缺少了很多拼搏的精神以及冒险的勇气，丧失了年轻人的青春与活力。因此，父母在家庭中，在对大学生进行职业价值观引导时，就应该与时俱进，不断更新自己的教育观念，提高自己的教育能力，助力大学生树立科学正确的职业价值观，引导大学生将自身发展与社会需求相结合，在实现社会价值的过程中实现个人价值。

（四）社会为大学生提供的环境与保障有待进一步完善

社会存在决定社会意识，大学生职业价值观作为一种社会意识，是由社会存在决定的。因此，对于新时代大学生职业价值观存在的问题，要从社会这个大环境中寻找原因，在笔者看来，最主要的原因在于社会对大学生提供的环境与保障还不够完善，主要体现在以下三个方面。

首先，社会为大学生提供的职业信息环境不够清朗。职业信息的不对称，以及招聘平台的虚假信息困扰了不少大学生，也给他们的职业价值观带来了非常消极的影响。职业信息的不对称，使得大学生无法第一时间掌握到自己想要了解的职业信息，继而影响了他们的职业判断与职业选择。招聘平台的信息鱼龙混杂，而大学生的阅历尚浅，辨别能力不足，这也为他们的职业生涯带来了不小的风险与挑战，甚至有大学生因虚假招聘信息误入传销组织致死，为我们敲响警钟。

其次，社会为大学生提供的就业保障体系不够完善。由于社会为大学生提供的就业保障体系不够完善，使得大学生毕业后不得不为了自己的温饱而奔波，在选择职业的时候，也会更多地考虑经济报酬这个职业价值观维度。不少大学生表示，"眼前的苟且都顾不过来，哪里还能追求诗和远方？"这样的现状确实值得社会各界的关注。

最后，社会对爱岗敬业榜样人物宣传力度不足。爱岗敬业是公民的职业道德，敬业也是社会主义核心价值观所宣传的精神。对于这样的社会主流价值观，社会应该采用大学生喜闻乐见的方式多加宣传，做到贴近生活、贴近实际、贴近大学生的日常生活，这样才能吸引大学生的关注，让他们在爱岗敬业的榜样人物的激励中陶冶自己的职业情操，此外，以他们为榜样，也努力成为爱岗敬业的模范人物。然而，不少媒体为博眼球，赚取点击量，他们较少弘扬爱岗敬业、榜样人物的正能量，相反，却因为个别师德或医德等其他职业道德不佳的行为就大肆报道渲染成群体行为，引发社会的信任危机，这也给大学生的职业价值观带来了严重的冲击。

第四节　新时代职业价值观引领与整合的策略

一、强化新时代大学生职业价值观的培育

（1）强化职业理想的教育引导

新时代大学生的职业理想既体现了他们对于自身未来职业发展的奋斗目标，也彰显了他们内心对于家国情怀信念的秉持。为此，高校要紧密结合大学生成长、成才的现实需要，切实从新时代大学生的实际生活出发，广泛开展"中国梦"宣传教育活动，以社会主义核心价值观引领新时代大学生职业价值观，引导新时代大学生树立远大的职业理想，心怀高尚的道德情操。首先高校要贴近新时代大学生的生活实际，解决新时代大学生的思想困惑。这样才能拉进与新时代大学生之间的距离，更加接地气地帮助他们解决问题，达到春风化雨、润物无声的教育效果。其次，高校要满足新时代大学生自身职业发展的需要，积极发挥职业指导的服务作用。如高校可以通过开展各项职业课程与形式多样的社会实践活动，做好各项职业测评与综合职业能力培训，提高新时代大学生的职业核心竞争力，或可以提供良好的创业平台与创业帮扶，帮助新时代大学生实现自主创业。最后，针对新时代大学生的择业需要，高校要以职业理想为引导，帮助他们树立崇高的目标，并鼓励他们到西部去、到边疆去、到祖国最需要的基层去，以此实现对新时代大学生职业价值观的传递。

（2）培育改革创新的时代精神

以改革创新为核心的时代精神，反映了中华民族的前进方向，引领着时代发展的潮流。在新时代大学生职业价值观的培育过程中，融入改革创新的核心时代精神，是新时代大学生成长、成才过程中必不可少的精神动力，也是实现中华民族伟大复兴中国梦的内在要求。首先，要激发新时代大学生对于创新与创造的热情。大学正是充满热情与激情的阶段，大学生对世间的万事万物都充满好奇，高校要以此为契机，培养大学生的创新精神与创造意识，激发他们的潜能，使他们成为新时代发展需要的复合型创新人才。其次，要激励新时代大学生发扬自强不息的奋斗精神。高校要用自强不息的奋斗精神感召大学生，引导他们不忘初心、牢记使命，为早日实现中华民族伟大复兴的中国梦而奋斗。最后，要营造新时代大学生创新创业的环境氛围。高校要把培养新时代大学生创新精神和创业能力作为新时代大学生培养工作的重点，努力为新时代大学生的创新创业营造良好氛围，制定优惠的政策，搭建靠谱的平台，创设有利的条件，提供资金技术以及人脉的支持。

（3）增强承担责任的使命意识

新时代大学生职业价值观的培育应该从社会主义核心价值观中汲取丰富的营养，努力把社会主义核心价值观的要求转变为新时代大学生自知的行为准则，锤炼新时代大学生奉献祖国、服务社会的责任感与使命感。首先，要强化新时代大学生的社会责任认知。高校要强化新时代大学生的社会责任认知，引导新时代大学生正确认识个人在社会发展中的责任和使命，帮助他们形成自觉承担社会责任的意识。其次，要增进新时代大学生的社会责任认同。高校可以通过各项社会活动，带领新时代大学生走出校门，深入祖国的基层，在实践中增进新时代大学生对祖国的感情，强化新时代大学生对社会的责任认同。最后，要引导新时代大学生自觉践履社会责任。高校可以选择贴近新时代大学生生活实际的典型榜样，鼓励新时代大学生学习与效仿，用榜样的力量激发大学生"努力向学，蔚为国用"的社会责任感。

（4）提升职业道德的品质素养

职业道德是指在一定职业活动中应遵循的、体现一定职业特征的、调整一定职业关系的职业行为准则和规范，是一种内在的、非强制性的约束机制。新时代大学生作为即将步入社会的准职场人，高校更应该以社会主义核心价值观为教育引领，加大对新时代大学毕业生职业道德的培育力度，帮助他们提升职业道德的品质素养，为将来的职业生涯奠定良好的道德基础。首先，要培养新时代大学生具备诚实守信的品格。诚信是中华民族的传统美德，也是每个新时代大学生应该具备的道德基础，只有在工作中诚信做人、踏实做事、真诚待人、表里如一，才能在工作中获得他人的尊重与肯定，实现自我价值。其次，要培养新时代大学生树立团结协作的意识。随着社会和职场对于合作的要求越来越高，单打独斗获得成功的机会也越来越渺茫，因此，高校要培养新时代大学生的合作意识与合作能力，帮助他们走好职场的第一步。最后，要培养新时代大学生敬业奉献的精神。敬业是社会主义核心价值观所提倡的价值观，也是最基本的职业道德要求。只有敬业才能乐业，也唯有乐业，才能在自己的劳动中创造更多的社会价值。

二、新时代大学生职业价值观的培育原则

（1）思想教育与职业指导相统一

大学生职业价值观教育是我国高校思想政治教育的重要内容，是思想政治教育中贯彻解决思想问题与解决实际问题相结合的关键领域。大学生职业价值观教育中既有思想教育，也有职业指导，二者范畴不同，不能相互替代，具体来说，思想教育是解决新时代大学生在职业价值观教育过程中产生的思想问题，而职业指导则是解决他们在生活中面临的实际问题。但二者也有共同的内在联系，即目的都是为了新时代大学生的全面发展。

从思想教育方面来说，对新时代大学生进行职业价值观教育，不能简单地从职业价值观出发，而要站在更高的维度，结合思想政治教育中的世界观、人生观与价值观教育进行。此外，还要引导新时代大学生树立崇高的职业理想与职业信念，做到敬业、乐业，在职业发展的过程中实现自己的人生价值。从职业指导方面来说，对新时代大学生进行职业价值观教育，教育者除了教授基本的职业知识与职业技能外，还要努力为新时代大学生创设社会实践的平台，帮助新时代大学生在动手实践的过程中解决自身的实际问题。

（2）个人发展与社会发展相统一

人具有个体性与社会性，二者辩证统一、相辅相成。人以个体的形式存在，同时又以社会的形式存在。在生物本能上，人只有在社会中才能获得生命生存和延续的条件，在自身价值的实现上，也只有在社会关系中才能找到途径并具有可能。社会是个人的社会，社会是由个人组成的，社会

的全面发展是由个人的全面发展构成的。因此，在职业价值观的培育过程中，教育者要引导新时代大学生坚持个人发展与社会发展相统一的原则。

首先，个人发展与社会需要相统一。在职业价值观教育的过程中，教育者要引导新时代大学生将个人发展顺应社会的需要，在满足社会价值的过程中实现自我价值。其次，个人利益与社会利益相统一。在社会主义社会中，个人利益与社会整体利益在根本上是一致的，社会利益离不开个人利益，个人利益也离不开社会利益，社会整体利益体现了作为社会成员的个人的根本利益和长远利益，是个人利益得以实现的前提和基础，同时它也保障着个人利益的实现。因此，在职业价值观教育的过程中，要引导新时代大学生将个人利益与社会利益相结合，以更长远的眼光进行职业选择。

（3）理论指导与实践体验相统一

知识与能力的习得有间接与直接两种形式，对于新时代大学生的职业价值观培育，既需要间接的理论指导，也需要直接的实践体验，二者要相互统一。

理论指导主要是通过教育者进行课堂的讲授，帮助新时代大学生学习相关的职业价值观理论知识，引导他们树立正确的职业价值观，做出恰当的职业选择与职业行为，其实质是一个内化于心、外化于行的过程。但是，值得注意的是，在这个过程中，要接受、认同并且自觉选择正确的职业价值观作为自己的职业行动指南，仅有理论的指导是远远不够的，还需要通过具体的实践体验来助推。新时代大学生只有经过亲身体验，才能激活自己的内在动力，激发自己的内在情感，从基层建立起正确的职业价值观，并指导日常的行为实践。

（4）全员教育与个别指导相统一

新时代大学生的职业价值观既存在普遍的共性问题，也存在特殊的个性问题，因此在开展新时代大学生职业价值观培育的过程中，对普遍存在的共性问题可以采用全员教育的方式，而对于特殊的个性问题，就需要具体问题具体分析，有针对性地进行个别指导，即坚持全员教育与个别指导相统一的原则。

具体来说，针对新时代大学生职业价值观普遍存在的共性问题，例如考研还是工作，考公务员还是进入企事业单位，留在大城市还是回家乡工作等，适合通过职业生涯规划课、职业生涯选修课、职业生涯讲座等覆盖面广、辐射范围大的全员教育来解决。相反，对于新时代大学生职业价值观的特殊性问题，则适合通过教育者一对一地进行个别指导，从学生的具体情况出发，灵活选择适合其个性特征和发展需要的教育内容与教育方式，激发其潜能，从而走出一条适合自己全面发展的道路。

（5）外部教育与自我教育相统一

马克思主义哲学告诉我们，任何事物的变化发展都是内因与外因共同作用的结果，内因是事物变化发展的根据，外因是事物变化发展的条件，外因通过内因起作用。在对新时代大学生进行职业价值观培育的过程中，外在的任何教育形式都属于外因，而新时代大学生自身的认同与内化才属于内因，因此，教育者在充分发挥自己主导性作用的同时，更要积极调动新时代大学生的主观能动性，发挥其主体性作用，引导他们进行自我教育，实现教育与自我教育的双管齐下，从而达到预期的教育效果。

在笔者看来，要引导新时代大学生进行职业价值观自我教育，关键要培养他们的职业价值观自我教育意识、职业价值观自我教育习惯以及职业价值观自我教育能力。首先，新时代大学生要树立职业价值观自我教育意识。转变过度依赖课堂教育的意识，自觉通过课余多种多样的职业教育途径与丰富多彩的职业教育活动进行自我教育。其次，新时代大学生要培养职业价值观自我教育习惯。从进入校门开始，教育者就要引导新时代大学生积极探索自己的职业价值观，尽早了解自己想从事的职业，在实践中调整、完善自己的职业生涯规划。最后，新时代大学生要提高职业价值观自我教育能力。新时代大学生通过教育者的教育引导形成正确的职业价值观，找到最能实现自己人生价值的正确途径。

三、新时代大学生职业价值观的培育方法

（1）激发大学生在职业价值观培育上的主体作用

①澄清内心的职业价值

职业价值观是个人职业探索、职业生涯决策的依据，也是个体职业生涯维系和发展的内在驱动。新时代大学生作为职业价值观培育的主体，首先应该澄清内心的职业价值观倾向，选择与自己职业价值观高度吻合的工作，如此才能发自内心地热爱工作，并能将源源不断的热情付诸工作，否则将容易产生职业倦怠。澄清内心的职业价值观倾向主要有三种方式。第一种方式是通过专业的心理测评工具，如第二章进行实证调研时所采用的《职业价值观问卷》。第二是活动探索，通过一些简单便捷且效果良好的活动，如职业价值拍卖、生存选择游戏等，以此帮助新时代大学生明晰自己

的职业价值取向，思考职业对于自己的价值与意义。第三是咨询专业的职业生涯辅导师，若新时代大学生通过前两种方式还是对自己的职业价值观倾向比较模糊，则可以咨询专业的职业生涯辅导师。通常高校的就业指导中心都配备有较为专业的职业生涯辅导师，大学生可以提前预约进行咨询。除此之外，大学生还可以咨询相关的专业机构。

②树立正确的就业观念

大学生就业观念是新时代大学生职业价值观的重要内容，帮助新时代大学生树立正确的就业观念也是大学生职业价值观培育的重要途径。新时代大学生要自觉转变就业观念，树立自主择业观、竞争就业观、职业平等观、多种方式就业观。首先是自主择业观。随着就业政策的改变，大学毕业生从原先的"统分统配"，到现今的走向人才市场，与用人单位双向选择，这为新时代大学生带来了充分的职业自主选择权。其次是竞争就业观。近年来大学毕业生"就业难"一直是社会的焦点和热点话题，要想在茫茫求职大军中脱颖而出，就需要新时代大学生在学校锻炼自己的职业技能，提升自己的职业综合素质，以此才能增加自身的职业核心竞争力，获得心仪的工作。再次是职业平等观。习近平在出席全国职业教育工作会议上，对于职业和职业教育的问题，他提出"人生本平等，职业无贵贱。三百六十行，行行都是社会所需要的。不管他们从事的是体力劳动还是脑力劳动，是简单劳动还是复杂劳动，只要有益于人民和社会，他们的劳动同样是光荣的，同样值得尊重"[①]。新时代大学生在选择自己职业的过程中，应该保持一个好心态，选择既有利于自身发展，又能满足社会发展需要的最适合自己的职业。最后是多种方式就业观。在就业过程中，新时代大学生要转变观念，树立多种方式就业观，如可以充分利用现今社会互联网高度发达的优势，努力践行"斜杠青年"[②] 的生活方式。

③提升自身的职业能力

职业能力，又被称为"可雇佣力"，是人们在从事某种职业时自身需要具备的各种能力的总和，职业能力的高低直接影响着职业行为和职业成果。一个人的职业能力不仅仅是找到工作的能力，还包括持续地完成工作

---

① 习近平．之江新语［M］．杭州：浙江人民出版社，2007.

② "斜杠"一词来源于英文"Slash"，这个概念出自 2007 年《纽约时报》专栏作家玛希·埃尔博尔（Marci Alboher）写的一本书。她在书中提到，如今越来越多的年轻人不再满足于"专一职业"这种生活方式，而是开始通过多重职业来体验更丰富和更多元化的生活。这些人在自我介绍中会用"斜杠"来区分不同职业，于是"斜杠"便成为他们的代名词，他们也被称为"斜杠青年"。

和获得良好的职业发展的能力。新时代大学生要想实现自己的职业理想，就需要积极从自身入手，发挥主观能动性，提升自身的职业能力。首先，要提升专业综合能力。专业综合能力是获得理想职业的敲门砖和金钥匙，专业功夫够深，才能立于人才市场的不败之地。因此新时代大学生在学校要认真学习专业课程，完成规定的实际操作练习，同时也要在课余时间多参加社会实践，将学校学习到的理论与实际的工作相结合。其次，要提升职业综合能力。新时代大学生要通过各种课程和实践提升自身职业综合能力，例如写作能力、演讲能力、沟通能力、分析能力、逻辑思维能力等，这些能力作为职业的通用能力，不管从事什么职业，都是能用上的。最后，要具备终身学习的能力。这个时代最大的不变就是变化，新时代大学生要想跟上时代的潮流，就必须树立终身学习的意识，在工作中不断学习，不断创新，不断超越自我。

（2）重视高校在职业价值观培育上的主导作用

①重视思想政治教育，加强思想引导

大学生职业价值观教育归根结底是大学生价值观教育的特殊形式，而大学生价值观教育是高校思想政治教育的基本内容，若离开科学系统的思想政治教育，大学生职业价值观教育必将丧失基本的立场和方向，有可能会成为技术性的职业指导和规划而丧失了其应有的价值。因此，在新时代大学生职业价值观培育的过程中必须重视思想政治教育工作的开展。尤其是我国目前正处于重大的社会历史转型期，社会利益的多元化与社会思潮的多样化强烈地冲击着新时代大学生的价值观，对他们的职业价值观产生了日益深刻的影响。要想化解其中的消极因素，高校亟须结合时代特征，从新时代大学生的实际出发，加强思想引导，通过对新时代大学生进行思想政治教育工作，解决他们的思想困惑，以社会主义核心价值观为引领，帮助新时代大学生从思想层面实现价值导向一元化与价值取向多元化的统一。

②整合教育资源，优化教育效果

新时代大学生职业价值观教育的整合，主要是通过研究高校各要素间的相互关系，进行优势整合，以形成教育合力的最大化。首先是在人力资源的整合：职业生涯课教师、生涯规划咨询师、专业课教师、思修课教师、辅导员、班主任等各类型的职业价值观教育者要加强联系，相互交流最新的职业咨询，共同探讨相关的业务，并在各自的工作中各司其职，对自己的领域负责，从而实现育人师资力量的最大化。其次是教育资源的整合：专业课教学、选修课、课外活动、社会实践、素质拓展、校园文化等多个教育平台相结合，充分发挥各平台的育人优势，从而实现育人平台的有效协同。最后是组织部门的整合：学工部、就业指导中心、学院、团委学生会等不同的组织要相互配合，信息透明公开，资源互通共享，从而实现育人合力的最大化。

③尊重教育规律，实施阶段教育

新时代大学生职业价值观的形成不是一朝一夕的，而是通过大学阶段所接受的所有教育长期叠加形成的，因此，对新时代大学生进行职业价值观培育，需要贯穿新时代大学生整个教育培养的全过程。此外，对新时代大学生进行职业价值观培育，还必须遵从新时代大学生的成长环境与身心发展的客观规律，根据他们的认知发展水平，制定适应不同层次、不同阶段特点的教学目标与教学方案，以此促进新时代大学生职业价值观的形成与发展。值得注意的是，对新时代大学生进行职业价值观培育，既要建立各阶段的教学目标，又要把阶段性的教学目标与长期的最终目标有机结合起来，二者辩证统一，相辅相成，只有这样，才能帮助新时代大学生树立科学正确的职业价值观。

④创新教育形式，显性教育与隐性教育并行

创新新时代大学生职业价值观教育形式，需将多种形式与方法融会贯通，其中最重要的是显性教育与隐性教育齐头并进。所谓显性教育，就是通过有组织、有计划、直接、外显的教育活动，如采用理论灌输与强化说服的方式，对大学生进行直观的教育。与之相反的隐性教育则是指在宏观主导下通过隐目的、无计划、间接、内隐的教育活动，如榜样熏陶法，使大学生在轻松愉悦的氛围中潜移默化地受到影响。开展显性教育与隐性教育相结合的新时代大学生职业价值观教育活动，一方面，可以在课堂中对新时代大学生进行科学正确的职业价值观教育，用社会主义核心价值观武装他们的头脑，帮助他们树立正确的职业价值观。另一方面，要加强校园文化建设、创设与职业生活息息相关的活动与情境，让新时代大学生在实践体验中形成正确的职业价值观。以此实现显性教育与隐形教育的有机结合，促进新时代大学生职业价值观教育的有效开展。

⑤丰富教育环节，突出实践养成

高校对新时代大学生职业价值观教育除了进行理论指导，帮助新时代大学生内化于心外，还需要丰富教育环节，突出实践养成，达到外化于行的最佳效果，如此，才能把新时代大学生职业价值观培育从理论教育转向一种真正意义上的养成教育。正如马克思主义实践观指出：实践决定认识，是认识的基础。新时代大学生职业价值观的培育也要通过创设各种各样的社会实践平台与机会，让大学生在实践中切实感受各种职业的真实情况，与此同时，也能在实践中培养他们的职业综合素质与能力，使新时代大学生的认知、情感、意志和行为达到协调发展的状态，积极促进自身良好职业价值观的养成。此外，通过实践，也有助于检验新时代大学生职业价值观教育的前期效果，再不断反馈、调整大学生职业价值观教育方法和途径。

（3）明确家庭在职业价值观培育上的基础作用

①树立良好榜样

家庭是新时代大学生职业认知的第一场所，父母即为新时代大学生职业认知的第一任老师。通常父母的职业是子女最先掌握的职业认知，因此父母首先要在子女面前树立良好的职业榜样，让子女在耳濡目染、潜移默化中吸收正能量。具体来说，父母要更好地发挥言传身教的作用，首先必须提升自己的思想道德修养与人文修养，在职业发展中拥有符合社会主流的价值观，拥有积极的职业态度、职业责任、职业道德，与此同时，还要时刻保持一颗爱学习的心，树立终身学习的意识，不断提高自身的职业技能。其次，父母还可以在日常生活中，与子女讲述一些职场日常工作，用通俗易懂的语言或是故事，巧妙地为子女讲解在职场中为人处世以及待人接物的道理。有机会的也可以带子女近距离地体验自己的职场生活，这既拉近了父母与子女之间的距离，同时也让子女从更直观、更立体的角度看待父母的职业，从而更加尊敬自己的父母。

②营造平等氛围

选择一份职业不仅对大学生来说是件大事，同时，对家庭来说，也是一件大事。正如笔者在一次学校的就业动员大会上听到的一句话："每个大学毕业生的背后都是一个家庭。"可想而知，选择职业是一项多么慎重的事情，也是新时代大学生容易产生疑问和困惑的事情。作为新时代大学生最亲近的人，父母一定是他们最先选择咨询和商量的对象。对此，父母要营造温馨平等的家庭氛围，这样轻松愉悦的氛围有助于新时代大学生澄清自己内心真正的想法，同时父母也能设身处地地站在子女的角度，引导子女客观地分析自身的条件和职业的要求，力求将新时代大学生的职业发展与社会发展结合起来，将自我价值的实现与社会价值的实现结合起来，做出最适合自己的职业选择，树立科学合理的职业价值观。

③更新教育观念

不同的教育观念，形成了父母养育子女过程中不同的教育行为。现阶段则需要父母正确审视自己的教育观念是否符合子女身心发展规律，在实践中不断学习，纠偏，调整，及时更新教育观念。首先父母要尊重子女，尊重他们的人格，尊重他们的意见，尊重他们的决定，尊重他们作为独立的个体拥有属于自己的职业价值观，尊重他们选择自己喜欢的职业，同时也要把握时机，在适当的时候对他们加以教育引导。其次，父母要树立合理的就业期待，不要把自己的梦想强加给子女，让子女帮助自己完成，而是要引导大学生在自身发展与社会需求的基础上，寻求最适合自己的工作，这才是大学生职业价值观教育的家庭目标。最后，父母也要在家中积极提倡"爱岗敬业、诚实守信、办事公道、服务群众、奉献社会"的职业道德，让子女在父母的熏陶下，对优秀的中华民族传统美德与新时期的职业道德入耳、入脑、入心，不断提高自身职业素养。

④提高教育能力

联合国教科文组织曾指出，21世纪人要"四个学会"，分别是学会学习、学会生存、学会发展、学会与人相处。这给父母对子女的职业教育指出了更加具体的方向，他们不仅要关注子女的学生成绩，更重要的是要重视对子女人格的培养，帮助他们完善人格，形成良好的心理品质。学会学习，就是要帮助子女掌握学习的底层规律，可以举一反三，透过现象看本质，在职场中，就是职场的学习力和知识迁移能力。学会生存，就是可以从事自己喜欢的职业，获得一份报酬，满足自己的生存与发展需要。学会发展，就是在工作中要树立终身学习的意识，积极进取，走好自己的职业人生发展旅程。学会与人相处，就是在职场中要学会为人处世、待人接物，要善于沟通与协作，实现互利共赢。

（4）加强社会在职业价值观培育上的保障作用

①打造清朗通畅的信息环境

职业信息的不对称，也会给新时代大学生职业价值观的塑造带来消极影响，因此政府要努力打造通畅透明的职业信息环境。首先，建立职业信息综合搜索平台。利用现在的"大数据""云计算"等方式，帮助新时代大学生快速高效地搜寻到与自己匹配度高的职业信息。其次，建立职业信息主动推送平台。如政府相关职能部门通过分析和研究不同行业的发展趋势，以及行业领域内各单位的运转情况，对行业发展面临的机遇和挑战做出深刻而全面的科学判研。特别是对行业发展和企业发展中对各级各类人才的需求变化，以及能够为人才成长提供的各种可能，主动公布有关信息，利用职业信息推送平台主动推送到新时代大学生的移动终端，让他们掌握权威部门发布的最新的职业信息。最后，建立职业信息诚信监督平台。招聘网站上各种鱼龙混杂的信息为大学生增添了不少风险和压力，因此要建立相关的职业信息诚信监督平台，通过相关安全部门的监管督查，帮助新时代大学生过滤、筛选垃圾信息和诈骗信息，构建清朗通畅的职业信息空间。

②建立完善的就业保障体系

大学生就业保障体系是政府民生工程中不可或缺的重要组成部分。具体来说，大学生就业保障体系需要涵盖社会福利、职业技能培训、失业保险、创业扶持等多个方面。首先是要提供职业技能培训。当今社会，科技的发展日新月异，技术的更替也随时发生，而高校的学习有时会有延时性和滞后性，这就需要政府相关职能部门及时掌握行业的最新动态，实现政府、企业、高校的三级联动，助推新时代大学生完成行业最新的职业技能培训。其次是要建立新时代大学生失业保险制度。如为新时代大学生建立失业过渡期的财政补贴，以此帮助大学生实现平稳再就业。再次是推行新时代大学生社会福利保障制度。如在住房方面，可以降低新时代大学生申请公租房、经济适用房的准入门槛，让新时代大学生在城市有尊严地、体面地生活，这也能增加他们的幸福感与获得感，从而为社会贡献更多力量。最后是加强对新时代大学生自主创业的扶持力度。新时代大学生自主创业，不仅能够实现自身的就业，而且能够带动其他人就业，是创造就业岗位的有效形式，也是增强经济活力、推动产业结构升级的重要途径。因此，政府可以制定优惠的创业政策，建立专门的创业平台，并提供专项创业基金，给予大学生自主创业最大的帮扶。

③宣传爱岗敬业的榜样事迹

信息化时代，大众传媒无所不在，无所不及，对人们的生活产生了深远的影响。尤其是它具有方便快捷、形式多样、内容丰富等特点，深受新时代大学生群体的喜爱。为此，大众传媒更要不负所望，承担起自己的社会责任。首先，大众传媒要通过各种方法与形式引导新时代大学生客观、全面地认识职业世界，同时也可以创办与职业价值观相关的节目，如《职来职往》《非你莫属》等节目，以此帮助新时代大学生及早确立既适合自己又与时代相符的职业目标，树立科学正确的职业价值观，锻炼自身的职业技能与职业素养。其次，要营造积极健康的新时代大学生职业价值观培育环境，为新时代大学生职业价值观的形成提供丰富的资讯与案例，促进新时代大学生形成科学正确的职业价值观。如发现和挖掘各行各业爱岗敬业的先进人物与先进事迹，突出对各种典型人物职业成长经历和职业先进事迹的宣传报道，为新时代大学生树立不同职业领域的职业生涯榜样人物，鼓励大学生向他们学习，成为爱岗敬业的好青年。最后，要充分发挥大众传媒的优势与特点，积极弘扬社会主义核心价值观，传递社会正能量。引导新时代大学生自觉将个人价值观与社会主义核心价值观相融通，将爱国、敬业、诚信、友善等社会主义核心价值观理念融入自己的价值观体系，并转化为个人职业价值观的根基，逐步养成既符合自身实际，又符合社会需要的职业价值观。

小　结

党的十九大报告作出了中国特色社会主义进入新时代的重大判断，开启了建设中国特色社会主义现代化强国、实现中华民族伟大复兴的新征程。新时代赋予新使命，新征程昭示新未来。习近平总书记殷切寄语青年大学生，"要坚定理想信念，志存高远，脚踏实地，勇做时代的弄潮儿"。然而，当前不少青年大学生却一定程度上存在功利主义、利己主义、享乐主义的价值倾向，与新时代党和国家对青年提出的要求相距甚远。

而职业价值观是人的价值观体系的重要组成部分，是价值观在职业领域的具体表现。青年大学生的价值倾向是现实功利还是心系家国，我们可以通过考察其职业价值观得到答案。因此本章尝试以新时代大学生职业价值观现状调研为切入点，以期反思现状，发现问题，并针对问题，探讨新时代大学生职业价值观培育的内容、原则与方法。本章得出结论如下：

第一，本章从新时代的背景出发，阐述了新时代的内涵以及新时代对青年大学生的新诉求，以此为契机，指出要成为担当民族复兴大任的时代新人，就必须树立科学正确的职业价值观。继而具体阐述了大学生职业价值观的内涵、形成、特点以及理论依据，为后文探讨新时代大学生职业价值观的培育内容、原则与方法提供理论基础。

第二，通过对新时代大学生职业价值观现状进行实证调研，根据研究结果分析得出新时代大学生的总体现状和差异现状，并进一步指出了新时代大学生职业价值观存在的总体问题是功利色彩浓重、利他精神不足；自我意识突出、集体主义淡薄；享乐主义过度、敬业精神缺乏。此外还存在党员先进性意识不强、职业指导课效果欠佳、过度追求安全与稳定、社会实践大环境浮躁的问题。进而从大学生、高校、家庭、社会四个方面层层推进，对以上问题的成因作了深入的反思，为本章最后一部分新时代大学生职业价值观的培育内容、原则与方法的探讨提供现实依据。

第三，针对以上问题，探讨了新时代大学生职业价值观的培育内容、原则与方法，得出新时代大学生职业价值观的培育内容是要强化职业理想的教育引导、培育改革创新的时代精神、增强承担责任的使命意识以及提升职业道德的品质素养。新时代大学生职业价值观的培育原则是坚持思想教育与职业指导相统一、个人发展与社会发展相统一、理论指导与实践体验相统一、全员教育与个别指导相统一、外部教育与自我教育相统一。新时代大学生职业价值观的培育方法是激发大学生在职业价值观培育上的主体作用、重视高校在职业价值观培育上的主导作用、明确家庭在职业价值观培育上的基础作用、加强社会在职业价值观培育上的保障作用，并有针对性地提出了具有可操作性的实践路径。

参考文献

［1］马克思，恩格斯. 马克思恩格斯选集［M］. 北京：人民出版社，1995.

［2］斯大林. 斯大林选集［M］. 北京：人民出版社，1979.

［3］毛泽东. 毛泽东选集［M］. 北京：人民出版社，1996.

［4］邓小平. 邓小平文选［M］. 北京：人民出版社，1994.

［5］江泽民. 江泽民文选［M］. 北京：人民出版社，2006.

［6］中共中央文献研究室. 十四大以来重要文献选编［M］. 北京：中央文献出版社，1999.

［7］习近平. 习近平谈治国理政［M］. 北京：外文出版社，2016.

［8］习近平. 决胜全面建成小康社会 夺取新时代中国特色社会主义伟大胜利［M］. 北京：人民出版社，2017.

［9］韦冬. 比较与争锋：集体主义与个人主义的理论、问题与实践［M］. 北京：中国人民大学出版社，2015.

［10］陈书纪. 意识形态下集体主义的历史演进［M］. 武汉：湖北人民出版社，2015.

［11］陈玲丽. 个体主义—集体主义的结构及跨文化研究［M］. 北京：中国社会科学出版社，2013.

［12］刘波. 集体主义价值观的当代阐释［M］. 南京：江苏人民出版社，2013.

［13］邵士庆. 社会主义市场经济条件下的集体主义研究［M］. 哈尔滨：黑龙江人民出版社，2012.

［14］耿步健. 集体主义的嬗变与重构［M］. 南京：南京大学出版社，2012.

［15］张兴国，史娜. 当代中国社会转型与价值观嬗变［M］. 北京：中国社会科学出版社，2012.

［16］陈万柏，张耀灿. 思想政治教育学原理［M］. 北京：高等教育出版社，2007.

［17］钱宁. 社会正义、公民权利和集体主义：论社会福利的政治与

道德基础［M］. 北京：社会科学文献出版社，2007.

［18］陈章龙. 论主导价值观［M］. 南京：江苏人民出版社，2006.

［19］袁贵仁. 价值观的理论与实践：价值观若干问题的思考［M］. 北京：北京师范大学出版社，2006.

［20］黄希庭，郑涌，等. 当代中国青年价值观研究［M］. 北京：人民教育出版社，2005.

［21］罗国杰. 伦理学［M］. 北京：人民出版社，1999.

［22］郑永廷. 思想政治教育方法论［M］. 北京：高等教育出版社，1999.

［23］米歇尔·鲍曼. 道德的市场［M］. 肖君，黄承业，译. 北京：中国社会科学出版社，2003.

［24］帕特南. 使民主运转起来［M］. 王列，赖海榕，译. 南昌：江西人民出版社，2001.

［25］马尔科姆·卢瑟福. 经济学中的制度：老制度主义和新制度主义［M］. 陈建波，郁仲莉，译，北京：中国社会科学出版社，1999.

［26］哈耶克. 通往奴役之路［M］. 王明毅，等译. 北京：中国社会科学出版社，1997.

［27］麦金太尔. 德性之后［M］. 龚群，等译. 北京：中国社会科学出版社，1995.

［28］丹尼尔·贝尔. 资本主义文化矛盾［M］. 赵一凡，等译. 北京：生活·读书·新知三联书店，1989.

［29］托克维尔. 论美国的民主［M］. 董果良，译. 北京：商务印书馆，1988.

［30］沈壮海，王晓霞，王丹，等. 中国大学生思想政治教育发展报告2017［M］. 北京：北京师范大学出版社，2018.

［31］罗国杰. 马克思主义价值观研究［M］. 北京：人民出版社，2013.

［32］谭书敏，张春和. 青年价值观培育研究：以社会主义核心价值观为引领［M］. 北京：人民出版社，2018.

［33］刘济良，等. 价值观教育［M］. 北京：教育科学出版社，2007.

［34］王浦劬. 政治学基础［M］. 北京：北京大学出版社，1995.

［35］李德顺. 价值新论［M］. 北京：中国青年出版社，1993.

［36］杨德，晏开利. 中国当代大学生价值观研究［M］. 上海：上海

教育出版社，1997.

［37］李忠军. 意识形态安全与大学生政治价值观研究［M］. 长春：东北师范大学出版社，2008.

［38］黄希庭，张进辅，李红，等. 当代中国青年价值观与教育［M］. 成都：四川教育出版社，1994.

［39］赵孟营. 跨入现代之门：当代中国的社会价值观报告［M］. 北京：北京师范大学出版社，2008.

［40］石云霞. 当代中国价值观论纲［M］. 武汉：武汉大学出版社，1996.

［41］陈章龙，周莉. 价值观研究［M］. 南京：南京师范大学出版社，2004.

［42］朱兆中. 当代中国的价值追求：坚持马克思主义在意识形态领域指导地位的思考［M］. 上海：上海人民出版社，2012.

［43］李奎. 改革开放以来中国政治价值变迁研究［M］. 北京：中国社会科学出版社，2010.

［44］赵跃先. 大学生政治心理发展研究［M］. 北京：人民出版社，2012.

［45］陈振明. 政治学：概念、理论和方法［M］. 北京：中国社会科学出版社，2004.

［46］宣兆凯. 中国社会价值观现状及演变趋势［M］. 北京：人民出版社，2011.

［47］塞缪尔·P. 亨廷顿，琼·纳尔逊. 难以抉择：发展中国家的政治参与［M］. 北京：华夏出版社，1989.

［48］让－马克·夸克. 合法性与政治［M］. 佟心平，王远飞，译. 北京：中央编译出版社，2002.

［49］杨业华. 当代中国大学生核心价值观研究［M］. 北京：人民出版社，2011.

［50］陈平. 美国道德教育发展研究［M］. 南京：南京大学出版社，2011.

［51］欧内斯特·L. 博耶. 关于美国教育改革的演讲：1979－1995［M］. 涂艳国，方彤，译. 北京：教育科学出版社，2002.

［52］杨超. 当代西方价值教育思潮［M］. 广州：中山大学出版社，2011.

［53］龚群. 新加坡公民道德教育研究［M］. 北京：首都师范大学出

版社，2007.

[54] 李辽宁. 社会阶层结构变迁与思想政治教育互动研究：1978—2012 [M]. 北京：中国社会科学出版社，2013.

[55] 林滨，贺希荣，罗明星，等. 全球化视野中的伦理批判与道德教育的重构 [M]. 北京：人民出版社，2007.

[56] 鲁洁，王逢贤. 德育新论 [M]. 南京：江苏教育出版社，1994.

[57] 朱小蔓. 情感教育论纲 [M]. 北京：人民出版社，2007.

[58] 黑格尔. 法哲学原理 [M]. 范扬，张企泰，译. 北京：商务印书馆，1961.

[59] 韩震. 社会主义核心价值观五讲 [M]. 北京：人民出版社，2012.

[60] 中共中央宣传部. 习近平总书记系列重要讲话读本 [M]. 北京：学习出版社，人民出版社，2014.

[61] 保罗·弗莱雷. 被压迫者教育学 [M]. 顾建新，赵友华，何曙荣，译. 上海：华东师范大学出版社，2001.

[62] 章海山，罗蔚. 伦理学引论 [M]. 北京：高等教育出版社，2009.

[63] 于洪波. 西方道德教育思想史比较研究 [M]. 济南：山东人民出版社，2013.

[64] 罗国杰. 中国伦理思想史 [M]. 北京：中国人民大学出版社，2008.

[65] 韦伯. 新教伦理与资本主义精神 [M]. 于晓，陈维纲，译. 北京：生活·读书·新知三联书店，1987.

[66] 冯秀军. 社会变革时期中国大学生道德价值观调查 [M]. 北京：教育科学出版社，2013.

[67] 杜坤林. 冲突与重建：当代大学生道德价值观研究 [M]. 上海：上海交通大学出版社，2013.

附录一：广州大学生集体主义价值观现状调查问卷（部分）

二、请在下列陈述语句中选择最符合您的观点和行为的选项打"√"，谢谢！（只能选择一个答案）

序号	相关描述	完全不符合	比较不符合	不确定	比较符合	非常符合
B1	我毫不利己专门利人	1	2	3	4	5
B2	我利人利己	1	2	3	4	5
B3	我损人利己	5	4	3	2	1
B4	我对别人提供帮助时，不求回报	1	2	3	4	5
B5	我会为团队利益牺牲个人利益	1	2	3	4	5
B6	如果我的利益和集体利益发生冲突，我会寻求其他解决方法	1	2	3	4	5
B7	如果我的利益和集体利益发生冲突，我会拒绝服从集体	5	4	3	2	1
B8	我为集体奉献时，不求回报	1	2	3	4	5
B9	当个人利益和国家利益发生冲突时，我愿意放弃个人利益顾全国家利益	1	2	3	4	5
B10	我在关系国家生死存亡的时刻，会牺牲个人利益	1	2	3	4	5
B11	我在职业选择时心甘情愿到祖国需要的地方去，比如偏远山区	1	2	3	4	5
B12	我为国家付出时，不求回报	1	2	3	4	5

访谈提纲

1. 您怎么理解"集体主义"，你对"集体主义"是否认可？

2. 有人认为集体主义"假、大、空"，对此，您的看法是什么？您认为出现这样的现象的原因是什么？

3. 您身边的同学坚持集体主义的状况如何？当您在是否参加某项集体活动之间动摇时，什么因素会影响您的决定？

4. 您上过的思想政治理论课中有关于集体主义的相关论述吗？哪门课程哪些内容给您留下的印象最深？为什么？

5. 请结合实际例子，谈谈您对"集体主义"的感触。

附录二：大学生政治价值观现状调查问卷

亲爱的同学：

　　您好！为了解大学生政治价值观的现状，我们开展了这项随机抽样问卷调查。您对问卷中问题的回答没有好坏、对错之分，调查结果仅供学术参考，个人资料绝对不对外公布。您所反映的真实情况对我们非常重要，相信您一定会认真完成。感谢您的支持与合作！

　　　　　　　　　　　　华南理工大学新时代大学生政治价值观研究小组

第一部分　基本信息

1. 您的性别（　　　）。（单选）

　　A. 男　　　　B. 女

2. 您的学校（　　　）。（单选）

　　A. 985 大学或 211 大学　　　　B. 普通本科　　　　C. 高职高专院校

3. 您的年级（　　　）。（单选）

　　A. 大一　　　　B. 大二　　　　C. 大三　　　　D. 大四　　　　E. 大五

　　F. 硕士研究生　　　　G. 博士研究生

4. 您的专业所属学科（　　　）。（单选）

　　A. 理工科　　　　B. 文史哲　　　　C. 经管商　　　　D. 农科

　　E. 艺体　　　　F. 医学　　　　G. 其他

5. 您的政治面貌（　　　）。（单选）

　　A. 中共党员　　　　B. 共青团员　　　　C. 民主党派　　　　D. 群众

6. 您的生源地（　　　）。（单选）

　　A. 城市（包括大中小城市）　　　　B. 县城/城镇　　　　C. 农村

7. 大学期间您是否担任过学生干部（　　　）。（单选）

　　A. 是　　　　B. 否

8. 您父亲的政治面貌（　　　）。（单选）

　　A. 中共党员　　　　B. 共青团员　　　　C. 民主党派　　　　D. 群众

9. 您母亲的政治面貌（　　）。（单选）

    A. 中共党员　　　　B. 共青团员　　　　C. 民主党派　　　　D. 群众

第二部分　调查内容

10. 您认为以下哪些行为体现爱国主义（　　）。（多选）

    A. 爱祖国大好河山　　　　B. 爱各民族同胞

    C. 爱祖国传统灿烂文化，弘扬民族精神和时代精神，增强文化自信

    D. 保护环境　　　E. 维护国家主权，捍卫国家利益　　　F. 其他

11. 爱国主义与爱社会主义是否有必然联系（　　）。（单选）

    A. 有必然联系　　　　B. 有一定必然联系

    C. 无必然联系　　　　D. 说不清

12. 您对"国家兴亡，匹夫有责"这种说法赞同吗（　　）。（单选）

    A. 深表赞同　　　　B. 说不清　　　　C. 不同意

13. 您为自己是中国人而感到骄傲和自豪吗（　　）。（单选）

    A. 是的　　　　B. 没感觉　　　　C. 不是

14. 如果您现在有机会和条件能够移民，您会选择移民海外吗（　　）。（单选）

    A. 会的　　　　B. 说不清　　　　C. 不会

15. 您觉得国家、社会（集体）、家庭、个人哪个最重要（　　）。（单选）

    A. 国家　　　　B. 社会（集体）　　　　C. 家庭

    D. 个人　　　　E. 说不清

16. 最近我们都在说中国梦（即实现国家富强、民族复兴、人民幸福、社会和谐），您觉得可以实现吗（　　）。（单选）

    A. 可以实现，但是任重道远　　　　B. 说不清

    C. 不抱希望，比较遥远

17. 您是否了解我国的政党制度（　　）。（单选）

    A. 了解　　　　B. 说不清　　　　C. 不了解

18. 您觉得中国共产党践行自己的宗旨"全心全意为人民服务"了吗（　　）。（单选）

    A. 是的　　　　B. 说不清　　　　C. 没有

19. 您认同"中国共产党是我国特色社会主义事业的领导核心"这一说法吗（　　）。（单选）

    A. 是的　　　　B. 说不清　　　　C. 没有

20. 您如果选择入党，那主要原因是（　　　）。（单选）

    A. 理想信念的追求　　　B. 谋求政治仕途发展

    C. 有利于就业　　　D. 其他

21. 您认为我国适不适合学习其他国家的两党制或多党制（　　　）。（单选）

    A. 可以尝试　　　B. 说不清　　　C. 不合适

22. 您对"共产主义是一种空想，是乌托邦"这种说法的态度是（　　　）。（单选）

    A. 赞成　　　B. 说不清　　　C. 不赞成

23. 您对民主的一般理论与社会主义民主了解多少（　　　）。（单选）

    A. 非常了解　　　B. 比较了解　　　C. 一般了解

    D. 不太了解　　　E. 完全不了解

24. 您对"人民代表大会制度是最好的民主制度"这一说法的态度是（　　　）。（单选）

    A. 深表赞同　　　B. 说不清　　　C. 不同意

25. 您认为您所生活的国家的民主程度如何（　　　）。（单选）

    A. 非常高　　　B. 比较高　　　C. 一般高

    D. 比较低　　　E. 几乎没有

26. 受西方政治思潮的影响，很多人主张我国应该学习借鉴西方国家，实行三权（立法权、司法权和行政权）分立，对此，您的态度是（　　　）。（单选）

    A. 赞同　　　B. 说不清楚　　　C. 不赞同

27. 您认为现阶段中国是否需要强调民主（　　　）。（单选）

    A. 非常需要。中国现在非常需要民主，民主是社会主义的本质特征

    B. 需要。中国的民主还有提高的空间，需要进一步完善

    C. 不需要。中国已经具备了高度的社会主义民主，再强调民主自由是无理取闹

    D. 不需要。中国不适合民主，我们现在更需要团结起来，搞民主社会会乱

    E. 根本不需要。民主是西方资本主义理念，我们应该大力批判

    F. 说不清

28. 您对我国法律体系了解多少（　　　）。（单选）

    A. 非常了解　　　B. 比较了解　　　C. 一般了解

    D. 不太了解　　　E. 完全不了解

29. 您是否相信"法律面前，人人平等"（　　）。（单选）

　　A. 相信　　　B. 说不清楚　　　C. 不相信

30. 如果您牵涉进一起诉讼案，您是否相信法院会给您一个公正的判决结果（　　）。（单选）

　　A. 相信　　　B. 说不清　　　C. 不相信

31. 您是否认为法律能发挥应有的作用（　　）。（单选）

　　A. 能，法律惩恶扬善　　　B. 不都能，法律需要进一步的完善

　　C. 不能，法律被图谋不轨的人利用　　　D. 说不清

32. 很多人认为"法不外乎人情"，您怎么看（　　）。（单选）

　　A. 法律高于人情　　　B. 说不清楚　　　C. 人情高于法律

33. 您认为要打赢官司靠什么（　　）。（单选）

　　A. 只要有理就行　　　B. 有理还得有"关系"，才打得赢官司

　　C. 没有"关系"，即使有理也打不赢官司　　　D. 说不清

34. 您家人或朋友的合法权益遭受侵害，您会给他们什么样的建议（　　）。（单选）

　　A. 诉诸法律，找律师咨询　　　B. 让他们私下解决

　　C. 忍气吞声，多一事不如少一事　　　D. 其他

35. 您如何理解公正（　　）。（单选）

　　A. 公正是一个历史范畴，不同时期有不同公正观

　　B. 权利与义务的统一　　　C. 社会财富的绝对平均

　　D. 相对的，公正即论功行赏　　　E. 其他

36. 您认为当前中国社会的公正状况如何（　　）。（单选）

　　A. 非常公正　　　B. 基本公正　　　C. 不够公正

　　D. 非常不公正　　　E. 说不清

37. 您对中国社会公正状况评价的主要依据是（　　）。（单选）

　　A. 依据大多数人的观点　　　B. 依据大多数人的利益

　　C. 依据自身的需要和利益　　　D. 依据所属群体的需求

　　E. 其他

38. 您如何看待西方社会所宣扬的公正（　　）。（单选）

　　A. 西方的公正才是真正的公正

　　B. 西方所宣扬的公正与我国提倡的公正是一回事

　　C. 西方的公正是形式上的，而不是真正意义上的

　　D. 说不清楚

39. 您如何看待促进社会公正与您的关系（　　　）。（单选）

    A. 这是社会公民的责任，因此责无旁贷

    B. 当其涉及自身职责时，责无旁贷

    C. 当其触及自身利益时，才会考虑

    D. 那是国家、政府的责任，与我无关

    E. 心有余而力不足

    F. 说不清

40. 您对未来中国社会公正状况的提升是否有信心（　　　）。（单选）

    A. 非常有信心　　　B. 比较有信心　　　C. 信心不足

    D. 没有信心　　　　E. 说不清

大学生政治价值观访谈提纲

　　1. 您听完思想政治理论课后，觉得收获大吗？如果不大，您觉得最大的原因是什么？

　　2. 您希望教师在思想政治理论课上讲授什么内容？以什么方式授课？

　　3. 您对学校提高政治价值观教育有效性有什么建议？

　　4. 您觉得父母对您的政治价值观有影响吗？如果有，体现在哪些方面？

　　5. 您对"担当民族复兴大任的时代新人"有什么看法？习近平总书记的这一新要求对您有何启发？

附录三：中国社会伦理变迁与公众道德状况调查问卷

亲爱的同学：

您好！为深入了解时代变迁对当代大学生道德观念产生的影响，及时发现存在的问题，特做此次问卷调查。以期能提出有针对性的建议，促进当代大学生健康发展，增强高校思想政治教育实效性，建设和谐社会。

本次调查包括三部分，采用匿名方式，不涉及您的隐私，不会对您产生任何影响，所以为客观反映当代大学生道德状况，还请您凭第一感觉答题。

十分感谢您能在百忙之中答题！

祝您身体健康、生活愉快！

华南理工大学马克思主义学院

当代大学生道德状况研究小组

第一部分

A 第一部分是关于您的基本情况，一共有 7 题，请您在符合的选项序号上打"√"，谢谢！

1. 性别　①男　②女

2. 您入学前来自　①城镇　②大中城市　③农村　④部队

3. 您父母的最高文化水平　①小学　②初中　③高中　④本科及以上　⑤其他

4. 您现在是　①一年级　②二年级　③三年级　④四年级

5. 您的专业科类　①文科　②理科　③工科　④农科　⑤医科　⑥其他

6. 您是否独生子女　①是　②否

7. 您是否党员　①是　②否

第二部分

B 第二部分是关于您对以下问题的看法，一共有 24 题，请您在较符合您的看法的选项上打"√"，谢谢！

1. 传统道德是束缚个性的枷锁

   不同意（　　）　　基本不同意（　　）　　中立（　　）

   基本同意（　　）　　同意（　　）

2. 个性就是要充分地显露和表现自己

   不同意（　　）　　基本不同意（　　）　　中立（　　）

   基本同意（　　）　　同意（　　）

3. 人生不求天长地久，只求曾经拥有

   不同意（　　）　　基本不同意（　　）　　中立（　　）

   基本同意（　　）　　同意（　　）

4. "有钱能使鬼推磨"符合社会主义市场经济的社会现实

   不同意（　　）　　基本不同意（　　）　　中立（　　）

   基本同意（　　）　　同意（　　）

5. 从道德的角度看，当今社会的主要问题是如何发扬传统道德而不是追求现代道德

   不同意（　　）　　基本不同意（　　）　　中立（　　）

   基本同意（　　）　　同意（　　）

6. 婚外情是人类感情生活日益丰富的结果，无须大惊小怪

   不同意（　　）　　基本不同意（　　）　　中立（　　）

   基本同意（　　）　　同意（　　）

7. 只要不是恶意地破坏别人的幸福，与第三者的关系纯属个人隐私，不应受到道德的谴责

   不同意（　　）　　基本不同意（　　）　　中立（　　）

   基本同意（　　）　　同意（　　）

8. 视贞操为妇女之性命，是传统道德对人性的压抑

   不同意（　　）　　基本不同意（　　）　　中立（　　）

   基本同意（　　）　　同意（　　）

9. 跟着感觉走，使人活得更洒脱且无拘束

   不同意（　　）　　基本不同意（　　）　　中立（　　）

   基本同意（　　）　　同意（　　）

10. 离婚是私人生活领域的事，难以用传统道德来评判

　　不同意（　　　）　　　基本不同意（　　　）　　　中立（　　　）

　　基本同意（　　　）　　　同意（　　　）

11. 我愿意为集体做些工作

　　不同意（　　　）　　　基本不同意（　　　）　　　中立（　　　）

　　基本同意（　　　）　　　同意（　　　）

12. 个人的事再大也是小事，国家的事再小也是大事

　　不同意（　　　）　　　基本不同意（　　　）　　　中立（　　　）

　　基本同意（　　　）　　　同意（　　　）

13. 大河有水小河满，大河无水小河干

　　不同意（　　　）　　　基本不同意（　　　）　　　中立（　　　）

　　基本同意（　　　）　　　同意（　　　）

14. 每个人都可以掌握自己的命运

　　不同意（　　　）　　　基本不同意（　　　）　　　中立（　　　）

　　基本同意（　　　）　　　同意（　　　）

15. "君子喻于义，小人喻于利"

　　不同意（　　　）　　　基本不同意（　　　）　　　中立（　　　）

　　基本同意（　　　）　　　同意（　　　）

16. 只关心自己的人是小人，以他人为重的才是君子

　　不同意（　　　）　　　基本不同意（　　　）　　　中立（　　　）

　　基本同意（　　　）　　　同意（　　　）

17. 您希望您的生活富于变幻

　　不同意（　　　）　　　基本不同意（　　　）　　　中立（　　　）

　　基本同意（　　　）　　　同意（　　　）

18. 私人生活比公共生活重要

　　不同意（　　　）　　　基本不同意（　　　）　　　中立（　　　）

　　基本同意（　　　）　　　同意（　　　）

19. 保护环境是高尚的道德情操

　　不同意（　　　）　　　基本不同意（　　　）　　　中立（　　　）

　　基本同意（　　　）　　　同意（　　　）

20. 在网上做什么都可以毫无顾忌

　　不同意（　　　）　　　基本不同意（　　　）　　　中立（　　　）

　　基本同意（　　　）　　　同意（　　　）

21. 网上聊天只要不造成人身和财产损害，就无须恪守现实中的伦理道德

不同意（　　）　　　基本不同意（　　）　　　中立（　　）

基本同意（　　）　　　同意（　　）

22. "己所不欲，勿施于人"应该作为全球伦理的基本准则

不同意（　　）　　　基本不同意（　　）　　　中立（　　）

基本同意（　　）　　　同意（　　）

23. 亲兄弟，明算账

不同意（　　）　　　基本不同意（　　）　　　中立（　　）

基本同意（　　）　　　同意（　　）

24. 婚前财产公证

不同意（　　）　　　基本不同意（　　）　　　中立（　　）

基本同意（　　）　　　同意（　　）

第三部分

C 第三部分是单选题，一共有 30 题，请您在最符合您的看法的选项序号上打"√"，谢谢！（只能选择一个答案）

1. 您认为人与人之间的关系应该是

①责任关系　　②利害关系　　③互利关系

2. 您认为在当今社会中，多数人遵循的原则是

①克己奉公，为他人着想　　②我为人人，人人为我

③主观为自己，客观为别人　　④为自己的利益而奋斗

3. 处理人与人之间的关系，您会怎么做

①给人更多的理解、同情和友爱　　②己所不欲，勿施于人

③各自打扫门前雪，休管他人瓦上霜

4. 某银行女职员为保护国家钱款，与持刀歹徒英勇搏斗而致残，对此，您认为

①很可贵，我也会这么做

②很钦佩，但我不能肯定自己能做到

③很高尚，但我不愿这么做

④太不值得，因为生命的价值是高于一切的

5. 一个人同时对几个异性产生好感，并与其谈恋爱，您认为这种做法是

①正常的，无可非议　　　　②脚踏两只船，不应该

③只要合法，对方可以接受，他人不应干涉

6. 一位年轻寡妇为了照顾年迈公婆和年幼孩子，决定永不改嫁，您认为这样做

①品德高尚，值得提倡　　②精神可贵，不值得效仿

③不切实际，过于古板　　④属于个人生活安排，无须进行道德评价

7. 对于婚前性行为，您的态度是

①这是一种不道德的行为　　②不道德，自己不做，但可以理解

③只要真心相爱，无须指责　　④只要两人同意，没有爱情也行

8. 您争取好的考试分数是为了

①打好基础，为今后在社会上做一番事业

②打好基础，为今后进一步深造成才

③从成绩可以说明自己不比别人差

④毕业后找个好单位　　⑤获得奖学金

⑥对得起父母的养育之恩　　⑦其他

9. 考试时，如果您发现您前面座位上的同学作弊，您将会

①当场向监考老师揭发　　②向监考老师暗示他在作弊

③自己暗示他不要作弊　　④内心看不起他，但又不表现出来

⑤反正不关自己的事，不管不问

10. 毕业时您最希望去的部门是

①三资企业　　②党政部门　　③国有企业　　④私营企业

⑤科研机构　　⑥教育部门　　⑦其他

11. 您之所以选择上题中的一个部门主要是考虑

①能充分发挥自己的才能和个性　　②收入比较高

③工作较稳定　　④社会地位高　　⑤符合自己的兴趣

12. 在现实中人们对道德的认识各不相同，那么您倾向于下面哪一种观点

①道德是人为实现某种目的的工具

②道德的本质是对人性的束缚

③道德是人之为人的根本要求

④道德的性质是相对的，不同的人可以有不同的观点

13. 您认为人的本质是什么

①人的本质是自私的　　②人之初，性本善

③人的一半是天使，一半是魔鬼　　④人是不可被定义的

14. 如果您独自拾到一个内有巨款的钱包，您将怎么做

①交有关部门处理　　②内心很矛盾，最后还是交了

③犹豫不决，最后不交　　④如果没有人知道就归自己

15. 假如歹徒在光天化日下持刀行凶，作为目击者您会

①挺身而出，阻止行凶　　②设法报警

③虽有仗义之心，但无阻止之力，只好听之任之

④想阻止，但怕别人说自己出风头，还是不出来

⑤事不关己，趁早躲开　　⑥其他

16. 某女大学生在一学期内交了好几个男朋友并与其中的两个发生了性关系，因此受到开除学籍的处分，一些人对此有不同的看法，您同意哪种看法

①在恋爱中过分理智是对爱情的嘲弄，根本就不应该处理

②婚前性行为不值得大惊小怪，处理得太重了

③同时交几个朋友可以理解，但超越朋友关系就不好了，处理还是适当的

④对这种堕落现象就要严肃处理　　⑤这是个人私事，学校无权干涉

17. 当您听到某地区由于自然灾害造成重大损失时您会

①觉得人有时候应该各安天命　　②除了震惊和同情，也感爱莫能助

③尽力为灾区人民做些力所能及的事

18. "先天下之忧而忧，后天下之乐而乐"这种精神在当今社会条件下

①应当提倡　　②必须提倡　　③已经过时，没有意义

19. 您比较倾向下列哪种观点

①无为而为，知足常乐　　　　②勇于进取，不懈奋斗

③人怕出名猪怕壮，烦恼皆因强出头　　④走自己的路，让别人说去吧

20. 您认为应该选举什么样的人民代表

①忧国忧民敢于直言的人　　②勇于为选民谋利益的人

③忠于党的路线与政策的人　　④有从政能力和经验的人

⑤没有具体意见

21. 如果学校设立了一项专业奖学金，您和另一位同学的成绩相当，而奖学金名额只有一个，在这种情况下，您会怎么做

①主动把机会让给同学　　②懒得竞争伤感情，主动退出

③找机会贬低对方　　　　④竭力争取，由组织作公正裁决

22. 您推崇的处事、生活方式是

①事业上不断奋斗、进取

②工作上过得去，着重发展自己的兴趣、爱好和特长

③多赚钱，生活优裕

④不断开拓创新，追求生活的丰富和意义

⑤建立一个美满舒适的小家庭

⑥宁静淡泊、与世无争，追求精神上的快乐平静

23. 婚姻是不需要任何形式的，您对此的看法是

①基本同意　　②可以理解　　③不同意

24. 您对独身生活方式持什么看法

①可以理解　　②不正常　　③属于个人私事，无从评价

25. 假设您单位的领导很有才能，政绩斐然，但私人生活不检点，他竞选连任时，您会投他一票吗

①会　　②不会　　③很难说

26. 大学就学期间，当您伸手向父母要钱，您感到

①心安理得　　②略有惭愧　　③期望尽快改变这种状况　　④无可奈何

27. 当您买到假货并蒙受损失时，您往往

①诉诸法律，捍卫自身利益　　②找货主理论，并私了解决

③自认倒霉　　　　　　　　④其他

28. 对于网络人际交往，如网上交友、网上恋爱等，您的态度是

①用心交往、真诚相待　　②是一种消遣方式，大体还能说真话

③很少认真过，玩玩而已　　④以诱骗、作弄异性为乐

29. 您知道大部分二手自行车都是"赃车"，假如您确实急需一辆自行车，对此您的态度是

①坚决不买，不能让偷车贼得逞　　②无所谓，反正大家都买

③设法不买，但心里很矛盾，最后还是买了

30. 您最希望得到哪方面的赞誉

①三好学生、优秀党（团）员　　②学习尖子

③被人称为是正直的人　　④被人称为是助人为乐的人

⑤被人称为是有才华的人　　⑥其他

十分感谢您的参与，答题结束，再次对您的支持表示衷心感谢！

访谈提纲

1. 汶川地震的生死关头，一位教师（范跑跑）丢下教室里的学生，自己逃出教室，您怎么看待他的行为？如果您遇到同样的情况，您会怎么做？

2. 您觉得"A 金钱、B 权力、C 人脉、D 道德、E 能力"在当今社会的重要程度从高到低排序应该是怎么样的？

3. 您认为当代大学生的道德状况与十年前相比发生了什么变化？是进步、滑坡抑或没有什么变化？

4. 您为什么（想）加入中国共产党？

5. 您认为最有实效的大学生道德价值观教育方法有哪 5 种，请按照效果从高到低排序。（提示：A 教师讲授的材料、B 班会、C 家长身教、D 游戏、E 课外阅读、F 榜样示范、G 社会实践、H 校风校训熏陶、I 网络、J 其他）

附录四：新时代大学生职业价值观的 问卷调查

亲爱的同学：

　　您好！感谢您抽出宝贵时间参与我们有关新时代大学生职业价值观的问卷调查。该问卷共两个部分，请您认真阅读以下各题，并在符合自己实际情况的选项序号上打"√"，所有题目均为单选题，请不要遗漏问题不填。该问卷全部采用无记名方式作答，所有答案均无对错之分，未经您的许可，我们绝不会泄露您所提供的任何信息，敬请如实作答，谢谢您的合作！

　　　　　　　　　　华南理工大学新时代大学生职业价值观研究小组

第一部分

A1 性别：（1）男　　（2）女

A2 学校：（1）985 大学　　（2）211 大学　　（3）普通本科
（4）高职类院校

A3 专业：（1）理工科　　（2）文史哲　　（3）经管商　　（4）农科
（5）艺体　　（6）医学　　（7）其他

A4 年级：（1）大一　　（2）大二　　（3）大三　　（4）大四
（5）大五　　（6）硕士研究生　　（7）博士研究生　　（8）其他

A5 生源地：（1）城镇　　（2）农村

A6 是否独生子女：（1）是　　（2）否

A7 政治面貌：（1）中共党员　　（2）共青团员　　（3）群众
（4）其他党派人士

A8 是否上过职业指导课：（1）是　　（2）否

A9 工作经历：（1）有实习/兼职经历　　（2）无实习/兼职经历
（3）已经工作

第二部分

请您根据自身实际情况，判断下列因素对您找工作时的重要程度，并在与自己情况相符选项的数字上打"√"（单选）。

题目	极不重要	不重要	难以确定	重要	极为重要
1. 工作中能经常面对新问题	1	2	3	4	5
2. 有益于人民	1	2	3	4	5
3. 工作有变化	1	2	3	4	5
4. 工作中能够独当一面	1	2	3	4	5
5. 能成为工作权威	1	2	3	4	5
6. 能有提升的机会	1	2	3	4	5
7. 能发挥自己的艺术能力	1	2	3	4	5
8. 工作中能结交上许多朋友	1	2	3	4	5
9. 深信自己将不失去工作	1	2	3	4	5
10. 能成为自己想成为的人	1	2	3	4	5
11. 能有一个很公正的领导	1	2	3	4	5
12. 能有一个舒适的工作环境	1	2	3	4	5
13. 能圆满完成自己的工作任务	1	2	3	4	5
14. 能显示出领导他人的能力	1	2	3	4	5
15. 会经常产生一些新的想法或启示	1	2	3	4	5
16. 能创造一些新东西	1	2	3	4	5
17. 能发挥自己的专长有所作为	1	2	3	4	5
18. 能有一个可以依靠的领导	1	2	3	4	5
19. 工作有保障	1	2	3	4	5
20. 能给周围带来美	1	2	3	4	5
21. 自己能支配自己的工作	1	2	3	4	5
22. 能有丰厚的经济收入	1	2	3	4	5
23. 能经常接触新事物	1	2	3	4	5
24. 能显示出具有影响他人的能力	1	2	3	4	5

（续上表）

题目	极不重要	不重要	难以确定	重要	极为重要
25. 能在大城市工作	1	2	3	4	5
26. 下班后能从事自己喜爱的业余活动	1	2	3	4	5
27. 能有许多亲密的同事	1	2	3	4	5
28. 自己的工作能被他人看重	1	2	3	4	5
29. 不是一种经常重复的工作	1	2	3	4	5
30. 能感到自己对他人有用	1	2	3	4	5
31. 能使他人幸福	1	2	3	4	5
32. 工作具有多样性	1	2	3	4	5
33. 能受到他人尊重	1	2	3	4	5
34. 跟同事有良好的交往	1	2	3	4	5
35. 能有一种最快乐的生活方式	1	2	3	4	5
36. 能在宽敞明净的环境工作	1	2	3	4	5
37. 能显示出有组织他人的能力	1	2	3	4	5
38. 能经常感到学习的紧迫性	1	2	3	4	5
39. 所得收入足以使自己过安稳的生活	1	2	3	4	5
40. 能够坚持自己的想法	1	2	3	4	5
41. 能够创造出有吸引力的产品或作品	1	2	3	4	5
42. 能有一个稳定的职业	1	2	3	4	5
43. 有一个关怀、体贴的领导	1	2	3	4	5
44. 能够知道自己努力的结果	1	2	3	4	5
45. 能够实现自己独特的想法	1	2	3	4	5
46. 能感到工作有新意	1	2	3	4	5
47. 能更多地对社会负责	1	2	3	4	5
48. 能有较高的职位	1	2	3	4	5
49. 不是一种单调的工作	1	2	3	4	5
50. 能较自由地安排自己的工作时间	1	2	3	4	5
51. 能获得他人的好评	1	2	3	4	5
52. 能常有一种愉悦的感觉	1	2	3	4	5

（续上表）

题目	极不重要	不重要	难以确定	重要	极为重要
53. 和同事在一起时感到心情愉快	1	2	3	4	5
54. 能在事业单位工作	1	2	3	4	5
55. 下班后能做自己喜欢做的事	1	2	3	4	5
56. 能有一个常倾听意见的领导	1	2	3	4	5
57. 有舒适的休息场所	1	2	3	4	5
58. 能主动积极地完成一天的工作任务	1	2	3	4	5
59. 能具有更多的社会活动	1	2	3	4	5
60. 能进行丰富的想象	1	2	3	4	5

问卷到此结束，谢谢合作！

后　记

　　2017 年 4 月，习近平总书记希望广东做到“四个坚持、三个支撑、两个走在前列”，这使我们更加清醒地认识到广东在全国发展大局中的责任与担当，更加明晰了未来发展的优势和前进的方向。广东要实现可持续发展，同样需要价值观的支撑：要想走在“前列”，我们亟须在准确把握民众价值观现状的基础上进行科学有效的核心价值观引导和教育，以期引领社会文化思潮，进而为广东经济社会的发展提供精神动力和智力支持。

　　广州作为多元文化交汇之地，民众价值观的多元与冲突在所难免。文化多元化以及与之俱来的价值观多元化，使得价值观的冲突明显，价值观共识受到严重挑战。缺乏共同的价值观，人们就缺少了凝聚力，容易成为一盘散沙，要实现对民众价值观的核心引领与有效整合，进而达成价值观共识尤其不易。但是，若任由价值相对主义、道德虚无主义等思潮甚嚣尘上，则必然会使人的价值观陷入迷茫、困惑、冲突和混乱。而价值观的迷茫与冲突无论对于社会的和谐与安定，还是对于人之社会的、道德的、精神的发展，都是极为不利的。事实上，每一种社会，每一个国家，每一个地区，都要有一套共享的价值观，都要确立自身的核心价值观，从而为人们提供共同的价值原则、价值规范、价值理想，并通过多种渠道使这种核心价值观转化为社会成员的个人价值观，以此形成人们公共的价值追求。

　　我国在新时代大力倡导社会主义核心价值观的引领，希望以此凝聚力量，凝结共识，众志成城，共同实现中华民族伟大复兴的中国梦。在此背景下，我们需要首先关注人们的价值观现状，及时发现问题，并采取相应的应对之策，实现对于人们尤其是青年们的价值观进行核心价值的引领与有效整合，以期助益广州的经济社会发展，推动人民所向往的美好生活的实现。

　　本书是我主持的广州市哲学社科“十三五”规划课题“多元文化交汇中的广州核心价值观：现状、问题与对策”（2017GZMZYB10）的部分成果，是课题团队通力合作的结果。杨超确定调研主题，指定调研计划，拟定调研提纲，明晰写作框架，然后再由各成员与负责人一起负责每个主题的调研与写作，具体分工如下：其中，导论、后记由杨超负责；第一章由韦斯嘉、杨超负责；第二章由周艳丹、杨超负责；第三章由王丹丹、杨超负责；第四章由何嘉欢、杨超负责。在写作过程中，举行了多轮研讨会。初稿完成后，由杨超作为总负责人进行了多次细致的统稿与修改工作，最终形成这一阶段性成果。下一步，我们将突破研究对象以及研究地域的限制，即不满足于对广州青年大学生的调研，还将对我国各地知识分子、农民工、领导干部等社会群体的价值观及其核心价值观引领与整合问题进行更加深入的研究，以期在更广泛的视域下把握社会各阶层人民群众的价值观及其引领、整合问题，在此基础上，还将加强青年核心价值观引领在理论层面的深入研究。

杨　超

2022 年 3 月于华南理工大学